国家社科基金
后期资助项目
GUOJIA SHEKE JIJIN HOUQI ZIZHU XIANGMU

海德格尔对黑格尔的现象学阐释研究

A Study on Heidegger's Phenomenological Interpretation of Hegel

马飞 著

中国人民大学出版社
·北京·

国家社科基金后期资助项目
出版说明

后期资助项目是国家社科基金设立的一类重要项目，旨在鼓励广大社科研究者潜心治学，支持基础研究多出优秀成果。它是经过严格评审，从接近完成的科研成果中遴选立项的。为扩大后期资助项目的影响，更好地推动学术发展，促进成果转化，全国哲学社会科学工作办公室按照"统一设计、统一标识、统一版式、形成系列"的总体要求，组织出版国家社科基金后期资助项目成果。

全国哲学社会科学工作办公室

目　　录

绪　论

　　海德格尔始终十分强调历史的思想性和思想的历史性。[①] 还是初登学术舞台的时候，海德格尔就曾明确地把自己的工作表述为"历史研究"，在1922年初写给妻子埃尔福丽德（Elfride）的一封信中，青年海德格尔表达了一种学术研究的自我主张："我有很大的把握——我其实不能再向当代的哲学家学习些什么了，而是应该专注于自己的研究，为进行对我至关重要的历史研究奋斗到底。"[②] 在之后超过半个世纪的运思历程中，海德格尔从未忘记在追寻"存在"的同时把"历史"保持在视野之中：《存在与时间》导论第2章已经讲到"厘清存在问题的双重任务"，即"此在的存在论分析"与"解构存在论历史的任务"[③]；《哲学论稿（从本有而来）》则提出"本-有"就是"原始的历史本身"[④]，"作为本-有的存有乃是历史"[⑤]。纵观海德格尔一生所思，"形而上学历史"——无论作为有待解构的"存在论历史"，还是作为"第一开端的历史"——始终是本质性的"事情"。

[①]　关于思想与历史的共属一体，可参见叶秀山：《历史性的思想与思想性的历史——谈谈现代哲学与哲学史的关系》，《哲学研究》1986年第11期；张志伟：《哲学与哲学史——回忆叶秀山先生》，《哲学动态》2017年第1期。

[②]　格尔特鲁特·海德格尔选编《海德格尔与妻书》，常晅、祁沁雯译，南京大学出版社，2016，第127页。

[③]　Heidegger, *Sein und Zeit*, Tübingen: Max Niemeyer Verlag, 2006, S. 15, S. 19. 海德格尔：《存在与时间》，陈嘉映、王庆节译，商务印书馆，2015，第21、26页。《存在与时间》引文的翻译同时参考了溥林的译本《是与时》（尚未出版，该译本导论第1-4节收录于王庆节、张任之：《海德格尔：翻译、解释与理解》，生活·读书·新知三联书店，2017，第405-422页）。本书对海德格尔著作与黑格尔著作的引用和翻译均尽可能地参考了已出版的相关中译本。

[④]　Heidegger, *Beiträge zur Philosophie*（*vom Ereignis*），GA65, Frankfurt am Main: Vittorio Klostermann, 1989, S. 32；海德格尔：《哲学论稿（从本有而来）》，孙周兴译，商务印书馆，2014，第41页。

[⑤]　Heidegger, *Beiträge zur Philosophie*（*vom Ereignis*），GA65, S. 494；海德格尔：《哲学论稿（从本有而来）》，第585页。

基于这样的思想动机和工作任务，海德格尔对形而上学历史上那些伟大的哲学家展开了别开生面的阐释与批判。① 我们只需浏览一下海德格尔全集的目录，就会看到一连串西方哲学史上的伟大人物的名字：阿那克西曼德、巴门尼德、赫拉克利特、柏拉图、亚里士多德、奥古斯丁、托马斯·阿奎那、莱布尼茨、康德、费希特、谢林、黑格尔、尼采……②可以说，对这些哲学家的阐释，构成了海德格尔哲学之道的基本面向，同时也是我们深入理解海德格尔思想的必经之路。

在海德格尔对这些哲学家的诸多阐释中，对黑格尔的阐释在很大程度上显得与众不同。不像亚里士多德和尼采，黑格尔并不是海德格尔曾在数年内集中研究的对象。海德格尔既没有连续几个学期的黑格尔专题讲座，也没有大部头的黑格尔阐释著作。但是，在海德格尔思想道路的每一个阶段中，黑格尔都占有不可忽视的位置。也不像康德或古希腊早期思想家（阿那克西曼德、巴门尼德、赫拉克利特），对于海德格尔来说，黑格尔更多的时候不是作为思想上的亲近者，而是作为要征服的"对手"出现——诚然，也可以借海德格尔式的说法，海德格尔与这位伟大对手的距离一如相邻的两座山峰。

海德格尔晚期关于《时间与存在》的讨论班记录中有一段话值得我们注意：

> 海德格尔思想总是被一再地并且以极其不同的方式拿来与黑格尔的思想相比。尽管按事情来看，黑格尔在某种意义上比任何其他形而上学立场都要远离海德格尔的关切，但在两个立场之间得到某种一致性的印象并且因此认为二者具有可比性，这几乎是不可避免的。③

海德格尔的学生、曾任国际黑格尔协会主席的伽达默尔，亦曾在一篇

---

① 可参见倪梁康：《海德格尔思想中的黑格尔-狄尔泰动机》，《学术月刊》2014年第1期。倪梁康提到"哲学的任务"与"哲学史的任务"，前者被早期海德格尔称为"存在论的任务"，后者则可称为"解释学的任务"，并且"在海德格尔这里与在黑格尔那里一样，两个任务结合为一：哲学与哲学史的统一"。

② 海德格尔本人在不同的地方出于不同的考虑列出过不同的名单，例如《存在与时间》中"解构存在论的任务"计划以时间问题为线索依次考察康德、笛卡尔和亚里士多德，《哲学论稿》中列出的"历史讲座"则瞄准现代哲学家，包括莱布尼茨、康德、谢林、黑格尔和尼采。参见 Heidegger, *Beiträge zur Philosophie（vom Ereignis）*, GA65, S. 176。

③ Heidegger, *Zur Sache der Denkens*, GA14, Frankfurt am Main：Vittorio Klostermann, 2007, S. 34；海德格尔：《面向思的事情》，陈小文、孙周兴译，商务印书馆，2014，第38-39页。

题为《黑格尔与海德格尔》（1971）的文章中指出了这种复杂关系的不同
面向。一方面，"十分引人注目的是，海德格尔思想以何等的持久性围绕
着黑格尔转圈子，始终在针对黑格尔进行新的划界尝试，直到如今"①。
另一方面，"特别是在所有寻求抵御海德格尔思想格调的人眼中，存在着
一个点，在那里海德格尔思想看上去一再与黑格尔的思辨观念论合流，这
个点就是把历史引入哲学的基本问题提法"②。从海德格尔全集中专题论
及黑格尔的文本来看，海德格尔绕着黑格尔转圈子的"持久性"表现为时
间跨度大，从《存在与时间》时期一直持续到20世纪五六十年代，但不
同时期的解读又具有相当大的差异，每个时期都是"新的划界"③。

　　作为海德格尔长期的阐释对象和持久的对话伙伴，黑格尔为海德格尔
不同阶段的自我理解、自我批判和自我定位提供了重要参照。无论从海德
格尔思想的自身确认来看，还是针对他者从外部将海德格尔与黑格尔在某
些方面划入同一阵营的做法，海德格尔都不得不面对黑格尔，不得不与之
展开争辩和对话。

　　本书的目标是对海德格尔思想道路上的黑格尔阐释形成一种理解。这
种理解服务于对海德格尔思想整体的深入探索，因而也不可避免地带有关
于海德格尔思想整体的某种先入之见。为此，我们将首先勾勒海德格尔无
蔽之思的回行道路。对道路的勾勒应免于亦步亦趋地"重走"，而是借助
目的的引导，获取路途上具有指引意义的路标。在此基础上，我们进而展
现在海德格尔通向无蔽的途中，黑格尔是如何如影随形，而海德格尔又是
如何在其道路的回行中不断尝试摆脱黑格尔的阴影。理解海德格尔对黑格
尔的复杂态度，不仅对于把握海德格尔本己的思想是必要的，而且有助于
我们重新审视海德格尔在20世纪现象学-诠释学运动中发挥的思想推动作
用和激起的反动。

　　在踏上这条道路之前，绪论需要相应地完成两个任务：一是先行把握
海德格尔思想道路的基本特征，即回行与无蔽；二是先行规定"黑格尔阐
释"这一主题在海德格尔思想道路上的主题化方式，即争辩与对话。

---

　　① Gadamer，*Hegel*，*Husserl*，*Heidegger*. Tübingen：J. C. B. Mohr（Paul Siebeck），
1987，S. 90. 译文参考了伽达默尔：《伽达默尔论黑格尔》，张志伟译，光明日报出版社，1992，
第141页；伽达默尔：《黑格尔与海德格尔》，邓晓芒译，《哲学译丛》1991年第5期。在《海德
格尔和形而上学语言》（1967）一文中，伽达默尔也有类似的说法，参见伽达默尔：《哲学解释
学》，夏镇平、宋建平译，上海译文出版社，2016，第228页以下。

　　② Gadamer，*Hegel*，*Husserl*，*Heidegger*，S. 90.

　　③ Gadamer，*Hegel*，*Husserl*，*Heidegger*，S. 90.

1. 回行与无蔽：海德格尔的思想道路

"道路"是海德格尔思想文本中的一个基本词语。《林中路》《路标》《在通向语言的途中》等海德格尔生前出版的重要作品在书名中就已经以各种方式涉及"道路"。"道路"也常被海德格尔用来描述具体的论述过程，如《存在与时间》开始和中断处，此在的生存论存在论分析都被描述为通向存在意义问题的道路。① 海德格尔去世前不久更是为自己的著作全集写下了著名的"主导箴言"："道路条条——而非著作种种"②。

此外，海德格尔本人在《道路回顾》和《我进入现象学之路》③ 等思想自传性质的文章中也以"道路"来标识他自己的思想发展。而海德格尔思想的研究者则乐于随之走上一条"思想之路"，展开一番"道路之思"④。

对于海德格尔来说，各种"道路"固然是在个别著作标题中起某种指示作用的词语，或在某些论述环节上对文本展开方式的指代，抑或是对个人思想发展的指要；但在更为本质性的意义上，"道路"必须被理解为对思想的指引性规定："思想本身乃是一条道路。"⑤ 无论是从此在的生存论-诠释学-现象学出发把这一规定理解为形式显示，由此去实行作为道路的思想，还是在存在历史思想中将之理解为事情自身的本质化，从而以返回步伐去应合思-路的回行，这一规定中思想与道路的切近超过了所有最贴切的比喻，在本体和喻体得到设定之前就已经把思想带上了道路。

---

① 参见海德格尔：《存在与时间》，第1、524 - 525 页。在《存在与时间》"1953 年第七版序言"中，海德格尔在表示此书终成残篇之后，仍然坚持这条道路是一条必要的道路。

② 海德格尔：《早期著作》，张柯、马小虎译，商务印书馆，2015，题词页。相关说明参见该书"编者后记"，第 532 页。本书对海德格尔著作中译本的引用或有改动，以下不再一一注明。

③ 参见 Heidegger，„ Ein Rückblick auf den Weg ",GA66；„ Mein Weg in die Phänomenologie ",GA14。

④ 如奥托·珀格勒的《马丁·海德格尔的思想道路》(*Der Denkweg Martin Heideggers*)，彭富春的《无之无化：论海德格尔思想道路的核心问题》，张柯的《道路之思：海德格尔的"存在论差异"思想》等。

⑤ 海德格尔：《什么叫思想》，孙周兴译，商务印书馆，2017，第 194 页。纵观海德格尔生前出版著作的书名，堪与众多"道路"相提并论的便是"思想"，如《什么叫思想》《从思想的经验而来》《面向思的事情》等。

我们尝试以"回行"与"无蔽"来标识海德格尔思想道路的双重特征。海德格尔全集第1卷的编者冯·赫尔曼在"编者后记"中为我们提供了海德格尔去世前为准备"全集前言"而留下的笔记中的两则。这两则笔记可以看作海德格尔对其全部思想道路的某种总结。在第一则笔记中，海德格尔揭示了道路-发问-回行之间的关联，他写道：

> 全集应以多种多样的方式揭示出一种"在路上"，这种"在路上"运作于一种道路域中，这种道路域归属于具有多种意义的存在问题的那种自行变化着的发问活动。全集应以这样的方式来进行引导：去接受问题，与之一道发问，而且首先就要更具探问精神地发问——这叫作实行回行步伐；回行到那种"扣留"之前去；回行到那种命名着的道说中去（作为思想之道路特征的"回行"，而不是时间的-历史学的回行）。①

这段笔记中的"实行回行步伐"在刻画思-路特征的同时也会唤起我们对于海德格尔早期思想方法的回忆。在海德格尔初登哲学舞台之际，他提出的现象学的"方法概念"正是著名的形式显示方法。形式显示不止步于"形式化"，而是在"形式化"中显示出事情自身的"实行意义"与"到时意义"。《存在与时间》中此在的生存论分析就是以一种未曾明言的方式对"存在论差异"的形式显示，"存在论差异"的"实行意义"恰恰由此显示为"到时意义"。

然而，在"此在与时间性"的这一"实行"中，有待"实行"的是"回行"。海德格尔后来在《关于人道主义的书信》中道明了这一点，《存在与时间》第一部第三篇"时间与存在"的隐而不发是因为"思想在对这一回行（Kehre）的充分道说方面失灵了"②。

不过，实行的道路依然是有必要的，"只要对存在问题的追问激荡着作为此在的我们"（《存在与时间》"1953年第七版序言"）。"实行"与"回行"的关系恰如海德格尔在为理查德森的著作《从现象学到思想》的序言而写的信中所指出的"海德格尔Ⅰ"与"海德格尔Ⅱ"的关系：一方面，

---

① Heidegger, *Frühe Schriften*, GA1, Frankfurt am Main: Vittorio Klostermann, 1978, S. 437; 海德格尔：《早期著作》, 第533页。

② Heidegger, *Wegmarken*, GA9, Frankfurt am Main: Vittorio Klostermann, 1976, S. 327 - 328; 海德格尔：《路标》, 孙周兴译, 商务印书馆, 2014, 第388页。海德格尔后来对"充分道说"做了边注：让显示（Sichzeigenlassen）。

只有从实行所实行的东西出发，才能通达回行所要回到的地方；另一方面，只有当实行被包含在回行之中时才是可能的。[①]

回行不仅是道路与方法的特征，而且是事情本身的特征。更严格地说，回行之所以是道路与方法的特征，是因为它就是事情本身的特征。朝向事情本身的道路与方法不是外在的技术手法和固定程序，而是"源始地扎根于对事情本身的分析"[②]。关于事情本身的特征，这里也只能给出一个先行的说明。事情本身无论以如何不同的方式被命名为"存在"或是"本有"（Ereignis），其基本特征是相同的：回行（Entzug）。这种回行特征毋宁说是"无-征"（ent-Zug），亦即存在之隐匿。[③]

作为思想道路的基本特征，回行首先是对海德格尔思想道路的形式的刻画，即通常所说海德格尔思想在《存在与时间》之后所发生的一种"转向"。自奥托·珀格勒的《海德格尔的思想之路》和理查德森的《从现象学到思想》这两部经典的海德格尔研究著作面世以来，特别是由于海德格尔本人对这两部著作的首肯，海德格尔思想道路的"转向"已然成为海德格尔学界的一项基本共识，任何试图对海德格尔思想进行整体把握的研究要么以对"转向"问题的某种理解为前提，要么必须直接回应"转向"问题。

道路的回行特征应合着事情本身。回行着的事情本身在此乃是无蔽。我们可以在冯·赫尔曼提供的第二则笔记中听到无蔽之回响：

> 全集卷帙之繁多只不过是证明了"存在问题"的那种持存着的成问题性，并且为自检和反省给出了多种多样的动机。在全集中所积聚的那种努力，就它那方面而言，始终只是那个开端——那个越来越远地自行回行的开端："无蔽"之自持着的抑制——的一种微弱的回响。"无蔽"在某种方式上是显明的，并且始终是被经验了的；但它所特有的东西在开端中却始终必然是未被思的，这一事态把一种特殊的克

---

① 参见 Heidegger, *Identität und Differenz*, GA11, Frankfurt am Main：Vittorio Klostermann, 2006, S. 152："首先只有从在海德格尔 I 名下所思的东西出发，才能通达在海德格尔 II 名下要思的东西。但海德格尔 I 又只有当它包含在海德格尔 II 之中时才是可能的。"（中译本参见海德格尔：《同一与差异》，孙周兴、陈小文、余明锋译，商务印书馆，2014，第159-160页）

② Heidegger, *Sein und Zeit*, S. 27；海德格尔：《存在与时间》，第36页。

③ "回行"一词是多义的。我用它来理解性地"翻译"海德格尔的诸多词语：sich entziehen, Entzug, Schritt zurück, Kehre, zurückgehen, 等等。从翻译对于译名的统一性和区分性的角度来看，这或许不是一种好的处理方式，但是从理解的整体性来看，这是对海德格尔思想总体特征的一种"形式显示"的尝试。

制托付给了一切后至的思想。想要把开端性的熟知改造成一种被认清
了的东西，这种想法乃是蒙蔽。①

　　海德格尔在对真理现象的研究中回到希腊人的 ἀλήθεια，并且将之"翻
译"为"无蔽"(Unverborgenheit)。"真理"或"无蔽"在海德格尔的思
想道路中占据着与"存在"同样重要的位置，"存在"与"真理"被认为
是海德格尔思想的双重主题。② 在海德格尔那里，真理首要地是存在之真
理。海德格尔有时对存在与真理的关系表述得相当直接："存在与真理
'是'同样源始的。"③"存在问题乃是存有之真理的问题。"④ 但朝向无蔽
的思想道路本身仍是回行的，从此在之真理到存在之真理，从生存论上的
展开性到存在历史的澄明。本书的研究主题"海德格尔的黑格尔阐释"就
是在这一道路空间中得以展开的。而对这一道路空间的先行开辟则是上篇
"向无蔽回行" 的任务。

2. 争辩与对话：海德格尔的黑格尔阐释

　　海德格尔对黑格尔进行专题阐释的文本主要包括：《存在与时间》第
82 节"以黑格尔对时间与精神之关系的看法反衬时间性、此在与世界时
间在生存论-存在论上的联系"⑤，全集第 32 卷《黑格尔的精神现象学》
(1930—1931)，全集第 68 卷《黑格尔》(1938—1939、1941、1942)，《林
中路》中的文章《黑格尔的经验概念》(1942)，全集第 11 卷《同一与差
异》中的《形而上学的存在-神-逻辑学机制》(1957)，《路标》中的《黑
格尔与希腊人》(1958)。这些文本与海德格尔的基本著作一道构成了研究
海德格尔的黑格尔阐释的文本基础。

　　此外，论及黑格尔的讲座和讨论班记录主要有全集第 28 卷《德国观
念论与当前哲学困境》(1929)，全集第 15 卷《讨论班》中的《赫拉克利

　　① Heidegger, *Frühe Schriften*, GA1, S. 438；海德格尔：《早期著作》，第 534 页。
　　② 比梅尔：《海德格尔》，刘英、刘鑫译，商务印书馆，1996，第 30 页。
　　③ Heidegger, *Sein und Zeit*, S. 230；海德格尔：《存在与时间》，第 282 页。
　　④ Heidegger, *Beiträge zur Philosophie (vom Ereignis)*, GA65, S. 6；海德格尔：《哲学
论稿（从本有而来）》，第 7 页。
　　⑤ Heidegger, *Sein und Zeit*, S. 428. 第 82 节标题中的 die Abhebung 通常译为"崭露"
(陈嘉映)、"突显"(熊林)，这里译为"反衬"以强调其方法含义，具体阐释见第 6 章第 1 节。

特》(1966—1967) 和《四个讨论班》(1966、1968、1969、1973),全集第 86 卷《讨论班:黑格尔-谢林》(其中涉及黑格尔的有:1927 年夏季学期的"亚里士多德-黑格尔讨论班",1934—1935 年冬季学期的"黑格尔《法哲学》",1941—1943 年"谢林与德国观念论"的 D 部分"黑格尔《精神现象学》序言",1942 年夏季学期的"黑格尔《精神现象学》",1955—1956 年冬季学期的"黑格尔本质的逻辑学",1956—1957 年冬季学期的"与黑格尔对话思想的实事")。当然,还有散见于海德格尔其他著作中的相关论述,如 20 世纪 30 年代的著名演讲《艺术作品的本源》中与黑格尔关于艺术终结之说的争辩,这里不再一一列举。

相应于海德格尔思想道路的延展与回行①,分布在海德格尔一生著述之中的黑格尔阐释文本大致可以分为三个阶段:

第一个是《存在与时间》时期,大约到 1930 年之前。这一时期对黑格尔的阐释的主要文本是《存在与时间》的第 82 节。

第二个是"转向"时期,大约从 1930 年到 1946 年。这一时期对黑格尔的阐释主要有全集第 32 卷《黑格尔的精神现象学》(1930—1931 年冬季学期的讲座),全集第 68 卷《黑格尔》(1938—1939,1941,1942),以及《林中路》中的文章《黑格尔的经验概念》(1942/1943)。这个时期对黑格尔的阐释进一步深入文本中。第 32 卷是对《精神现象学》的解读,虽然跳过了前言和导论并且"中断"在"自身意识"章,但仍然是一个具有内在完整性的解读。第 68 卷直接命名为《黑格尔》,其中第一部分《否定性》(1938—1939,1941)虽然只是一个提纲式的文本,但具有相当的重要性。这一文本的写作与《哲学论稿(从本有而来)》有时间上的重合,并且是《哲学论稿(从本有而来)》(1989)之后海德格尔全集第三部分的第二部出版的著作。《林中路》中的《黑格尔的经验概念》的内容来自第 68 卷《黑格尔》的第二部分,是对《精神现象学》导论的逐段解读。

第三个是思想后期,大约从 1946 年开始。这一时期海德格尔对黑格尔的阐释以两篇文章为代表:《形而上学的存在-神-逻辑学机制》(1957)、《黑格尔与希腊人》(1958)。这两篇文章的标题已经暗示了,这一时期对黑格尔的阐释明确地与对形而上学历史的解构结合在一起。

---

① 　通常有两期分和三期分,我们采取三期分,即以《存在与时间》为核心著作的早期,从《论真理的本质》(1930)到《关于人道主义的书信》(1946)的转向时期,以及《关于人道主义的书信》之后的晚期。

在《存在与时间》中，对黑格尔的阐释由于其特定的目的，本身并不是一个充分的现象学阐释，更没有展开对黑格尔的深入和内在的批判。

《存在与时间》之后，随着思想道路的转向，海德格尔与黑格尔的争辩得以真正实行。海德格尔思想转向时期的黑格尔阐释不再满足于一种形式上的刻画和对比，而是深入黑格尔的哲学文本，与黑格尔同行，并且最终在有限性与无限性的十字路口展开本质性的争辩。

通过 20 世纪 30 年代的一系列争辩，特别是对于否定性之本源的争辩，海德格尔抵达了黑格尔哲学以之为基础却未能思及的地方，把形而上学问题带回到了形而上学难题的深渊。由此发生的是一种历史性的对话，这便是晚期海德格尔的黑格尔阐释。通过历史性的对话，海德格尔在回行至形而上学开端之际朝向另一开端。

争辩与对话是海德格尔展开黑格尔阐释的两种主题化方式。下面我们尝试展开对这两种主题化方式的先行理解。

2.1　争辩：问题与难题

首先是对"争辩"的先行理解。我们以"争辩"一词翻译的是德语词语 Auseinandersetzung，这个词语通常的意思是"分析""阐释""讨论""交换意见""争论""辩论"等等。从构词上来看，Auseinandersetzung一词有 aus（分离、出自）、einander（相互、彼此）和 Setzung（设定、设置）三个构成部分，在字面上表达出既彼此分离又相互从对方得到设定的双重含义。①

孙周兴在海德格尔《尼采》的译后记中特别谈到这个词："这里的德文'争辩'（Aus-einander-setzung）一词难以完全地译成中文——阿佩尔甚至说它不能被译为外文。"② 阿佩尔的说法出自其论文集《争辩：先验语用学进路的检验》（*Auseinandersetzungen in Erprobung des transtzendental pragmatischen Ansatzes*）前言就书名中的"Auseinandersetzungen"所做的"破题"说明：

> 德语词语"Auseinandersetzungen"（"与某人"或"就某事物"）难以

---

①　参见孙周兴：《〈尼采〉译后记》，载海德格尔：《尼采》下卷，孙周兴译，商务印书馆，2002，第 1155 - 1156 页；马琳：《海德格尔与黑格尔关于非性概念的交涉》，《学术月刊》2017 年第 10 期；孙冠臣：《论海德格尔"Auseinandersetzung"的多重含义》，《现代哲学》2014 年第 5 期。

②　孙周兴：《〈尼采〉译后记》，第 1155 页。

翻译成别的语言。因为，谁与某人（关于某物）**争**辩（*auseinander*setzt），谁就必须同时参与两个看上去相反的活动：一方面，他必须为了**与他人进行沟通**而对他人所提的要求——例如某种信念、某种立场或某项计划——保持开放，而与此同时，他必须把自己的要求保持在视野内，以便自己的立场与他人的立场不断地对质，并且由此能够要么修正自己的立场，要么在自己的立场上与他人的立场保持距离，这样，不同的立场"互相"避让。二者——对自己立场的修正和对他人立场的疏远——通常就是一场"争辩"的结果，尽管这当然有赖于各种论据的对质。①

由此看来，Auseinandersetzung 一词所表达的"争辩"具有向对方开放而又保持距离的富有张力的意味正是一种本质性的争辩的应有之义。因此，虽然中文词语"争辩"在字面上似乎表达不出德语词语 Auseinandersetzung 所具有的张力，但我们仍然选择这一译名，意在兼顾通常含义的同时通过哲学上的深入探讨而获得对于"争辩"的更为本质性的理解。

实际上，在一些地方，海德格尔用 Auseinandersetzung 表达的也是该词通常含义中的某一个。但是，当涉及对西方形而上学历史的理解和解释时，他对词语的使用往往会超出通常含义。例如，在《存在与时间》中，海德格尔讲到"悬临"时举了一些例子："悬临在此在面前的却也可能是一次旅行，一次与他人的争辩（Auseinandersetzung）"②。在这里，"争辩"显然就是通常意义上的争论和辩论，争辩双方或者就某一陈述提出各自不同的理解，或者就某一事情各执一词。仍然是在《存在与时间》中，一旦论及存在论问题或某个哲学家的思想，"争辩"一词就不再以那么简单的形态示人了，而是要加上"原则性的"或"批判性的"等限定语。我们可以略举几例：

> 后世耽误了对于"性情"的一种以存在问题为主线并且同时与流传下来的古代存在论进行批判性争辩的专题化存在论分析。③

> 在原则性争辩的场地中，争辩不应仅仅局限于意见式的可把握的论题，而是必须以问题域的实事上的倾向为方向，即使这种方向也没有超出某种流俗的把握。④

---

① Karl-Otto Apel，*Auseinandersetzungen in Erprobung des transtzendental pragmatischen Ansatzes*，Frankfurt am Main：Suhrkamp，1998，S. 1.

② Heidegger，*Sein und Zeit*，S. 250；海德格尔：《存在与时间》，第 309 页。

③ Heidegger，*Sein und Zeit*，S. 25；海德格尔：《存在与时间》，第 32 页。

④ Heidegger，*Sein und Zeit*，S. 98；海德格尔：《存在与时间》，第 127 页。

现在才在整个范围内变得可通达的对狄尔泰研究的占有，需要原则性争辩之坚持不懈与具体而微。①

尽管海德格尔在《存在与时间》中并未做出特别的说明，但我们并不难看出，这几处"争辩"的含义已然超出了通常的意见之争和观点之辩。那么，应该如何准确地理解这种超出了通常含义的"争辩"呢？

孙周兴在《〈尼采〉译后记》中强调了争辩与事情本身的内在关联："就其尼采解释来说，海德格尔总以为，他并不是在与尼采的文字、著作辩论，而是在与'实事'本身'争辩'。海德格尔追溯词源，认为在古高地德语中，实事或者事情（Sache）本来就含有争执、争议的意思。在本书'前言'中，海德格尔径直指出：'实事，即争执，本身乃是一种争辩。'"② 结合 Auseinandersetzung 一词的字面含义和前述阿佩尔关于该词不可译的论述，孙周兴指出："从态度上讲，它可以说是一种既接纳（理解异己）又拒绝（持守本己）的姿态，差不多接近于黑格尔意义上的'扬弃'（Aufhebung）了。所以，在海德格尔看来，一种起于'实事'的争辩性解释不应拘执于文本，而必定要在解释中'添加'某种来自'实事内容'的东西。"③

我们基本上认同孙周兴这里的解说：一方面，争辩乃是事情本身，解释性的争辩不应拘泥于文本，这已经超出了通常理解的"争辩"的含义；另一方面，从事情本身而来的争辩呈现出"同一与差异"的张力，表达出一种在接纳中拒斥的态度。但是，由于我们所要尝试进入的"争辩"不是海德格尔与尼采的争辩，而恰恰是他与黑格尔的争辩，所以需要特别指出这种"差不多接近于黑格尔意义上的'扬弃'"的"争辩"与"扬弃"的关键差异：后者根本上是主体性形而上学的极端态度，争辩却是要在追究这种态度的根据之际与这种态度分道而行。后来在 20 世纪 50 年代展开的与黑格尔的对话中，海德格尔在与哲学史对话的意义上更明确地把黑格尔的"扬弃"与他自己的"返回步伐"④ 区别开来。

孙冠臣在东西方思想对话的主题下讨论海德格尔的 Auseinandersetzung。他指出了 Auseinandersetzung 一词在不同语境中的四种含义：一是赫拉克利特残篇 53 中的 polemos 被翻译为"对峙"；二是海德格尔与西方形而上学的"对置"；三是后期海德格尔与前期海德格尔的"对质"；四是跨文化

---

① 　Heidegger, *Sein und Zeit*, S. 398；海德格尔：《存在与时间》，第 479 页。

② 　孙周兴：《〈尼采〉译后记》，第 1155 页。

③ 　孙周兴：《〈尼采〉译后记》，第 1155－1156 页。

④ 　参见 Heidegger, *Identität und Differenz*, GA11, S. 58。

对话意义上的 Auseinandersetzung。① 孙冠臣以一组具有家族相似性的概念来翻译 Auseinandersetzung，这对于我们理解这个词的丰富含义并且提升汉语哲学词汇自身表达能力很有帮助。但是，对于本书的问题域来说，上述四重含义仍然可以归结为"事情"和"争辩"这两重本就共属一体的含义。

首先，可以看到，在论及东西方"对话"的时候，海德格尔实际上也使用过 Gespräch 一词。"这种［与古希腊思想家及其语言的］对话还有待开始。它几乎尚未得到准备，而且对我们来说，它本身始终是那种与东亚世界无可避免的对话的先决条件。"② 同时，正如孙冠臣正确地指出的那样，真正的东西方对话在海德格尔那里"尚没有开始"，因而无论是从词语的使用，还是从实际的情形来看，对于海德格尔的 Auseinandersetzung 一词，都不必强加以"对话"的含义。

其次，海德格尔与西方形而上学的"对置"和后期海德格尔与前期海德格尔的"对质"的区别，实际上只是与之争辩的"对手"的区别。一方面，在海德格尔与西方形而上学历史的争辩（特别是在 20 世纪三四十年代的"转向时期"与尼采、黑格尔的争辩）中，已然包含着一种实则针对着《存在与时间》的"自我争辩"。另一方面，只要争辩是从事情本身而来并且把我们引向事情本身的争辩，那么无论是与其他思想家争辩，还是与自己争辩，本质上并无区别，都是朝向事情本身的回返。

最后，对于海德格尔把赫拉克利特残篇 53 中的 polemes 翻译为"争辩"这一点，我们也理解为海德格尔是从"事情本身"出发来进行翻译的，并非简简单单地选择了一个译名来替换通常的译名"战争"。在海德格尔看来，赫拉克利特的 polemes 说出的已经是作为事情本身的"争辩"。这个意义上的争辩是从作为涌现的 physis 而来得到思考的③，源初的争辩

---

　① 孙冠臣对这四种含义的相应译名的说明是："'对峙'本身带有抗争、斗争的意味，与 polemos 的传统翻译'战争'相去不远；'对置'作为相对而立的一种摆置，敞开了对话、争辩、交流的可能性；'对质'则指示着一种澄清、表白、申辩。三个词围绕 Auseinandersetzung 的原初含义而构成一个家族从不同的角度言说着海德格尔的思想。至于东西方文化之间的 Auseinandersetzung，通行的汉语翻译是'对话'，但海德格尔没有使用'Gespräch'，而是选择了带有强烈'争'之锐气的 Auseinandersetzung，明显地缺少我们心仪的'对话'所包含的'和'之大气。而且，在海德格尔这里，西方-欧洲与东亚之间的 Auseinandersetzung 尚没有开始，这种不同文化之间的 Auseinandersetzung 的可能性在西方-欧洲完成自我救赎之前仅仅是一种可能性，一切都是未决的，因此，我们在这一重意义上不提供 Auseinandersetzung 的汉语对译词。"（孙冠臣：《论海德格尔"Auseinandersetzung"的多重含义》，《现代哲学》2014 年第 5 期）

　② Heidegger, *Vorträge und Aufsätze*, GA7, Frankfurt am Main：Vittorio Klostermann, 2000, S. 41；海德格尔：《演讲与论文集》，孙周兴译，商务印书馆，2018，第 44 页。

　③ 参见 Heidegger, *Einführung in die Metaphysik*, GA40, Frankfurt am Main：Vittorio Klostermann, 1983, S. 66。

就是"林中空地"或"澄明"（Lichtung）①。

---

① 参见 Heidegger，*Vorträge und Aufsätze*，GA7，S. 284。Lichtung 是海德格尔思想的基本词语之一，在《存在与时间》中就曾出现，在思想转向之后成为核心词语，常见的译名有"林中空地""澄明""明敞""空敞""敞显"等。海德格尔在一些地方对这个词语做出过相当直接的说明，这些说明经常被研究者引用，例如："我们把这一允诺某种可能的让显现和显示的敞开性命名为 Lichtung。德语词语'Lichtung'在语言历史上是对法语的 clairière 的仿译。它是照着更古老的词语'Waldung'（林区）和'Feldung'（野区）构词的。"（Heidegger，*Zur Sache der Denkens*，GA14，S. 80；海德格尔：《面向思的事情》，第 92－93 页）"在经验中，林中空地（Waldlichtung）与密林相区别，后者在较古老的德语中被称为'Dickung'。名词'Lichtung'源出于动词'lichten'（照亮、使稀疏、起锚）。形容词 licht 与 leicht 是同一个词。lichten 某物意谓使某物 leicht，使某物自由、敞开，例如，使森林的某处没有树木。这样形成的自由域（Freie）就是 Lichtung。在自由域和敞开域意义上的 Lichte，无论在语言上还是在事实上，都与表示'明亮'的形容词 licht 毫无共同之处。对于 Lichtung 与光（Licht）的差异性来说，这仍然需要注意。但二者之间的某种实事上的关联的可能性还是存在的。光可以射入 Lichtung，射入敞开域，并且在 Lichtung 中让光明与黑暗游戏。但绝不是光创造了 Lichtung，而是前者即光，预设了后者即 Lichtung。然而，Lichtung 即敞开域，不仅对光明与黑暗来说是自由的，而且对声音的响亮与微弱、对绘声绘色与音色渐杳来说也是自由的。Lichtung 是对于一切在场者和不在场者来说的敞开域。"（Heidegger，*Zur Sache der Denkens*，GA14，S. 80－81；海德格尔：《面向思的事情》，第 93 页）又如："Lichtung 这个词语给予思想的东西，我们可以举个例子来说明——假如我们充分地加以思考的话。一片林中空地（Waldlichtung）是其所是，并不是基于白天能够在其中闪现的光明和光线。甚至在夜晚也有 Lichtung。林中空地说的是：森林在这个地方是可穿行的。光明意义上的光和 Lichtung 意义上的光不仅在实事上是不同的，而且在词语上也是不同的。动词 lichten 意味着：清除（freimachen）、释放（freigeben）、空出（freilassen）。Lichtung 也意味着 leicht。使某物 leicht 指的是：为它消除阻力，把它带入无阻力的自由域中。Den Acker lichten（起锚）说的是：把锚从周围海底释放出来，把它提到水面和空气中。"（Heidegger，*Reden und Andere Zeugnisse eines Lebensweges*，GA16，Frankfurt am Main：Vittorio Klostermann，1983，S. 629－630；海德格尔：《讲话与生平证词》，孙周兴、张柯、王宏健译，商务印书馆，2018，第 750 页）类似的意思在赫拉克利特讨论班也曾有所表达，参见 Heidegger，*Seminare*，GA15，Frankfurt am Main：Vittorio Klostermann，1986，S. 262；海德格尔：《讨论班》，王志宏、石磊译，商务印书馆，2018，第 313－314 页。

基于海德格尔的文本，对 Lichtung 的理解至少需要注意以下几个方面：第一，Lichtung 在词语上与 licht（明亮）无关，而是来自对法语词 clairière 的直译，构词上与 Waldung（森林化）类似，意思上与 Dickung（稠密化）相区别。Lichtung 对应的动词 lichten 不是照亮的意思，而是使疏朗、使轻松、放开、释放等意思，海德格尔用"起锚"（den Ancker lichten）为例说明了这一点。第二，Lichtung 与光并非没有事实上的关系，Lichtung 是光的前提，而非光照亮 Lichtung。从本书的主题来看，这可以说直接针对黑格尔的存在之光。第三，在《存在与时间》的生存论分析中，Lichtung 属于此在，而在转向之后，Lichtung 是存在的 Lichtung，人在存在之发送中立身于存在之 Lichtung，就人之此在的存在意义是时间性而言，这种站立就是此在的绽出之生存（Ek-sistens）。（Heidegger，*Der Satz vom Grund*，GA10，Frankfurt am Main：Vittorio Klostermann，1997，S. 128；Heidegger，*Wegmarken*，GA9，S. 323）第四，Lichtung 是存在者的他者，如同无一般围绕着存在者，也就是说，作为敞开域的 Lichtung 自行遮蔽自身。[Heidegger，*Holzwege*，GA5，Frankfurt am Main：Vittorio Klostermann，1977，S. 40；Heidegger，*Beiträge zur Philosophie（vom Ereignis）*，GA65，S. 230]

由于词语含义的复杂和海德格尔文本语境的独特，Lichtung 一词十分难译。"林中空地"或许是准确的，但并不容易作为思想概念在文本中使用，另外海德格尔在解释 Lichtung 时曾用到了 Waldlichtung 一词，后者的意思也是"林中空地"，从字面上来看似乎更有理由占有这个译名（参见海德格尔：《讲话与生平证词》，第 750 页）。对于"澄明""明敞""空敞""敞显"等译名，更多需要考虑的则是它们作为概念在中文语境中的适用程度。我最初尝试采用的译名是"明敞"，后来亦曾考虑译为"森朗"，最终选择了沿用"澄明"。

　　马琳在海德格尔与黑格尔的"Auseinandersetzung"的语境中把这个词翻译为"交涉"。她在指出 Auseinandersetzung 一词同时具有"对话""交谈"等正面含义和"争斗""竞争"等负面含义之后，通过引证海德格尔而强调了 Auseinandersetzung 在哲学上的双重含义，即"把他者与自我都带到那原初的、起源性的东西那里"①，并且"在对方最强的威力与危险性之中把对方定立下来"②。在海德格尔就"否定性"概念与黑格尔进行的争辩中，马琳看到了"那'原初的、起源性的东西'最有可能是指存有之自我遮蔽或者说疏朗之境"，亦即存在的自行遮蔽或者说林中空地，她一并指出争辩的"最终目的在于真理之揭蔽"③。应该说，马琳的相关讨论深入到了"争辩"的核心地带，为我们指示了海德格尔与黑格尔进行争辩的最终朝向。

　　基于上述讨论，海德格尔与黑格尔的"争辩"在形式上呈现出双重特征。一般地看，海德格尔与黑格尔的争辩作为一种哲学的批判性阐释具有既接纳又拒斥的紧张态度；更具体地看，海德格尔与黑格尔的争辩不仅是一种"新的"哲学立场对一种"旧的"哲学立场的态度，而且是对同一事情的本质性争辩。本质性的争辩在其自身也包含一种紧张：在把争辩双方带回到问题根源处的同时从这一根源出发给对方进行定位。这种紧张与一般意义上的争辩中的紧张在形式上是一致的。

　　让我们回到海德格尔与黑格尔进行争辩的地方，来看看上述形式上的双重特征将如何得到实行。在思想转向开启的 1930 年，海德格尔做了一个题为"黑格尔与形而上学难题"的讲座，讲座的引言开门见山地对争辩做了一番说明：

　　　　任何对另一位哲学家——无论是同时代的还是早先的哲学家——的本质性钻研都是**争辩**。但真正的争辩绝非争执或争论，而是**斗争**，亦即对同一者的相互争夺，彼此致力于同一个问题。所提出的问题越是根源性的，并且因而越是质朴，斗争就越是本质性的。那对我们来说是根源性的问题生长于提问者之生存的地基，并且出入于此地基。本质性的哲

---

　　①　Heidegger, *Vom Wesen der Menschlichen Freiheit*, GA31, Frankfurt am Main: Vittorio Klostermann, 1982, S. 292.

　　②　Heidegger, *Nietzsche: Der Wille zur Macht als Kunst*, GA43, Frankfurt am Main: Vittorio Klostermann, 1985, S. 279.

　　③　马琳：《海德格尔与黑格尔关于非性概念的交涉》，《学术月刊》2017 年第 10 期。

学争辩不靠博学多识，而是向来取决于人之生存最内在的急难（Not）。①

这段简练的说明堪称海德格尔的"争辩宣言"，它为我们提供了理解争辩的一条线索。

争辩是对另一位哲学家的钻研。"无论是同时代的还是早先的哲学家"，这一插入语无疑可以回指到海德格尔在其教职论文开端处所引的黑格尔"箴言"："……就哲学的内在本质而言，既无先驱者，亦无后至者。"② 这一插入语因此暗示着与另一位哲学家的争辩是在哲学内在本质的层面上展开的。所谓"钻研"，作为真正的争辩，正是深入哲学本质的研究，因而不是彼此观点或立场之间的"争执或争论"，更不是商榷，而是为了同一问题的"斗争"。

如果说在《存在与时间》中对黑格尔的解释作为一种"反衬"还是两条路线之间的"斗争"，是通过一种时间理解来反衬另一种时间理解，那么与黑格尔的争辩着眼的则并非同一个问题的不同理解，而是这个问题本身的根源。所以，即使1930—1931年冬季学期的"精神现象学讲座"这样跟随黑格尔的文本一道展开的详细阐释，其目的也不在于给出某种关于黑格尔哲学的具体把握，而是在对同一个问题的争辩中回到问题的根源处。在那个学期结束之际，海德格尔在讲座的结语中依然不忘提醒：

> 诸位不应急着接受关于这部著作的某种固定的意见，抑或对之进行判断的某种立场，而应学习理解：那种此间变得必要的争辩的任务——争辩是什么以及它要求什么。③

可是，在一种阐释性的争辩中果真能避免某种立场吗？若无立场，争辩当从何开启？在争辩中，难道无立场或所谓中立的立场不也已经是一种

---

① Heidegger, *Vorträge Teil Ⅰ：1915 - 1932*, GA80.1, Frankfurt am Main：Vittorio Klostermann，2016, S. 284.

② Hegel, *Jenaer Schriften*, TW2, Frankfurt am Main：Suhrkamp, 1986, S. 17；黑格尔：《耶拿时期著作》，朱更生译，商务印书馆，2017，第8页。亦参见黑格尔：《费希特与谢林哲学体系的差别》，宋祖良、程志民译，商务印书馆，1994，第7页。海德格尔引用的引文见 Heidegger, *Frühe Schriften*, GA1, S. 193. 海德格尔所引用的黑格尔著作版本今天已经不再通行。本书对黑格尔文本的引用依据黑格尔著作集"理论版"（*Theorie-Werkausgabe*，以 TW 加数字来表示所引卷数），必要的时候参考黑格尔全集历史批判版（*Gesammelte Werke*，以 GW 加数字来表示所引卷数）或其他版本。

③ Heidegger, *Hegels Phänomenologie des Geistes*, GA32, Frankfurt am Main：Vittorio Klostermann，1997, S. 215；海德格尔：《黑格尔的精神现象学》，赵卫国译，南京大学出版社，2018，第183页。GA32 的引文翻译参考了赵卫国的译文，以下不再一一注明。

立场？实际上，关键之处仍然在于占有一个能够展开一场本质性争辩的立场，而非某种"进行判断"的立场。这样的立场所提供的不是某种意见式的观点或视角而是地基，是"提问者之生存的地基"，这样一个地基便是争辩由之出发并且为之争夺的基础。这个基础作为与黑格尔争辩的基础，既不能是黑格尔式的，又不能是外在于黑格尔的，相反，它在黑格尔思想之内，却未被黑格尔思想把握。对此，在后来的《否定性》手稿中，海德格尔这样写道：

> 如果现在一种必然与黑格尔哲学争辩的立场仍然应该生长，当然也就是说，在本质性的方面优越于黑格尔哲学，同时不是从外面被带来和接受，那么，这种争辩的立场实际上必须处在黑格尔哲学中，不过，是作为黑格尔哲学自身本质上无法通达并且漠不关心的基础而被遮蔽在黑格尔哲学中。①

与黑格尔进行争辩的立场是被黑格尔哲学遮蔽的立场，争辩作为对同一个问题的争夺也就意味着要夺去这种遮蔽，回到黑格尔哲学由于其自身本质上的遮蔽而无法通达的立场。

争辩是本质性的斗争，斗争围绕同一个问题而展开。但这并不是为了争取某种对于问题的最终解释权，而是为了赢得问题的根源。争辩朝向的是问题的根源，而非问题的答案，而只要问题的根源被揭示为本质性的根源，问题就在其根源处呈现为难题。海德格尔也把难题称为基础问题：

> 我们与黑格尔的争辩关乎形而上学。（我们与黑格尔一道提出哲学的基础问题，这个问题如果真的被提出，将使形而上学成为**难题**，也就是说，**在整体上改变哲学**。但是，与黑格尔形而上学的争辩不是随便的争辩；黑格尔形而上学并非简单地是诸多形而上学中的一种，而是西方形而上学的完成。）我们与黑格尔一道追问那个基础问题，这个问题在西方哲学中的最初的觉醒已经被逼入一条特定的轨道并且被置入一个特定的框架。对这个问题的这种处理方式的形式以"形而上学"之名作为经院哲学的一门学科和哲学体系的一个环节而为人所熟知。在我们与黑格尔的争辩中，关键不在于作为学科和体系环节的

---

① Heidegger, *Hegel*, GA68, Frankfurt am Main: Vittorio Klostermann, 1993, S. 4；海德格尔：《黑格尔》，赵卫国译，南京大学出版社，2018 年，第 4 页。GA68 的引文翻译参考了赵卫国的译文，以下不再一一注明。

形而上学，而是在于承载着一切但不必然被提出的**基础问题**——在于形而上学的**难题**。①

　　就与黑格尔展开争辩的形而上学而言，与基础问题相区别的是主导问题。形而上学的主导问题是"存在者是什么"，而基础问题则是"存在是什么"②。主导问题追问的是"作为存在者的存在者""存在者的存在"，而追问得到的典型答案即真正的存在者则是 ousia。在海德格尔看来，长期以来把 ousia 翻译为"实体"（Substanz）的做法错失了问题本身的意义，与常识不同，海德格尔坚持把 ousia 理解为持续的在场性（beständige Anwesenheit），并且由此指出，对这个问题的考虑总是已经涉及了时间。实体概念恰恰遮蔽了主导问题所包含的时间理解。③ 基础问题追问存在本身，但是，基础问题不仅没有答案，甚至这个问题本身在形而上学中也是缺席的。在《哲学论稿（从本有而来）》中，海德格尔把基础问题的追问表述为"存在如何本现？存在之真理是何种真理？"并且就基础问题在形而上学中被排斥，特别提到1930—1931年冬季学期的讲座："需要展示的是，对基础问题的排斥及其必然性是如何通过从存在论到存在-神学的发展（参见1930—1931年黑格尔讲座和其他）而被确认的。"④ 正如前面提到争辩的立场就处于黑格尔哲学之内一样，对这种排斥的展示也不是站在外面的评头论足，仿佛由此就抓住了黑格尔哲学的某种错误或缺陷，从而可以反驳或拒斥黑格尔。相反，这种展示要求与黑格尔一道追问基础问题，更确切地说，把黑格尔带到对基础问题进行追问的轨道上来。但这也不是要与黑格尔携手同行，而是要在对同一个问题的一道追问中做出决断，从而实现某种区分，为一种本质性的回转做好准备。关于这种有所决

---

① Heidegger, *Vorträge Teil Ⅰ: 1915-1932*, GA80.1, S. 284.

② Heidegger, *Vorträge Teil Ⅰ: 1915-1932*, GA80.1, S. 301. 关于"主导问题"与"基础问题"的区分，亦可参见海德格尔在《尼采》一书中的阐述："诚然，这里决定性的事情乃是把握住解释工作的基本哲学意图。这个意图应再次得到明确。问题在于什么是存在者。西方哲学的这一传统的'主要问题'，我们称之为主导问题。但它只是倒数第二个问题。最终的问题亦即最初的问题乃是：什么是存在本身？这个必须首先得到阐发和建基的问题，我们称之为哲学的基础问题，因为在这个问题中，哲学才把存在者的基础作为基础来追问，同时也来追问它自己的基础，并且由此自行建基。"[Heidegger, *Nietzsche Ⅰ*, GA6.1, Frankfurt am Main: Vittorio Klostermann, 1996, S. 64; 海德格尔：《尼采》（上卷），孙周兴译，商务印书馆，2002年，第71页]

③ 参见 Heidegger, *Vorträge Teil Ⅰ: 1915-1932*, GA80.1, S. 299-300。

④ Heidegger, *Beiträge zur Philosophie (vom Ereignis)*, GA65, S. 206; 海德格尔：《哲学论稿（从本有而来）》，第243页。另参见 Heidegger, *Beiträge zur Philosophie (vom Ereignis)*, GA65, S. 78, S. 171。

断的争辩，海德格尔后来在 1933 年夏季学期的讲座中说道，争辩"并非表面的反驳，并非对单纯不正确的证明，而是分离——而分离只来自决断（Entscheidung）。只作为入于此在之嵌入的决断，为了……而决断"①。

与黑格尔展开的本质性争辩是把形而上学问题夺回到其根源的斗争，形而上学问题在其根源处乃是形而上学难题。此间要求的是形而上学从问题到难题的转变，而转变之所以可能，又在于有所分离的决断。现在，决断所说的不是此在生存论上的本真展开性，而是嵌入到此-在中去的决-断。这种嵌入着的决-断先于此在在生存论上的本真或非本真的展开，并且为此在之生存的展开提供地基。形而上学难题作为基础问题就涉及此在的根源性的地基。

然而，尽管基础问题在形而上学中一向保持在遮蔽中，存在如何本现或存在之真理的问题根本不曾被提出，但形而上学的主导问题却也生根发芽、开花结果，那么我们何必并且何以可能把形而上学问题扭转回到形而上学难题那里呢？与形而上学进行争辩的决-断又如何发生呢？提出形而上学难题的必然性和可能性不在于人对形而上学乃至诸科学学科的"博学多识"，而是在于"人之生存最内在的急难"。这种急难既不是日常生活的"刚需"或"匮乏"，也不是可能会打破日常生活的某种紧急状态，而是形而上学之必然性（Notwendigkeit）所扎根于其中的急难（Not）。

形而上学以其主导问题追问"存在者是什么"，而基础问题则处在晦暗之中。形而上学的难题之难首要地在于从主导问题的支配性提问方式出发不可能提出关于存在的任何问题。此在之生存最内在的急难乃是存在之离弃。② 存在之离弃并不把此在困住，而是不停地驱赶此在。"急难是那种东西，它驱赶处在存在者中的人，首先把人驱赶到存在者整体面前，然后驱赶到诸存在者中间，这样把人带到它自身，并且因此每每让历史开始或没落。"③ 在《论真理的本质》中，海德格尔亦曾让我们看到此在误入迷途之际的这种被驱赶状态。"离开秘密而去向可通达者，出于一个通行之物又入于下一个通行之物而与秘密失之交臂，人的这种被驱赶状态就是

---

① Heidegger, *Sein und Wahrheit*, GA36/37, Frankfurt am Main: Vittorio Klostermann, 2001, S. 78.

② 关于存在之离弃状态，可参见张志伟：《尼采、虚无主义与形而上学》，《中国高校社会科学》2016 年第 6 期，特别是其中的第 3 节 "存在的急难"。

③ Heidegger, *Beiträge zur Philosophie（vom Ereignis）*, GA65, S. 45；海德格尔：《哲学论稿（从本有而来）》，第 56 页。

误入迷途。"① 这里，存在之离弃的驱赶与此在之入于存在者的被驱赶乃是对此在与存在之关联的两端的表达，从此在这一端来看，叫作迷途，就存在那一端而言，则叫作急难。

身处迷途的此在唯有从对急难的领会中才可能有所决断。在《柏拉图的真理学说》中，海德格尔曾提示道："根据由某种将来的急难而必需的解释，洞穴比喻不仅说明造型之本质，而且同时打开了投向'真理'之本质转变的一道光。"② 在《哲学论稿（从本有而来）》中，这种从急难而来的要求表述得更为明确："决断是通过来自存在之离弃的最内在急难的最极端任务得到领受并且被授予持久的权力而发生的。而在决断的光亮和轨道中，这个任务乃是：把本有之真理从此在之行止状态藏入存有之大寂静。"③

争辩意味着决断，而决断唯有在急难中才可能，那么急难又从何而来呢？我们该从何处经验到我们此在最内在的急难呢？只能是在形而上学主导问题中，只能是通过彻-底地深入形而上学而在通达其所遮蔽之基底的意义上走出形而上学，从而经验到那种双重的急难：存在之离弃的急难，无急难的急难。④ 在《黑格尔的精神现象学》中，海德格尔讲道："一个人理解了这种此在之决断的最内在的急难，这种和存在者的敞开同时被给予的急难，对他来说，一切，包括急难，就都变了。一切都变成那种意义上的必然性，我们必须在其中寻找自由之本质的那种必然性。"⑤ 与黑格尔的争辩作为与形而上学的争辩，就包含着对这种急难的理解，为此首先要跟随黑格尔，在与黑格尔同行的道路上走到决断的十字路口，进而实行一种转向。

以上只是局部而粗浅地引述海德格尔对于争辩的论述，但是已经足够

---

① Heidegger, *Wegmarken*, GA9, S. 196；海德格尔：《路标》，第 229 页。

② Heidegger, *Wegmarken*, GA9, S. 218；海德格尔：《路标》，第 253 页。

③ Heidegger, *Beiträge zur Philosophie（vom Ereignis）*, GA65, S. 96；海德格尔：《哲学论稿（从本有而来）》，第 118 页。

④ "最高的急难：无急难的急难。"参见 Heidegger, *Beiträge zur Philosophie（vom Ereignis）*, GA65, S. 107。"存在之离弃乃是无急难之急难的最内在基础。"参见 Heidegger, *Beiträge zur Philosophie（vom Ereignis）*, GA65, S. 119；海德格尔：《哲学论稿（从本有而来）》，第 127 页、142 页。

⑤ Heidegger, *Hegels Phänomenologie des Geistes*, GA32, S. 53；海德格尔：《黑格尔的精神现象学》，第 48 页。

让我们窥斑见豹，得到某种关于争辩之实行的先行理解。

　　争辩首先意味着海德格尔与黑格尔的争辩。外在地看，这场争辩涉及双方的立场，而实际上，如果毕竟需要有某种"立场"的话，海德格尔的立场也只能从其多年以来念兹在兹的与黑格尔的这场争辩中，从黑格尔的立场中去获得。换言之，争辩者是谁，只有通过争辩才能见分晓。

　　争辩者在争辩什么？黑格尔哲学是西方形而上学的完成，因而与黑格尔的争辩就是与西方形而上学的争辩——不是争夺对形而上学问题的回答，而是在形而上学的主导问题那里争夺形而上学的基础问题，把形而上学问题转回形而上学难题。争辩者如何争辩？在急难中去决断。本质性的争辩所要求的此-在之决-断，正是"自由的必然实行方式"①。

　　着眼于形而上学，这一争辩首先就是基础问题与主导问题的分离，而从海德格尔的存在历史之思出发，这一争辩根本上乃是另一开端与第一开端之间的争辩。

　　通常说起另一开端，首先想到的大概会是从"第一"开端或"前一"开端发端的东西已经完成，或者没有完成而是失败了，又或者没有失败而只是我们对之不再满意了，因此需要"另一"开端。实际上，另一开端不是针对第一开端的完成或中断而言的，而是就其直接与第一开端之为开端相关才被称为"另一开端"。正如海德格尔在《哲学论稿（从本有而来）》中所言："思想的另一开端之所以如是得到命名，不是因为它只在形态上异于以往任何其他哲学，而是因为它必须是从与唯一的一个，亦即第一开端的关联而来的另一开端。"② 而在第一开端与另一开端之间的争辩所打开的，正是历史性的对话得以发生的可能空间。

2.2　对话：道路与道说

　　海德格尔大概见惯了人们在他对哲学史上的思想家进行解读时提出的种种质疑，因而在解读赫拉克利特残篇 16 的《无蔽》一文行将结束之际自问道："赫拉克利特觉得他的问题是我们现在所探讨的这样吗？在这一探讨中所说出的东西在赫拉克利特的观念范围内吗？谁会知道，

---

　　① Heidegger, *Beiträge zur Philosophie（vom Ereignis）*, GA65, S. 103；海德格尔：《哲学论稿（从本有而来）》，第 126 页。

　　② Heidegger, *Beiträge zur Philosophie（vom Ereignis）*, GA65, S. 5；海德格尔：《哲学论稿（从本有而来）》，第 6 页。

谁又能断定？"① 海德格尔的返回步伐并不是要回到某种关于赫拉克利特的"靠谱"理解，而只是意在做出一种指引。因此，如果一定要说海德格尔在对赫拉克利特残篇的讨论中说出了什么，那与其说是说出了残篇所说出的东西，不如说是说出了残篇在言说之际未言说的东西。

这样的探讨也被海德格尔称为"运思的对话"："设若一种运思的对话可以把一个箴言带向言语，那么，这个箴言所说的就是我们的探讨所要表达的。它言说这个东西，并且让它留在未被言说的东西中。"② 在讨论柏拉图洞穴比喻中真理之本质的转变时，海德格尔也曾在柏拉图那里区分命题陈述的"知识"和思想家的"学说"，后者恰恰是在思想家的道说中未被说出的东西。③ 而在赫拉克利特这里，在比柏拉图更古老的早期希腊思想家这里，海德格尔尽管也尝试通过"对话"把未被说出的东西带向语言，但却不再称之为"学说"。无论如何，对于我们来说，关键还不在于把那早先的道说中未被说出的东西命名为什么，而是在于我们究竟如何达乎这样的命名。④

《命运》一文是向另一位开端性思想家巴门尼德的返回，海德格尔在该文"引言"部分论及后世对巴门尼德思想的解释时特别谈到了与早先思想对话所面临的问题，即我们对古代思想的理解和解释总是从我们自身的处境出发并且因此总是把古代思想带到了我们自己的语言中。海德格尔写道："也许一切尝试与早先思想展开对话的后来的思想，都必定总是从其本己的逗留领域来倾听，并且这样把早先思想的沉默带入一种道说中。"⑤ 这样一来，与早先思想的对话就变成自说自话，后来的思想在对话中往往只是假古人之名而说今人之所说，只是以一种现在被说出的东西充当另一种曾经被说出的东西，而无论是曾经还是现在在道说中未被说出的东西仍然保持在未被说出的沉默中。"由此，早先的思想固然无可避免地被汲取到后来的对话中，被置入这种对话的听域和视界中，并且因而仿

---

① Heidegger, *Vorträge und Aufsätze*, GA7, S. 285 - 286；海德格尔：《演讲与论文集》，第 317 页。

② Heidegger, *Vorträge und Aufsätze*, GA7, S. 286；海德格尔：《演讲与论文集》，第 317 页。

③ 参见 Heidegger, *Wegmarken*, GA9, S. 203；海德格尔：《路标》，第 236 页。本书上篇第 4 章会回到柏拉图的洞穴比喻。

④ 本书上篇第 5 章将专题探讨海德格尔对赫拉克利特残篇 16 的阐释。

⑤ Heidegger, *Vorträge und Aufsätze*, GA7, S. 243 - 244；海德格尔：《演讲与论文集》，第 266 - 267 页。

佛被剥夺了其本己的道说的自由。"① 实际上，后来的思想在如此道说之际也必定丧失了自己在对话中的自由，那就是对早先思想的道说中未被说出的东西保持沉默的自由。因此，在思想性的和历史性的对话中，首要的困难不是用后来的陈述和表象去填充对早先思想的理解，而是敞开和放空自己，为早先思想的自行道说留出空间。

> 一切都取决于，我们已经开启的对话是否预先并且每每重新为此开放，去应合早先思想的那个有待探问的要求，或者，这种对话是否对这个要求锁闭自己，并且用后来的学说掩盖早先的思想。②

对于这个要求的应合并不是迎合。迎合之"迎"的姿态是正面迎上前去，是一种单纯的向前；而应合之"应"首先是一种"回应"，是一种后退、一种返回，并在返回中回返。在写给一位青年学生的信中，海德格尔告诉对方："思'存在'说的是：应合存在之本质的要求。这种应合来自该要求，并且向该要求释放自己。应合是在该要求面前的一种后退，并且如此是入于该要求之语言的前进。"③ 这种后退就是海德格尔在与黑格尔的对话中明确地相对于黑格尔的"扬弃"而提出的"返回步伐"④。

也正是在这封信中，海德格尔谈到"ἀλήθεια 在黑格尔的《精神现象学》中也在场，虽然变了样"之后，写下了这样一段话：

> 存在之思作为应合是一件非常迷误并且就此而言是一件非常匮乏的事情。思想诚然是一条绕不开的道路，这条道路并不想成为拯救之路，也并不带来任何新的智慧。这条道路最多不过是一条野路（Feldweg），一条穿越原野的道路，它不仅言说放弃，而且已经放弃了，即放弃了对一种约束性的学说和一种有效的文化业绩或精神行为的要求。这一切都取决于退入一种思索的充满迷误的返回步伐，那种思索关注存在之命运中的预示了的对存在之被遗忘状态的回转。从形而上学的表象性思想中退回的返回步伐并不摒弃这种表象性思想，但它开启出达乎存在之真理的要求的那种远景，而应合就彳亍于存在之真理中。⑤

---

① Heidegger, *Vorträge und Aufsätze*，GA7，S. 244；海德格尔：《演讲与论文集》，第 267 页。

② Heidegger, *Vorträge und Aufsätze*，GA7，S. 244；海德格尔：《演讲与论文集》，第 267 页。

③ Heidegger, *Vorträge und Aufsätze*，GA7，S. 185；海德格尔：《演讲与论文集》，第 199 页。

④ 参见本书下篇第 10 章的相关讨论。

⑤ Heidegger, *Vorträge und Aufsätze*，GA7，S. 186；海德格尔：《演讲与论文集》，第 200 -201 页。

如果我们看到这样一段话的时候立即就用现成的表象或想象去填充一幅画面，并且因而把这段话归类为一种比喻，我们实际上就放弃了对这段话的理解。然而这种放弃毋宁说恰恰出自"对一种约束性的学说和一种有效的文化业绩或精神行为的要求"，因而这种否定态度与其说是放弃，不如说是不满。我们也很容易会联想到海德格尔自己日常生活中走过的那些野路，特别是他家乡小镇外那条后来因海德格尔的作品而改名为"野路"的小路，那条"从庭院花园大门通往恩里特（Ehnried）"又"从恩里特折回庭院花园大门"的道路。① 于是我们仿佛明白了海德格尔在野路上的"返回步伐"的回转。这种联想诚然不错，甚至那条路上橡树下的长椅也已经被命名为"海德格尔长椅"，但这种或许太正确的联想难道不是恰恰绕开了海德格尔所说的充满迷误因而十分匮乏的存在之思？因而实际上根本没有真正踏上野路，而是仍陷在表象的泥潭里无法自拔？

海德格尔全集第 77 卷由三部"对话"构成，题为《野路 - 对话》（*Feldweg-Gespräche*）②。这个书名表面上和书中第一篇对话直接相关，

---

① 海德格尔在一篇题为《野路》（„ Der Feldweg "）的短文中对这条家乡小路的描写，参见 Heidegger, *Aus der Fahrung des Denkens* 1910 - 1976, GA13, Frankfurt am Main: Vittorio Klostermann, 1983, S. 87 - 90. 在一篇题为《感谢故乡梅斯基尔希》（1959 年 9 月 27 日）的讲话稿中，海德格尔也提到了这条路："'野路'并非一条独一无二的野路，并非一条只在这里的郊外才有的路——有许多野路——而我所说的野路通常被叫作'比希特林格小路'（Bichtlinger Sträßle），现在它就叫'野路'。它被这样叫并不是我的功劳，而是靠那些人的热忱，他们有所阅读，真正地去倾听和理解这些话语及其吁请。"（Heidegger, *Reden und Andere Zeugnisse eines Lebensweges*, GA16, S. 561; 海德格尔:《讲话与生平证词》，第 670 页）

② Heidegger, *Feldweg-Gespräche*, GA77, Frankfurt am Main: Vittorio Klostermann, 2007. 孙周兴将海德格尔全集第 77 卷的书名 *Feldweg-Gespräche* 译为《乡间路上的谈话》，并且在该书译后记中做出了说明："本书虽为谈话，但译事未必就简单好做。书名《乡间路上的谈话》（*Feldweg-Gespräche*）就不好译。其中'乡间路'（Feldweg）原先经常被中文学界译作'田间路'，我自己也曾采此译，也不能算错；不过至少在中国南方人的印象里，'田间路'指的是'田埂'，而就海德格尔本人的生活空间来说，无论是海德格尔在弗赖堡-查林根的住所，还是他在托特瑙山上的木屋，都是乡间或山间风光。海德格尔另有一篇短文《乡间路》（*Feldweg*），曾单独印出一个小册子，配有家乡梅斯基尔希的一条乡间小路的风景照片，显然也并不是我们通常设想的'田间路'。本书英译本把 Feldweg 译为 country path（乡间小路），应该是适合的。再从语感上讲，'乡间'比'田间'更广义些。因此我们在此把 Feldweg 改译为'乡间路'。"（海德格尔:《乡间路上的谈话》，孙周兴译，商务印书馆，2018，"译后记"，第 257 页）陈春文在《思的经验》中把"Feldweg"译为"山中小道"（参见海德格尔:《思的经验》，陈春文译，商务印书馆，2018，第 68 - 71 页）。孙周兴的特意说明和译名的多样已经表明 Feldweg 一词的难译。实际上，翻译的困难不仅在于该如何形容海德格尔所具体描述的那条实际存在的 Feldweg，它究竟是在田间，还是在乡间，抑或是在山间，而且在于 Feldweg 同时也是海德格尔对思想特征的刻画。为了兼顾这双重含义，我尝试将 Fledweg 译为"野路"。"野路"不仅在字面上可以贴合 Feldweg，而且在理解上也更具有突破表象思维的可能。

那篇对话名为《Ἀγχιβασίη（切近）：一位科学家、一位学者和一位指引者在一条野路上的三方对话》。不过，书名中的"对话"是复数，因而不只是以对话集中的一篇对话为书名。而且，第二篇老师和敲钟人之间的对话也从钟楼走到了野路上。

　　如果一定要说书名来自第一篇对话的篇名，那么也是因为以连字符相接的"野路"与"对话（集）"恰恰暗示了第一篇对话的篇名中那个希腊文的正标题——Ἀγχιβασίη（切近）。这个标题又恰恰来自赫拉克利特的一个残篇，或者说，这个词语本身就是赫拉克利特的一个残篇，因为它是这个残篇的唯一词语。①

　　书名中"野路"与"对话"之间的连字符暗示着二者之间的切近，我们尝试通过这一暗示来由"野路"切近"对话"，为此我们的思绪需要继续保持在"野路"上。

　　如今我们十分容易在一种相对关系中从"公路"、"大路"和"正路"的观念出发去把"野路"理解为某种未经修整的小路，甚至是某种带有危险的"旁门左道"或"歪门邪道"。由此延伸，当我们在某个行业内说某人是"野路子"时，我们表达出的就是这种从"正道"出发的立场。

　　走野路子的人欠缺专业的训练，但他所走的路之被称为野路子，主要还不是因为专业训练的欠缺，而是在于他的"训练"和训练所达成的"效果"本身是不专业的，即没有按照专业的路数来形成专业的成果。欠缺专业训练者的"不-专业"完全可能只是因为处在入门的阶段，因此还可以通过专业的训练走上正道，而"不专-业"的走野路子的人则很难"回到"正道上，因为他已经走上了另外的"旁门左道"，甚至很可能压根儿没摸到门，无从"上道"。

　　由于野路子也有可能仍然与正路处于同一片领域，甚至通向同一个目的地，因此野路也不必被指责为邪路，而是可以被理解为只是与正路殊途同归的另一条路，或者至少是有可能领略同一片风景的不同道路。这样的说法虽然放下了一些"正道"的架子，甚至可能给野路投以欣赏的目光，但仍然是站在正路上看野路，最终会在行至某处时重新划清界限，以自己所走的路为真正的正路。

　　我们或许还可以听到另一种中立的、主张多元的声音，这种声音认为

────────

① 参见 Heidegger, *Feldweg-Gespräche*, GA77, S. 151-152。这个词语被第尔斯编为赫拉克利特残篇 122。

所谓"正路"和"野路"或许在实际生活中有大小之别，有主流或非主流之分，但就其作为道路而言，则无本质区别，每个人都有权不受指责地走在自己的道路上。你走你的阳关道，我走我的独木桥，井水不犯河水。因此，野路可能是幽径，抑或是险途，但亦自有其"正道"之光，而绝非邪路或左道。

　　然而，如果说那种从正道出发去理解野路的方式是把野路降格为一条不合格的路，那么没有站在任何一条道路上的中立的、多元的立场看上去给予了野路与正路平等的地位，但却也让野路陷入一种更极端的危险，即在粎平正路与野路之区别的同时也完全消灭了野路。在条条大路通罗马的"多元"视野里，再也没有哪条路是野路了，甚至所有的道路都会由于罗马的存在而倒转为从罗马出发的"正路"。①

　　野路消隐在正路中，但野路之消隐并非正路四通八达之际的某种无奈结果，毋宁说是野路的自行消隐使得正路畅通无阻。正因为存在之思是一条隐蔽的野路，海德格尔才作为"引路人"为读者立下那些"路标"。在《路标》的前言中，海德格尔交代了书名的用意："排列已经发表过的这些文本意在让道路上的某些东西得到注意；这条道路只在途中向思想隐隐显露：显示并回隐。"② 显示和回隐的二重性指向的是存在之无蔽的发生，这里对于"野路"和"正路"或"大路"的区别来说具有指示意义的乃是道路的显隐方式：在途中（unterwegs）。③ 在那篇为人文中学的致辞中，海德格尔回望曾在野路途中的自己："对于一个几十年前时常在这条野路途中的学生来说，野路成为一种思想之道路，这种思想尝试追-思伟大思

---

　　①　例如《发现乡土景观》提到的"政治景观"中的两种道路系统："一种是尺度较小的孤立的向心道路系统，不断变化，在地图上很少标示，在物质世界的历史进程中作用甚微；另一种则是令人叹为观止的、广泛延伸的、恒久不变的离心道路系统，如联系古罗马及其他帝国的交通干道网。"（约翰·布林克霍夫·杰克逊：《发现乡土景观》，俞孔坚、陈义勇、莫林、宋丽青译，商务印书馆，2016，第39页）还有一个例子，艺术家葛宇路的作品"路牌-葛宇路"：他以自己的名字命名首都城市道路系统中的一条被遗忘的无名"野路"，在那条路上立起写着"葛宇路"的路牌。这条被命名为"葛宇路"的道路在现代智能导航地图上得到显示，在交通警察开罚单时被填写为地点，市政部门也会用"葛宇路"来对道路灯进行编号。在管理部门发现这条道路命名的不合格之后，它很快被更正为"百子湾南一路"。

　　②　海德格尔：《路标》，第1页。

　　③　在1924—1925年冬季学期的讲座"柏拉图的《智者》"中，海德格尔在讲座开始不久就指出："《智者》——以及每一篇对话（Dialog）——显示柏拉图在途中。"（海德格尔：《柏拉图的〈智者〉》，熊林译，商务印书馆，2015；*Platon：Sophistes*，GA19，Frankfurt am Main：Vittorio Klostermann，1992，S. 14）

想家之榜样，以向其学习。"①

诚然，我们在大路上走也会有"在途中"的情形，但大路并不必当行路人在途中时才显现为大路。大路不是通过在途中得到规定的，而是通过其所连接的出发地和目的地而被确定的②，通常对公路的命名表明了这一点，如从北京到上海的高速公路叫作京沪高速，连接四川与西藏的盘山公路叫作川藏线。川藏线的路况或许要比京沪高速差很多，但二者作为公路的本质在于明确地连接着两端，至于在途中的绵延伸展、曲折坎坷都是次要的事情。因此，在人们尚未踏上公路的时候，公路已经把自己呈现出来了，甚至在公路还未被建设的时候，或者在公路因为自然的或人为的原因被堵塞的时候，公路也作为公路摆在人们的筹划中了，并且由此筹划获得了一条道路的约束性。当然，也有看上去并不连接两个确定的地点而显得无始无终的公路，比如说环路。然而环路实际上只是以一种更为极端的闭环形态呈现了公路在本质上的封闭性，即使没有明确的起点和终点，公路也已经在一开始就从整体上被封闭了。

野路则不同。野路既没有在山体上开洞挖掘隧道，也不会在大河深谷上架设桥梁。野路顺应着山野之高和河谷之深。反过来，对于路上的人和物，野路也不像公路那般有种种安排和摆置，而是为人和物保留着撒野的余地。但人在野路上的行走也绝非可以随意地行走，倒是要处处小心迷路，时时留意野路的显示和回隐。

野路自然也有起点和终点，即使道路中断，也是断在了某个地方，或者中途突然岔出一条路，毕竟也是在某个地方开始分岔。但野路之为野路，并不在于它从一个地点通向了另一个地点，而是如其名称所示，它是"野-路"。无论是在荒野、山野、原野抑或村野，野路都归属于它所在之野，行路人走在野路上首先不是要被带向另外一个地点，而是被带入他已经身处其间的"野"。

---

① 海德格尔：《讲话与生平证词》，第 877 页。关于海德格尔故乡的"野路"和"钟楼"对其思想的影响，可参见 Karl Lehmann, „ Feldweg und Glockenturm: Martin Heideggers Denken aus der Erfahrung seiner Heimat ", in *Feldweg und Glockenturm*, Meßkirch: Gmeiner-Verlag, 2007, S. 11 – 37。

② 海德格尔在对老子之"道"的沉思中提及一种对于"道路"的日常理解："老子的诗意运思的引导词语叫作'道'，'根本上'就意味着道路。但由于人们太容易仅仅从表面上把道路设想为连接两个位置的路段，所以，人们就仓促地认为我们的'道路'一词是不适合于命名'道'所道说的东西的。"（海德格尔：《在通向语言的途中》，孙周兴译，商务印书馆，2015，第 191 页）

　　相应地，人在野路上获得了一种"视-野"，从而在野路带来的敞开中
保持眼界的开放。"野路把在它周围成其本质的东西收集起来，并且把它
自己的东西带给每个走在它上面的人。"① 但野路的馈赠并非现成的礼物，
路上的行人又该如何领受呢？海德格尔倒是看到了人们对野路的不闻不
问："如果人没有适应野路的呼声，他就只能徒劳地尝试，通过自己的规
划把地球带入某种秩序中。有一种危险咄咄逼人，那就是：对于野路的语
言，今天的人变得听觉迟钝。"② 野路在与人对话吗？抑或野路本身就是
有待进入的对话？

　　通过与公路的一番表象式对比，野路的"在途中"得到凸显，野路之
"野"逐渐浮现。野路的道路特征"在途中"由此得到一种形式上的说明，
而作为思想道路，野路的思想特征还有待进一步规定。为此我们需要回到
海德格尔的思想现场，回到他作为道路的著作。

　　海德格尔全集第 77 卷《野路-对话》中篇幅最长的第一篇对话为我们
提供了一条切近于"思想"的道路。这篇对话题为《Ἀγχιβασίη（切近）：
一位科学家、一位学者和一位指引者在一条野路上的三方对话》。作为主
标题的古希腊词语Ἀγχιβασίη所指示的对话主题正是思想之本质。③

　　对话的副标题交代了三位对话参与者的身份和对话发生的场所。其
中，"指引者"（der Weise）不难被识别为作者的自我形象④，另外两位对
话参与者则分别是科学家（der Forscher）和学者（der Gelehrte）。从对
话开始处学者对前一次对话的回顾，可以看出三人更具体的专业领域：科

---

　　① 海德格尔：《乡间路上的谈话》，第 99 页。

　　② 海德格尔：《从思想的经验而来》，孙周兴、杨光、余明锋译，商务印书馆，2018，第
100 页。

　　③ 此篇对话后三分之一部分内曾略加修改，以《对泰然任之的探讨——从一次关于思想的
野路上的对话而来》为题发表于《泰然任之》（1959），后收入海德格尔全集第 13 卷《从思想的
经验而来》。海德格尔为这部分内容拟定的副标题《从一次关于思想的野路上的对话而来》也直
接挑明了"野路对话"的主题。

　　④ 在对话中，"指引者"（der Weise）对自己的"称呼"做了一个区别于"智者"的说明：
"以'指引者'一词，我现在并不是指一个知识高人，而是指这样一个人，他能够指示，对于人
来说暗示（Winke）从何而来；这样一个人同时也能指示暗示如何被听从。"（海德格尔：《乡间路
上的谈话》，第 79 - 80 页）根据"编者后记"，在对话的抄件删节本中，有一个关于 Weise 的补充
说法："在此也即一个进行指引者（Weisender）。"（海德格尔：《乡间路上的谈话》，第 247 页）另
参见《演讲与论文集》的前言："一位在思想道路上的作者充其量只能有所指引（weisen），而本
身不能成为 σοφός 意义上的智者（Weiser）。"（海德格尔：《演讲与论文集》，第 1 页）

学家是一位物理学家，学者本人的工作则是"历史学的"并且觉得指引者可能"整天太热衷于哲学研究"①。

以学者的关注方式，我们可以去考察对话写作的历史背景，了解海德格尔在二战临近结束这段时间的工作和生活状态：1944 年冬季学期的讲座"哲学导论：思想与作诗"如何因他被迫加入人民冲锋队而中断，在莱茵河前线无功而返之后他如何把手稿转移到故乡梅斯基尔希安全的地方而免遭轰炸，1945 年初春他又是如何骑着自行车赶到附近多瑙河谷中弗赖堡大学哲学系所藏身的威尔登施泰恩堡（Burg Wildenstein）与同事和学生们会合。②

我们还可以考证对话中的"科学家"是否代表在现实中与海德格尔有过交流的维尔纳·海森堡——比如对话中的科学家提到自己曾为研究宇宙射线而做实验；或者"学者"是不是德国文学史家马克斯·科默雷尔（Max Kommerell）的化身——他于 1944 年 7 月 25 日在马堡英年早逝，海德格尔曾在纪念文章中提到他们之间"关于思想与作诗的历史性规定的富有成果的对话"③。《野路-对话》的撰写发生在科默雷尔去世后的几个月内，海德格尔笔下的学者是否就是他心中的科默雷尔？

正是学者关于"去年秋天，我们头一次在这条野路上相遇"的回顾开启了对话，他把这次相遇称为"一个美妙的偶然"，因为他"从中获得了一种弥足珍贵的启发"。在相遇的启发下，他想到的是"一个古老的希腊词语"，这个词语"适合用来称呼我们所寻求的东西"④。

科学家没有理会学者的古希腊词语，而是表示相遇美固美矣，但并非偶然。在科学家看来，人们总是喜欢用"偶然"这一说辞来填补因果链条中尚未得到说明的原因缺口。科学家接着提到他们此间已有多次富有成效的碰面，并且认为碰面的原因是显而易见的："我们每个人都希望通过一次消遣让自己从日常劳作中解放出来。"⑤

---

① 海德格尔：《乡间路上的谈话》，第 3 - 4 页。

② 关于《野路-对话》写作时期海德格尔的工作和生活，可参见萨弗兰斯基：《海德格尔传——来自德国的大师》，靳希平译，商务印书馆，1999，第 445 - 448 页；张祥龙：《海德格尔传》，商务印书馆，2007，第 325 - 326 页；以及 Manfred Riedel：„Feldweg-Gespräche 'Deuten im Wort '", in *Heidegger-Handbuch*，Dieter Thomä，Hg. Stuttgart：Verlag J. B. Metzler，2013，S. 209。

③ 参见海德格尔：《讲话与生平证词》，第 429 页。值得注意的是，海德格尔全集第 12 卷《在通向语言的途中》的第一篇文章《语言》最初也是为纪念科默雷尔而做的演讲的稿件。

④ 海德格尔：《乡间路上的谈话》，第 3 页。

⑤ 海德格尔：《乡间路上的谈话》，第 3 页。

　　学者顺着科学家的话回到之前对话的主题："我们工作的相似性也快速地把我们带向我们当时对话的主题。当时我们谈的是认识。"① 按照学者的回顾，他们关于认识的探讨实际上联系到了康德的《纯粹理性批判》中由"直观"与"思想"构成的"认识"，于是，作为物理学家的科学家便"要求一种对于人类直观和思想活动过程的实验性研究"②，而学者则获得了他一开始提到的那种启发。

　　学者在对话开始处尚未来得及说出的古希腊词语就是作为对话之标题的Ἀγχιβασίη。这个词语出自赫拉克利特残篇122。更准确地说，这个单独的词语被记为残篇122，它就是残篇122。这个"在它发出声响之时就已经渐渐失去了声响"③ 的词语将在接下来的对话中保持隐匿，隐而不发，直到野路上的对话行将结束才被说出，并表明自身不仅可以被用来"指称当我们沉思思想之本质时我们所追踪的东西"，而且可以"用作表示我们今天的（野路上的）行程的名称"④。思想之本质与野路上的行程之间的内在关联通过命名对话着的词语得到道说。

　　古希腊词语Ἀγχιβασίη通常被翻译为"接近"（Herangehen），学者原本以为这个词语适合用来表示野路对话的主题，即思想的本质以及认识的本质。然而，随着对话的进行，学者逐渐发现，对话非但没有接近作为主题的思想，反而在对思想的探寻中不断脱离主题。并且，在野路上对主题的脱离还不仅是对某个具有现成主题的对话的离题或跑题，而且是对主题化方式本身的根本脱离。在对话中，学者和科学家不时发出关于对话偏离主题的提醒或提出把对话保持在主题上的要求，因为指引者似乎总是游离于对话的主题之外，并且对一种有计划的对话和主题性的东西感到疑惑。⑤

　　从对话的道路特征来看，如果说非主题化的对话是野路，那么明确的主题化的对话正如上文与野路相对比的公路，是一条设定了目的地并且把我们带向目的地的道路。在回应学者关于主题化事物之可疑性的提问时，指引者道出了其中的区别："因为就像这个名词所说的，主题化事物是我

　　① 海德格尔：《乡间路上的谈话》，第3页。
　　② 海德格尔：《乡间路上的谈话》，第3-4页。
　　③ 海德格尔：《乡间路上的谈话》，第149页。
　　④ 海德格尔：《乡间路上的谈话》，第150页。"野路上的"为海德格尔在《对泰然任之的探讨——从一次关于思想的野路上的对话而来》中所补充，参见海德格尔：《从思想的经验而来》，第84页。
　　⑤ 参见海德格尔：《乡间路上的谈话》，第70页。

们所设定的，而实际上在我们这样的对话中，所讨论的东西或许是从自身而来把自己带向语言，并且因此把自己带到我们近旁。"①

对于这种非主题化的"寻求"，学者觉得"这可能不再是用一个独一的词语能道说的了"，在对话过程中他曾几次想要说出Ἀγχιβασίη这个古希腊词语，但每次都感到"不太适合用来表示作为思想之本质接近我们的东西"②。最终还是在科学家和指引者的鼓励下，学者才说出了这个词语。

从学者那里了解到这个词语被翻译为"接近"之后，科学家立即附议学者的想法，即这个最初适合于表达认识之本质的词语现在"完全没有切中我们今天在途中猜测的那种思想的本质"③。指引者则一边认同二人的意见，一边反问提醒道："但这就已经确定Ἀγχιβασίη意味着接近吗？"在指引者的指引下，野路对话落脚在对这个词语的讨论。

按照学者的说法，Ἀγχιβασίη字面上的意思是"走近"，或者说"近-走"（nahe-gehen）。④ 如果"以古希腊的方式来思"这个赫拉克利特的词语，并且同时预设"它作为一位思想家的词语是一个本质性的词语"，从而"思及构成人之本质的运动"，那么Ἀγχιβασίη一词所说出的"行走"就是"人与存在者的活动关系"，而存在者在古希腊被思为在场者，"在场者在无蔽状态中本质性现身"⑤。既然人在与存在者的关系中行走，人就在无蔽状态中行走。

这个本质性的词语还同时说出了"近"。何谓"近"？人在无蔽状态中的行走何以是一种"近-走"？人走到了什么的近处，或者走向了近处的什么？抑或在人的行走之际，什么近了？指引者解释道："在无蔽状态中在场者——παρόντα——并非离开的东西，而是到来的东西，是进入切近之中而本现的东西。在一切在场中起支配作用的是切近。被解蔽的东西是一种已经靠近的东西。"⑥ 早期希腊思想中存在（在场）与真理（无蔽）的

---

① 海德格尔：《乡间路上的谈话》，第70页。这里所说的"我们近旁"容易让人想到黑格尔《精神现象学》"导言"中关于绝对"自在自为地并且愿意在我们近旁"的表述，海德格尔曾在《黑格尔的经验概念》中专门解读黑格尔在从句中道出的这一点，即我们被引入我们已经在其中的与绝对的关系之中。参见海德格尔：《林中路》，孙周兴译，商务印书馆，2015，第144－145页。如果说思想或绝对之"在我们近旁"是海德格尔与黑格尔表面上的一致之处，那么野路对话中围绕"意愿不-意愿"的讨论所呈现的关于"意愿"的分歧则指示着二者之间的深层次差异。

② 海德格尔：《乡间路上的谈话》，第144页。

③ 海德格尔：《乡间路上的谈话》，第146页。

④ 德语词语nahegehen意思是内心的悲伤、悲痛、（对于不幸之事的）感触。

⑤ 海德格尔：《乡间路上的谈话》，第147页。

⑥ 海德格尔：《乡间路上的谈话》，第148页。

共属一体或许是为学者所熟悉的，在在场者的在场和无蔽者的无蔽中起着支配作用的切近也是学者能够领会的。但学者仍然感到诧异的是，"在一个命名着人与无蔽范围内的在场者的本质关系的词语中透露出'近'即ἀγχί所命名的东西"[①]。

在这里，指引者给出的关键区分是"切近本身"与"近的东西"之间的区分，更准确地说，是"进入切近之中的本现"与"在近处的在场者"之间的区分。学者在这种区分中理解到，Ἀγχιβασίη不是在近的东西的表象这一意义上的"接近"或"临近"，在表象中"切近本身并没有得到思考"[②]。科学家对此表示肯定，但也指出这只不过从否定的方面确定了Ἀγχιβασίη不是什么。

对Ἀγχιβασίη的正面表述最终由指引者亲自给出："也许我们可以想到的是，它的意思就同如：走入切近之中。"[③] 对话的"思想"主题最终以非主题化的方式，通过古希腊词语Ἀγχιβασίη即"走入切近之中"得到言说。

然而，如果说非主题的、非表象的言语根本不指向任何近处的在场者，那么"走入切近之中"作为正面的表述岂非南辕北辙甚或言之无物？如果切近本身是那正在到来的东西，"走入切近之中"这一单独词语的道说又将把我们引向何处？一旦我们真正迈出"走入切近之中"的步伐，道路上迎面而来的难道不就是切近之中的物？可是，切近之为切近，似乎总是在事物到来之际离我们远去……

通过野路上的对话，我们听到的是思想发出的一声邀请："走入切近之中。"长路通向远方，野路走入切近。近之为近不就意味着它作为某种"附近"紧紧围绕着我们，而我们就身处其中吗？在人与存在的关联之中，这样的切近不是总已经以某种方式被我们通达了，从而走入切近之中的呼请似乎总已经来得太迟？究竟何谓走入切近？又如何走入切近？

"切近"并非海德格尔在遇到赫拉克利特那独特残篇时才偶然捡拾到的词语，而是每每闪烁着贯穿于海德格尔的思想道路整体。[④] 切近在人与

---

① 海德格尔：《乡间路上的谈话》，第148页。

② 海德格尔：《乡间路上的谈话》，第149页。学者似乎无意间区分了表象的思想与非表象的"切近之思"。

③ 海德格尔：《乡间路上的谈话》，第149页。

④ 例如埃米尔·凯特琳（Emil Kettering）的研究著作就以"切近"作为标题，系统地呈现了海德格尔的"切近"之思。参见 Emil Kettering, *NÄHE：Das Denken Martin Heideggers*, Pfullingen：Verlag Günther Neske，1987。

存在的关联中闪烁。《存在与时间》中此在在存在者层次上的"近"与在存在论层次上的"远"拉开了生存论分析的大幕。在《关于人道主义的书信》中，存在被领会为一种不显眼的切近，这种切近作为语言成其本质。① 也正是在作为存在之寓所的语言的道说中，荷尔德林《返乡》中吟唱着的"你梦寐以求的近在咫尺"才由之得到倾听。② 如此闪烁的切近贯穿于物与世界之间。此在的在世操劳所打交道的用具，以其上手于周围世界的切近中照面；艺术作品中真理的自行置入开启了世界与大地的切近之争执；而在对存在之物的观入之际，亦即在物之物化和世界之世界化那里，切近终成其本质为"近化"。

关于物的探讨亦是"野路上的对话"所展开的关键一步，在以壶为例揭示物与某种开放域之关联时，指引者曾提醒道："我们处于从迄今为止熟悉的思想之本质向一种也许更为源始的本质的过渡中。"③ 这为我们借助"物"来通达切近提供了一种思－路上的指引，促使我们尝试去靠近那在物之物化中运作着的切近之本质，尽管切近的诸多丰富维度势必还向我们紧紧地锁闭着。

切近的锁闭在现代技术敉平空间上的一切距离并且扭转我们的时间体验之际越发深不可测。不仅远方之遥远被消除了，切近之为切近也变得不可通达。物据说是在那切近中存在着的东西，故而尚有可能为通向切近之本质的道路提供某种指示。④

通过追问壶的容纳作用，海德格尔一步步退出以物理学为代表的对于壶之为物的对象性观察，转入那真正起着容纳作用的壶之虚空。壶之虚空以"承受"和"保持"的双重方式进行容纳，这双重容纳统一于"倾倒之馈赠"。壶之为壶就在于作为馈赠（Schenken）之聚集的赠品（Geschenk）中成其本质，赠品中栖留着天空与大地、诸神与终有一死者。赠品乃是壶之壶性，因而在壶成为一物之际，天、地、神、人四方便在其疏远中相互趋近，海德格尔称之为"近化"。"近化乃切近的本质。"⑤

这一关于切近之本质的言说仍然不能为我们提供出一个可供打量的切

---

① 海德格尔：《路标》，第 395 页。
② 参见海德格尔：《荷尔德林诗的阐释》，孙周兴译，商务印书馆，2014，第 24－25 页。
③ 海德格尔：《乡间路上的谈话》，第 118 页。在野路上围绕壶这个物所展开的对话，在后来的"不来梅演讲"（《观入存在之物》）中构成了以"物"为标题的第一个演讲，这个演讲的稿件也收录于《演讲与论文集》。
④ 参见海德格尔：《演讲与论文集》，第 177－178 页。
⑤ 海德格尔：《演讲与论文集》，第 191、196 页。

近对象。如果从关于壶之为物的对象性理解，向那在天地神人的相互映射和转让中物化的壶的返回确实曾得到实行，那么切近之本质就更不可能作为对象被带到我们面前，而是作为自行疏远的切近而近化。然而，如果物之物化在现代技术的无距离状态消除了切近之后已经被消灭了，那么我们又如何能够期待在物之物性的思索中走入切近？

在切近的近化自行疏远之际，我们才经验到野路的思想特征，从而有可能以某种方式重新上路：在途中-走入切近之中。而这也就意味着，不是采取某种立场来谈论道路，而是通过野路把自己转渡到对道路的准备中：

> 思想本身乃是一条道路。唯当我们保持在途中，我们才能应合这条道路。为了筑路而在路途中，这是一回事。另一回事则是，从某处而来只在道路上采取一种立场，并且来聊一聊，对于每一个从未走上这条道路，也从来没有准备走这条道路，而是为了始终仅仅表象和谈论这条道路而置身于这条道路之外的人来说，那些早先的和后来的路段是否以及在何种程度上是各各不同的，而且因其差异性，也许甚至是互不相容的。①

我们前面说到应合时引述了海德格尔给一位青年学生的信，海德格尔在信中告诉那位年轻人，对存在之本质的要求的应合是在该要求面前的后退，并且是由此入于该要求之语言的前进。海德格尔晚期另一部著作的书名表达了这种应合的道路特征及其朝向——《在通向语言的途中》。

对话是一种应合，应合是一条野路，而野路在途中显示与回隐，"在途中"则是"在通向语言的途中"。这似乎描绘了一条通向语言的道路。然而不仅我们这样说的时候已经就在语言中了，而且一开始我们所说的"对话"本身就是一种语言。

对话在通向语言的途中，这既不是为对话设定了一个外在的目的，也不是让对话陷入了某种空洞的循环。困难在于如何从关于对话的言语转变到从语言而来的对话。在《从一次关于语言的对话而来》这篇著名的与日本人的对话中，海德格尔在对话接近尾声的时候讲到解释学循环时，一改早先对于进入循环的要求，面对日本人关于如何描述解释学关联的提问斩

---

① 海德格尔：《什么叫思想》，第 194 - 195 页。

钉截铁地说道:"我要坚决避免对之做一种描述,正如避免一种关于语言的言说。"① 因为在前面的对话中海德格尔和日本人刚刚区分过"关于语言的言说"和"从语言而来的言说",日本人于是接着说:"那么,或许一切都要取决于,进入一种从语言而来的应合着的道说之中。"海德格尔回应道:"这样一种道说着的应合只可能是一种对话。"② 应合乃是对话,作为应合的对话显然不是通常意义上的彼此间的你言我语的对话,而是"一种向语言之本质的聚集"③。这样的对话也被海德格尔称为"本真的对话","本真的对话不是'关于'语言的对话,而是从语言而来道说,为语言之本质所用"④。

在《存在与时间》中,言语作为此在的展开方式得到分析,对话"首先与通常"作为非本真的闲谈锁闭着此在对世界和自己的理解。而本质性的言语方式则有倾听与沉默。在此在的本真性之见证即良知的呼唤中,不仅呼声本身的言语方式是沉默,而且倾听此呼声并从常人的闲谈中被唤起的此在也只能在愿有良知的沉默中承担自己的罪欠存在(Schuldigsein)。

但此在的言语现象学也还没有给出语言本身的存在论规定,而是尚在通向语言的途中。在与日本人的对话中,海德格尔甚至提出要"对沉默保持沉默",而且这种沉默是"从语言而来的本真对话的持续的前奏"⑤,如此沉默也是应合。⑥ 不过,正如日本人在对话中表示这是在尝试某种不可能的事、无比困难的事⑦,我们现在也无法在一本以陈述句进行表达的论著里达到这样的沉默。我们能够做的首先仍然是关于对话的讨论。为了不至于完全脱离事情,我们下面不讨论随便什么样的对话,而是在一种对话

---

① Heidegger, *Unterwegs zur Sprache*, GA12, Frankfurt am Main: Vittorio Klostermann, 1985, S. 143;海德格尔:《在通向语言的途中》,第 142 页。

② Heidegger, *Unterwegs zur Sprache*, GA12, S. 143;海德格尔:《在通向语言的途中》,第 142 页。

③ Heidegger, *Unterwegs zur Sprache*, GA12, S. 143;海德格尔:《在通向语言的途中》,第 142 页。这一说法暗示了 Gespräch 一词前缀 ge- 的"聚集"含义。

④ Heidegger, *Unterwegs zur Sprache*, GA12, S. 143;海德格尔:《在通向语言的途中》,第 143 页。

⑤ Heidegger, *Unterwegs zur Sprache*, GA12, S. 144;海德格尔:《在通向语言的途中》,第 143 页。

⑥ 参见 Heidegger, *Unterwegs zur Sprache*, GA12, S. 251;海德格尔:《在通向语言的途中》,第 264 页。

⑦ 参见 Heidegger, *Unterwegs zur Sprache*, GA12, S. 144;海德格尔:《在通向语言的途中》,第 144 页。

中来讨论对话，具体而言，在海德格尔与荷尔德林的对话中，倾听思与诗的对话。

在《荷尔德林与诗的本质》一文中，海德格尔列出了荷尔德林的五个中心诗句，其中处在中心位置的第三个诗句以一种奇特的方式言及"对话"：

> 人经验了许多。
> 许多天神得到命名，
> 自从我们是一种对话
> 并且能够彼此倾听。①

海德格尔对第三个中心诗句的思考是为了回答一个问题："语言如何发生？"② 这个问题中的语言不是某种可供使用、被人支配的工具，而是相反，语言是"支配着人之存在的最高可能性的那种本有事件（Ereignis）"③。因此，语言如何发生的问题，也就是本有事件如何发生的问题。

鉴于问题中的"语言"是在人与语言的关系中得到思考的，上述诗句中有一行突出地相关于"语言如何发生？"的问题，适合于作为对这个问题的回答，即"自从我们是一种对话"。

这句诗说的是"对话"，作为语言之本质发生的对话。

"我们"是一种对话，这不同于《存在与时间》中对日常此在的共在的言语活动之为交谈（Miteinanderreden）甚至闲谈（Gerede）的规定，而是对人之此在建基其中的语言的道说。这里的"对话"既不是此在之言语的一种方式，也不是语言的诸多样式之一的实行，而是语言的本质性的实行方式，也就是说，"只有作为对话，语言才是本质性的"④。在本质性

---

① Heidegger, *Erläuterungen zu Hölderlins Dichtung*, GA4, Frankfurt am Main：Vittorio Klostermann, 1981, S. 38. 参见海德格尔：《荷尔德林诗的阐释》，第 40 页，译文有改动。这里的诗句是海德格尔从荷尔德林的一篇草稿中挑选的。在《在通向语言的途中》一文中，海德格尔引用了荷尔德林《和平庆典》中的类似诗句："从清晨开始，/自从我们是一种对话并且彼此倾听，/人经验了许多；而（我们）即是歌唱。"参见 Heidegger, *Unterwegs zur Sprache*, GA12, S. 255；海德格尔：《在通向语言的途中》，第 269 页。

② Heidegger, *Erläuterungen zu Hölderlins Dichtung*, GA4, S. 38；海德格尔：《荷尔德林诗的阐释》，第 40 页。

③ Heidegger, *Erläuterungen zu Hölderlins Dichtung*, GA4, S. 38；海德格尔：《荷尔德林诗的阐释》，第 40 页。

④ Heidegger, *Erläuterungen zu Hölderlins Dichtung*, GA4, S. 38；海德格尔：《荷尔德林诗的阐释》，第 41 页。

的对话中，说与听是统一的，因此诗句后半句说的"并且能够彼此倾听"就不是可有可无的补充，不是言语方式上的并列，而是不可或缺地构成对话的本质性因素。①

我们是"一种"对话。对话不是诸多言语方式中的一种，反过来，本质性的对话也不是如通常所见那般以多样性和复数性为特征的，而就是"一种"对话。但"一种"也不意味着单一性、排他性，而是使得我们统一在一起的统一性："在本质性词语中，单一和同一的东西总是可敞开的，我们对此达成了一致，我们据此而成为统一的，因而真正是我们本身。"② 我们在关于争辩的讨论中曾经指出，本质性的争辩是围绕同一者进行的，争辩本身则是彼此分离着的设定。而对话则自成"一种"，以其统一性承载着此-在。

"自从"我们是一种对话。海德格尔特别注意到，荷尔德林不是径直说"我们是一种对话"，而是说"自从我们是一种对话"。"自从"这个词语指示着时间。语言在对话中的发生是时间性-历史性的。"时间在其延展中开启自身的那个瞬间"，"一种"对话的单一者和同一者才进入持存者和持续者的光照中；在"'撕裂着的时间'撕裂为当前、过去和未来"之后，"我们"人之此在才进入某个持存者，并且因而能够遭遇到可持守者的到来、变化和消逝。③ 概言之，无论"我们"的人之此在，还是"一种对话"的单一者与同一者，都在时间的时间化中存在。"自从时间是它'所是的时间'以来，我们就是一种对话。自从时间出现并达乎持存，我们就是历史性的存在。一种对话存在与历史性的存在——二者同样古老，共属一体，是同一回事。"④ 海德格尔曾在与黑格尔的争辩中强调争辩的对手乃是同时代人，而对话作为语言的本质发生，恰恰明确地是历史性的存在。

---

① 在解释荷尔德林的诗歌《追忆》时，海德格尔也讲到听与说在对话中的统一："道说与倾听之构成被说出的对话，仅仅在于它们展开源始的对话并且在这种展开中自身才从源始的对话中产生出来。"（Heidegger, *Erläuterungen zu Hölderlins Dichtung*, GA4, S. 124；海德格尔：《荷尔德林诗的阐释》，第 146 页）

② Heidegger, *Erläuterungen zu Hölderlins Dichtung*, GA4, S. 39；海德格尔：《荷尔德林诗的阐释》，第 41 页。

③ Heidegger, *Erläuterungen zu Hölderlins Dichtung*, GA4, S. 39 – 40；海德格尔：《荷尔德林诗的阐释》，第 41 – 42 页。

④ Heidegger, *Erläuterungen zu Hölderlins Dichtung*, GA4, S. 40；海德格尔：《荷尔德林诗的阐释》，第 42 页。

本书下篇**"争辩与对话"**所呈现的正是**"黑格尔阐释"**这一主题的双重主题化方式。着眼于思想发展的历史编年，海德格尔与黑格尔的争辩主要在 20 世纪 30 年代进行，而二者之间的对话则主要在二战之后海德格尔晚期的思想岁月中发生。从思想道路的走向来看，从争辩到对话构成了海德格尔思想的回行步伐，一方面，海德格尔通过与黑格尔的争辩而获得进行对话的某种本质性的位置；另一方面，历史性的对话本身总是在开端处便已经回行，因此回行步伐又不可能停在某个既得的位置上，而是只能保持在回行中。作为应合，对话就在通向语言的野路之途中。

3. 本书的结构

本书在海德格尔朝向无蔽的思想道路上把握他对黑格尔的现象学阐释，将这一阐释主题化为他与黑格尔的"争辩"和"对话"。全书主体内容共 10 章，分为上下两篇。下面简要介绍章节安排和基本内容。

上篇"向无蔽回行"（第 1－5 章）尝试勾勒海德格尔无蔽之思的回行道路。

第 1 章具体探究《存在与时间》中的真理概念，通过分析陈述之真以及陈述的结构（指出-述谓-传达），从"符合"的真理回到存在者的被揭示性意义上的真理，进而挑明后者在生存论上以此在的展开性为基础。第 2 章的分析从此在的一般的展开性（在此）到本真的展开性（决断），最终落脚在作为源初的澄明的时间性，阐明此在的展开性之为源初的真理现象。海德格尔正是从此在的本真的展开性即先行的决断中分析此在的时间性作为操心的存在意义。

第 3 章集中考察海德格尔在 20 世纪 30 年代初期的重要文章《论真理的本质》。这篇文章已经突出地表露了无蔽之思道路的转向特征，通过把符合论真理的特征确立为正确性，阐明自由之为真理的本质，进而追问真理之本质的可能性，最终开启从真理之本质转向本质之真理的思想空间。

第 4 章和第 5 章分别以柏拉图和赫拉克利特为例切入海德格尔晚期存在历史思想的无蔽学说。阐明在柏拉图的洞穴比喻中，真理之本质如何在形而上学历史的发端处转变为正确性意义上的真理，又如何在洞穴内外的光照中得到实行。而对赫拉克利特那里"无蔽"的阐释则力图打开人与存在之关联的遮蔽维度。

跟随海德格尔的回行步伐，下篇"争辩与对话"（第6-10章）将专题呈现无蔽之思道路上的黑格尔阐释。

第6章处理《存在与时间》第82节对黑格尔的时间概念及其与精神之关系的讨论。这一部分由于公开发表的时间较早，并且所处的位置比较明显，一向是研究海德格尔的黑格尔阐释的主要文本。但是，我们把海德格尔的黑格尔阐释先行把握为争辩与对话这两种主题化方式，而《存在与时间》中的黑格尔阐释作为一种"反衬"，尚未形成真正的争辩或对话。就此而言，这一章的内容还只是一种"前主题化"的讨论。前主题化的阐释对于阐释的主题化具有一种准备性的意义。

第7章和第8章进入海德格尔与黑格尔的本质性争辩。第7章展示海德格尔对《精神现象学》"自身意识"章的解读，其中的关键是对黑格尔所提出的新的存在概念的剖析。海德格尔的解读止于"自身意识"章导论部分对生命诸环节的展开，而我们在第8章将接续海德格尔的解读，继续推进他与黑格尔的争辩，在真理之本质的问题语境下把握自身意识的自立与自由，并且最终由此深入否定性的本源。

从争辩所抵达的否定性之本源出发，第9章和第10章才能着眼于形而上学的开端、完成与克服，呈现海德格尔与黑格尔的历史性对话。第9章以赫拉克利特为海德格尔与黑格尔之间对话的"中介"，在对话中挑明开端性思想的支配性并敞开思想重新开始的可能性。第10章则依据海德格尔在《形而上学的存在-神-逻辑学机制》一文中明确提出的与黑格尔思想相区别的三个问题来讨论形而上学的完成与克服。第10章关于形而上学之完成的讨论与第9章论及的形而上学之开端，构成了对于形而上学的整体把握。由于黑格尔思想本身构成了形而上学的完成，因此围绕形而上学之完成展开的对话同时也直接地把作为对话者的海德格尔卷入了对话之中，对话也因而仍然具有形而上学特性。这就意味着，克服形而上学的问题成了真正的难题。

上　篇

向无蔽回行：海德格尔的
无蔽现象学

第 1 章 "墙上的画挂歪了"：陈述与揭示

海德格尔在《存在与时间》中提出了与传统符合论的真理理论有关但又不同的真理概念。与传统符合论的真理理论有关，不仅是因为海德格尔的"无蔽"与通常的"真理"有一个共同的古希腊原名ἀλήθεια，而且更主要的是因为海德格尔的无蔽之思根本不是要提出符合论之外的另一种真理理论，而是要寻找源始的真理，寻找"真理"的本源。"符合"诚然并非海德格尔眼中ἀλήθεια的源初含义，"所有的一切还是在于要避免某种在'符合'意义上构造起来的真理概念。这种观念根本不是ἀλήθεια这个概念中的源初观念"[1]。但是，海德格尔也小心翼翼地提醒自己和读者，避免真理的符合论并非要寻找一种与之不同的真理理论。这里的事情不是用一种真理概念取代另一种真理概念，把真理之存在说成揭示着的存在，"这貌似任意的定义仅仅包含着对古代哲学中最古老的传统所源始地预感到且前现象学地加以理解了的那种东西的必然的阐释而已"[2]。事实上，作为揭示着的展开的ἀλήθεια并非一种对于"真理"的定义，海德格尔很快就给"定义"打上了引号并且进一步解释道："已经提出来的真理之'定义'不是要摆脱传统，而是要把传统源始地加以占有：如果成功证明基于源始的真理现象的理论必然并且如何必然滑向符合这一观念，那就更好了。"[3]

《存在与时间》中的"真理学说"的目标根本不是提出一种"真理理论"，也不是要从真理的"符合"概念中发现某种更源初的"真理"——仿佛只要说任何"符合"都需要先有某种被拿来符合的东西被揭示就可以了，无论这被揭示的东西是"主观的"还是"客观的"——而是要在具体的现象学分析中说明对ἀλήθεια的源初理解何以必然"沉沦"为"符合"

---

[1]　Heidegger，*Sein und Zeit*，S. 33.

[2]　Heidegger，*Sein und Zeit*，S. 219.

[3]　Heidegger，*Sein und Zeit*，S. 220.

这种真理概念。为此海德格尔的分析最终落脚在对此在的时间性分析中，源始的真理与符合的真理乃至与"真理"的其他各种派生样式的关系诚然是一种"脱落"，但不是源始的真理在符合的真理那里脱落，而是符合的真理从源始的真理那里脱落，正如流俗时间从源始时间那里脱落。① 在具体理解这种脱落之前，我们先展示《存在与时间》中的真理概念的诸多层次。

在《存在与时间》中，我们可以看到相互关联的一系列真理概念：(1) 传统的真理概念（"符合"）；(2) 陈述之真理作为"揭示"；(3) 存在者之真理作为被揭示性；(4) 此在之真理作为揭示着的展开性；(5) 源始的本真的展开性乃是决断；(6) 生存论上的真理作为时间性的绽出境域。② 本章主要讨论前三种真理概念，后三种真理概念以及它们与时间性之绽出境域的关联，将在下一章得到呈现。

1. 陈述之真：从"符合"到"揭示"

在存在与真理等哲学基本问题上，海德格尔一向不满足于"陈述"这种展示方式的回答。在《存在与时间》导论第 7 节讲到作为现象之对立概念的"遮蔽"（Verdecktheit）时，海德格尔就已经暗示了陈述对被揭示者的保持必然形成遮蔽：

> 有偶然的遮蔽，有必然的遮蔽。后者植根于被揭示者的持存类型。任何被源始地提取出来的现象学意义上的概念和命题，一旦作为被传达出来的陈述，就处在了变质的可能性中，它在某种空洞的理解中被传递，丧失了它自己固有的性质，成为漂浮无据的论点。③

现象学的概念和命题，或者说现象学的陈述，与"被传达的陈述"不

---

① 关于流俗时间与源始时间的关系问题，见本书第 2 章第 3 节，以及下篇第 6 章。

② 冯·赫尔曼在对《存在与时间》的此在分析论的真理问题的讨论中区分了"作为述谓的揭示性的真理"、"作为前述谓的揭示性的真理"和"作为展开性的真理"。参见 Friderich-Wilhelm v. Herrmann, *Wahrheit-Freiheit-Geschichte*, Frankfurt am Main: Vittorio Klostermann, 2002, S. 19 - 37. 托马斯·希恩（Thomas Sheehan）把海德格尔的 Aletheia 分为三层：Aletheia - 1，自行去蔽或自身敞开；Aletheia - 2，对事物或事态的先于陈述的理解；Aletheia - 3，陈述的符合。参见 Thomas Sheehan, *Making Sense of Heidegger*, New York: Rowman & Littlefield International, p. 71。

③ Heidegger, *Sein und Zeit*, S. 36.

同，虽然它们也可以作为现成的陈述被传来传去。现象学的陈述与"被传达的陈述"都是对被陈述者的展示，二者形式上的区别首先在于：现象学的陈述就存在者在其自身所显示的那样对存在者进行展示；而"被传达的陈述"虽然通常也是关于显现者的话语，但却不是从其自身显示来进行展示。在《存在与时间》中，现象学上的自身显示者乃是存在者的存在，因此，两种陈述的区别在实事方面表现为，现象学的陈述是对存在者之存在的存在论规定，而"被传达的陈述"是对存在者在存在者层次上的指出、展示和传达。因此可以说，现象学的陈述是存在论层次上的陈述，而"被传达的陈述"是存在者层次上的陈述。不过，虽然陈述可以是存在论层次上的，也可以是存在者层次上的，但是，"陈述"具有"存在者化"的倾向，因为陈述本身就是此在的理解着的解释的"成形"。理解或许是源初的，解释或许是自由的，但由源初的理解和自由的解释而来的陈述却不得不是固定的。在陈述的固化中，从事情自身那里得来的理解和解释遭到"必然的遮蔽"，这是此在的必然。

在《存在与时间》第 44 节 a 小节"传统的真理概念及其存在论基础"中，海德格尔简短地引述亚里士多德和康德，对古代和现代的真理"概念史"做了一番极简的描述①，表明传统的真理理解一般说来就是"符合"，知与物的符合。并且他提示，一方面，在亚里士多德那里，灵魂与事物的"匹配"并非对真理本质的明确定义，虽然它导致了后来关于真理的"符合论"；另一方面，在康德那里，"符合论"也没有像后来新康德主义宣称的那样得到根本的改变。

不过，这里的问题是"符合"究竟意味着什么？符合是一种关系。海德格尔径直问道："什么东西在这种关系整体中——adaequatio intelletctus et rei（知与物的相符）——一被一道暗中设定了？这个被一道设定的东西本身具有何种存在论上的性质？"② 从形式上看，符合是一种关系，一个东西与另一个东西符合。但是，不仅并非一切关系都是符合，而且不是一切符合关系都是作为"真理"的符合关系。海德格尔举了 6＝16－10 的例子来说明数目的相同作为符合是就其"多少"而言符合。符合具有"就……而言"（Hinblick auf）的结构。既然真理之符合是知与物之间的符合，那么知与物就什么而言是符合的呢？如果知与物根本就是不同类型的存在，

---

① 参见 Heidegger，*Sein und Zeit*，S. 214 - 215。

② Heidegger，*Sein und Zeit*，S. 215.

它们就不可能给出就之而言相同的东西。于是寻找另一种可能，即知与物的符合不是"相同"，而是"匹配"，一种真的认识只是如事物所是的那样认识事物，具有"如……一样"（So-Wie）的结构。可是，知与物又何以可能匹配？对符合关系的结构的追问表明关键不在于仅仅从结构上把握符合，而是必须深挖符合关系中的存在关系。①

考虑到知与物的符合关系中的存在关系，一个常见的区分是就认识之为判断而区分下判断的活动与被判断的东西，前者是实在的心理过程，后者则是观念上的内容，而认识之真通常是用来说后者的，也就是在观念内容上来说它是不是与实在的事物符合。然而，这种符合关系本身的存在类型是观念的还是实在的？观念上的存在者如何与实在的存在者符合？海德格尔在此接连追问，指出在判断中区分判断的实行与判断的内容无益于我们理解符合的存在类型，反而意味着我们必须考察认识活动本身的存在类型。②

因此，必须从现象上来看认识之真，来看认识活动如何证明自己是真的。海德格尔举了一个例子："让一个人背对着墙做出一个真陈述：'墙上的画挂歪了。'"③ 这个人背对着墙，自然没有"看"到墙上那幅实在的画，为了证明他的陈述是真的，他需要转过身去看墙上挂歪了的画。在这一证明中发生了什么？海德格尔从对观念与实在的区分中退回到认识活动的自身证明，似乎是选择了某种心理主义的道路，甚至在谈到这种"不加区分"的时候，他也曾问道："难道心理主义在这一点上不是正确的吗？"④ 那么，现在在这个例子里，海德格尔是要探究这个做出陈述的人的心理活动吗？非也。海德格尔意图通过这个例子展示给读者的并不是例子中的真陈述如何与实在的情况符合，也不是这个陈述的真如何被证明，而是在这个真陈述的自身证明中被"证明"的东西，在陈述中得到显示的东西。这个例子的特别之处在于，做出陈述的人在做陈述时尚没有看到那幅画，还没有感知，而只是"表象"。那么这个人在做出判断的时候，是在判断什么呢？既不是表象活动的心理过程，也不是作为被表象者的那幅"画"，这个做出判断的陈述"根据其最本己的意义毋宁说是同墙上的那幅

① 参见 Heidegger, *Sein und Zeit*, S. 216。
② 参见 Heidegger, *Sein und Zeit*, S. 216 - 217。
③ Heidegger, *Sein und Zeit*, S. 217.
④ Heidegger, *Sein und Zeit*, S. 217.

实在的画相关的。所意指的就是那幅实在的画，此外别无他"①。虽然这里的陈述所实行的是缺乏感知充实的"空意指"，但它所关涉的既不是"实在的心理过程"，也不是"观念的内容"，而就是在陈述中被意指的那个存在者本身。② 这就是说，当我们从判断的心理活动和判断的观念内容这一区分退回到陈述现象上时，我们实际上回到了陈述的意向性结构中，一个陈述"陈述着"被陈述者，意指着被陈述者，揭示着被陈述者。陈述是一种揭示着的存在方式。在对真陈述的证明中，证明始终关涉的就是在那陈述中被揭示的存在者。在陈述者通过转身看墙上的画来证明他的陈述时，"被意指的存在者自身显示出来，如它在其自身存在一样，也就是说，它在自一性（Selbigkeit）中这样存在，就如它在陈述中被指出、被揭示的存在着一样"③。"符合"的双重结构在认识对自身的证明中浮现出来，但在这双重结构中得到证明的并非任何两个存在者之间的符合关系，而是那个被揭示的存在者的被揭示的存在。

通过对认识之真的证明的现象学展示，海德格尔把"符合"从真理的源始含义中剔除，而把陈述的真理确定为一种揭示着的存在：

陈述**是真的**，这意味着：它就存在者的在其自身来揭示存在者。它在存在者的被揭示中说出存在者、指出存在者、"让"存在者"被看"（apophansis）。陈述之**是真（真理）**必须被理解为**是-有所揭示的**。④

这段经常被引用的话直接地对陈述之真理做出了存在论上的规定，把我们引向了有所揭示的存在、存在者的真理。我们需要在陈述的结构中具体理解有所揭示的陈述之真理。

2. 陈述的结构：指出-述谓-传达

在对认识之真的展示中，海德格尔举了一个例子来表明一个真陈述如何证明自己是真的，那个陈述是："墙上的画挂歪了。"在对"证明"的考察中，我们回到了陈述自身的存在论结构。陈述指出被陈述者，陈述揭示

---

① Heidegger，*Sein und Zeit*，S. 217.
② 参见 Heidegger，*Sein und Zeit*，S. 218。
③ Heidegger，*Sein und Zeit*，S. 218.
④ Heidegger，*Sein und Zeit*，S. 218.

被陈述者。当陈述就存在者自身来揭示存在者时，陈述就是真的。

虽然看起来与"符合论"划清了界限，但海德格尔却又迎合了"真理的处所是陈述"这一传统看法？可是海德格尔不是早已在对亚里士多德的解释中反对了这种看法，并且认为这种看法对亚里士多德的引证也是不恰当的吗？诚然，但关键之处不在于确认海德格尔对陈述与真理的关系的态度，更不在于用一种"陈述"把这一态度确定并且保存下来。陈述的揭示何以可能？如果我们对陈述的存在结构和它在存在论上的根据尚缺乏具体的把握，那么陈述与真理的关系还是一团乱麻就不足为奇。所以眼下的任务是澄清陈述的存在论结构及其在存在论上的根源，由之不仅能厘清陈述与真理的关系，而且可以呈现比陈述之真理更源始的存在者的真理。

海德格尔在对陈述的分析中展示了在陈述的结构中相互联系的三种含义：指出、述谓和传达。从整体上看，陈述就是传达着的、规定着的指出。① 下面我们回到陈述的例子"墙上的画挂歪了"来对陈述的存在结构进行具体的说明。

"墙上的画挂歪了"这个陈述句指出的是墙上的画，它让"墙上的画"被看，在这种"让看"的展示中揭示着的是墙上的画这个存在者本身，而非"看"所感知到的图案和颜色，或者某种内心的"表象"。陈述径直指出墙上的画，一幅挂歪了的画，也就是说，一幅需要被摆正的画，而摆正则是为了在墙面的装饰中显得协调——抑或是一幅故意挂歪了的画，无论是为了凸显画本身的某种特别之处，还是为了指示别的事情——总之，是一幅处在其上手性中的画。陈述在其存在结构上具有"指出"这一环节。陈述的"指出"保持着 logos 让存在者从其自身而来被看的源初含义。

陈述的第二种含义"述谓"要以第一种含义"指出"为基础。在作为"述谓"的陈述中，一个谓词被说出，通过这个谓词，主词得到规定。在陈述中被陈述的不是谓词，而是存在者本身，在我们的例子中即"墙上的画"。"挂歪了"陈述着"墙上的画"，"墙上的画"通过"挂歪了"这一谓词得到规定。在陈述的"述谓"含义中，"墙上的画"从被揭示的存在者变成被规定的存在者。

陈述的"述谓"含义是对"指出"含义的一种窄化，被陈述者从其自在的被揭示存在被限制为具有某种规定的存在者，不再是纯粹就其自身而被看，而是从与之相关的某一方面而被看。这种进行规定的展示方式通过

---

① 参见 Heidegger，*Sein und Zeit*，S. 154 - 156。

遮蔽被揭示者在其上手性中的各种牵连，而突出它如此这般被规定的某一方面。存在者从其牵连整体中脱离出来，被限制在某个规定中："墙上的画""挂歪了"。

除了"指出"和"述谓"，陈述还有与这两种含义相关联的第三种含义"传达"。传达意味着把陈述说出来，分享陈述，让他人一起看以规定的方式指出的东西。在对"墙上的画挂歪了"这句话的传达中，听到话的人与进行陈述的人共同看到那在传达中被指出和被规定的存在者，即使听到这话的人与那当初背对着墙说出这句话的人一样未曾对墙上的画有所感知。陈述可以变得人云亦云，可以在一传十、十传百的过程中变得不知所云，但在最后的不知所云中，传达着的陈述仍然要让人在这陈述中一起看那被揭示的存在者，尽管那存在者已经被完全遮蔽。如果说"述谓"对被陈述者的规定还只是对被揭示者的限制，那么"传达"所说出的被陈述者则完全可以脱离被揭示者，甚至完全脱离被揭示者身处其中的那个世界。

"指出"、"述谓"和"传达"这三种含义共同构成陈述的整体结构：传达着、规定着的指出。在对这三种含义分别进行说明的过程中我们已经看到，这三种含义不是孤立的三种可能的陈述方式，而是相互联系在一起呈现出一种层次关系：

（1）指出是最基本的含义，陈述总是有所指出，真陈述之真就在于它就存在者自身指出存在者，让被陈述者就其自身来被看；

（2）述谓以规定的方式指出被陈述者，被指出者一旦成为被规定者，就会从被规定的方面来被看，于是陈述的揭示从让存在者就其自身来被看变成对存在者的限制，陈述之真因而是就某方面而言的真，而"就……而言"正是"符合"所具有的结构；

（3）被陈述者在传达中被说出，这时的陈述诚然还是有所"揭示"的，但真正说来，是对被揭示者的指出和规定使得作为传达的陈述之被说出得以可能，而非在传达中被说出之际被陈述者才被揭示，相反，在传达中，源初的被揭示者常常被完全遮蔽，曾经被明确规定的事物也总是变得模糊，传达可以只是"如"有所揭示"一样"，这也正是"符合"所具有的另一种结构。

在陈述的三重结构中，真正使一个陈述为真陈述的是"指出"，让存在者从其自身而被看。"述谓"是对被揭示的存在者的规定，让存在者从某方面来被看。"传达"是对被揭示的存在者的说出，让他人一起来看存在者，至于是就存在者自身来看，还是就某个方面来看，都不重要了，关键在于"一起看"。所以，述谓和传达一方面基于对被揭示者的"指出"，也就是基于有所揭示的陈述之真，但另一方面又有脱离这一"指出"的倾向，更准确地说，是脱离被揭示者的倾向，脱离那揭示着的陈述之真的倾向。

但是，这种脱离真理的倾向不仅仅是"述谓"和"传达"这两种陈述含义才有的某种"缺陷"，而是一种属于陈述整体的生存论倾向。不应把这种倾向归结于陈述的某些方面，而去寻求陈述中保持在真理中的那一方面，仿佛只要对陈述做一番清理就能确保陈述的真。陈述是一个整体现象，脱离真理的倾向不是陈述整体内部的分离倾向，而是陈述整体的存在特征。这一特征的根源不在于陈述的某些环节，而在于陈述整体在生存论上就是此在的一种另有基础的揭示方式。陈述的真并非源始的真理，陈述的揭示并非源始的揭示。以整体的眼光来看，不仅要看到陈述自身结构的整体性，而且要看到陈述本身也是此在在世界之中存在这一整体结构中的一环，在陈述中被指出的被陈述者在陈述之先就已经作为被揭示者前来照面了。更具体地说，陈述是理解着的解释的成形，先于陈述，存在者已经在此在的理解和解释中被揭示了。存在者的被揭示性与陈述的"指出"对存在者的揭示此前一直混为一谈，现在我们要明确将之区分开来。存在者不是在陈述中才被指出，才被揭示，而是已经在世界之中作为被揭示的存在者前来照面。存在者的被揭示性就是存在者的真理。

前面已经看到，海德格尔已经在陈述之真理那里把真理规定为有所揭示的存在，现在，通过对陈述的整体结构的分析，我们指出陈述之真理要以存在者之真理为前提，这岂不是说进行揭示的存在方式要以被揭示的存在者为前提？非也。陈述是一种派生的揭示方式，但揭示本身在形式上是真理的一般规定，也就是说在作为被揭示性的存在者之真理那里，依然不缺乏进行揭示的活动。

> 揭示活动是在世界之中存在的一种存在方式。寻视着的操劳甚或逗留着、观望着的操劳都揭示着在世界之内的存在者。在世界之内的存在者成为被揭示者。它在第二位的意义上是"真的"。源初"真的"，即进行揭示的，是此在。在第二位的意义上的真理说的不是揭示着的-存在（进行揭示），而是被揭示的-存在（被揭示性）。①

---

① Heidegger，*Sein und Zeit*，S. 220.

　　或许在生存上此在已经遭遇了形形色色的存在者，以至于在陈述中似乎总是有存在者已经被揭示了。但在生存论上，被揭示的存在者的"真理"只是第二位的，源初的真理恰恰是此在的揭示活动，此在揭示着的展开性。也就是说，此在之真理比世内存在者的真理更源始，揭示活动优先于被揭示性。不过，这里并不是要绕回到揭示着的陈述的真理去，尽管陈述也是此在的一种揭示方式。

3. 存在者的被揭示性基于此在的展开性

　　墙上的画挂歪了。现在我们去掉了这句话的引号，不再把它作为陈述的例子，尽管它仍然不得不以陈述句的形式出现。现在，被揭示者不再是通过陈述句被说出，而是被看到。这需要一种"转向"。比如我们可以设想，原先例子中背对着墙壁的人现在转过身来，不是为了证明自己说出了一个真陈述，而只是单纯地转过身来，这时他看到：墙上的画挂歪了。在这种情况下被揭示的是什么？"墙上的画"？"挂歪了"？横在面前的是一面墙，墙上挂着一幅画，这幅画挂歪了。那么被揭示的是"墙"和"画"以及二者的关系吗？"墙"和"画"是什么似乎是清楚的，可它们的关系是"挂歪了"吗？为了看到"歪"，难道不是得先有某种"正"被揭示出来？这幅画曾是"挂正了"的吗？或许"挂"自然就蕴含着一种"正"？而"挂"又是怎么一回事？海德格尔在讲到世界之内的存在者之间的关系时，举"桌子'依着'门"和"凳子'触着'墙"这样的例子说：

　　　　严格地讲，"触着"这回事根本就是不可能的，之所以如此，倒不是因为通过严格的检验最终总是可以在凳子和墙之间找到某个间隙，而是因为即使间隙等于零，凳子在原则上也不可能触着墙。[①]

　　海德格尔在这里所说的原则是此在与非此在式的存在者之间的区分，生存着的此在在世界之中依寓于世界之内的存在者存在，而世界之内的存在者就其自身而言是无世界的，彼此无关，因而无所谓"触着"或"不触着"。

　　同样，对于其中或许自有天地的"一幅画"和往往更多地否定特性的

---

　　① Heidegger, *Sein und Zeit*, S. 55.

"一面墙"来说，自然也不存在彼此的位置关系正不正的问题。但是，此在实际地生存着，"墙上的画"已然是在此在的世界中随着此在的"转身"而前来照面的：墙上的画挂歪了。在这个简单的情形下，虽然我们不知道这面墙是室内的一面墙，还是户外的一面墙，但内和外已经被揭示出来。被揭示的不仅是墙这个存在者，而且是一个面，被揭示的是空间中的一个面。① 不过，若不是因为画挂歪了，墙是不需要被揭示的，把画挂在墙上是为了方便观画，抑或只是为了装饰墙面，但装饰墙面正是为了把墙面伪装和掩饰起来。在这种"理想"的情况下，墙上的画作为上手事物前来照面，观画者看到画中呈现的"画面"，但这时观画者不仅没有看"墙"的"面"，也不会去看"画"的"面"。然而，墙上的画挂歪了，画不再上手，画"面"和墙"面"变得醒目。对于原先例子中那个"转身"的人来说情况更简单，"墙面"和"画面"直接就是触目的：墙上的画挂歪了。就像无论墙面是在内还是在外都呈现为一个空间面一样，画挂歪了这一情形具体是怎样的歪，是画的左右不一样高，还是画的位置偏了，对于我们的分析来说都不重要，重要的是，"歪"是一个褫夺性的存在方式，"歪"即"不-正"，在看到"挂歪了"之际，出现了"正"本身。于是，这个转身看到墙上的画挂歪了的人，或许会把画重新挂正，或许会任凭画保持在当前的位置上——因为他可能觉得这样歪着"正"好，无论如何，他不必先说出"墙上的画挂歪了"这个陈述句再诉诸行动，他以他的实际行动揭示着"墙上的画挂歪了"这一实情。

　　墙上的画挂"歪"了，得到揭示的却是"正"。这难道不是一种抽象的思辨吗？如果我们不去追问"正"的存在，那么这里得到的结果就和抽象的思辨相差无几。什么是正？在当前的语境中，正意味着位置上的某种一致：横边与地面保持平行，纵边则与地面保持垂直，或者与墙面的某个位置一致，比如说挂在墙面正中。正如"正"这个字的意思所示：正，从

① 关于"墙"的更丰富的例子，可参见《现象学之基本问题》中海德格尔所引用的里尔克的小说《马尔特·劳里茨·布里格手记》中的一处描写（Heidegger, *Die Grundprobleme der Phänomenologie*, GA24, Frankfurt am Main: Vittorio Klostermann, 1975, S. 244 - 246）。在倾听诗人对一面残墙的描写之后，海德格尔评论道："我们注意到，世界，或者说'在世界之中存在'——里尔克称之为生命——是如何强有力地从诸物中向我们迎面而来。里尔克在这里用他的词句从敞露的墙上所读出来的东西，并不是被设想强加到墙里去的；恰恰相反，只有作为对这面墙中'现实'地存在的东西（这种东西在我们与这墙的自然关系中从墙那里涌现出来）的解释与照亮，那种描写才是可能的。"（Heidegger, *Die Grundprobleme der Phänomenologie*, GA24, S. 246）

一，从止，止于一也。

所以我们可以说，在墙上的画挂歪了之际出现的"正"是画与墙的某种一致？可是这种一致实际上并未出现，画实实在在地挂歪了。那么"正"或许存在于墙面？毕竟相对于画，墙是固定不动的，是画挂歪了，不是墙歪了。也就是说，墙本身是正的。可是墙的"正"又是与什么保持了一致呢？与另一面墙吗？与地面的垂直？这么说来，"正"就成为一种相对关系了，一个东西总是相对于另一个东西而言是正的或者不正的。但这种相对关系毋宁说是让"正"无法得到最终确定，甚至会取消"正"，而随着"正"的消失，恐怕"歪"也不可能了。然而，实际情况是：墙上的画挂歪了。

回到例子中来，那个人转身回头，看到墙上的画挂歪了。在对"正"的存在的寻找中，我们的目光过于流连在画和墙上了。我们忽视了例子中的那个人，忽视了例子中的生存现象，而执着于非此在式的存在者和它们的关系，但此在和非此在式的存在者却是原则上不同的。"正"属于此在的生存，正是因为此在自身的"正"，由此此在在它的世界中揭示的存在者才可能以"不正"的方式前来照面，才可能是歪的。如果一定要使用"相对关系"来理解这里的"正"，那么就是墙面"相对于"此在来说是"正"的。

从生存的空间性来看，"正"属于此在在空间中的"定向"。"定向"和"去远"一起构成此在的空间性。"去远"让"墙上的画"前来照面，画不在两米之外，画在"墙上"。在"挂歪了"的画之中，则已经有"定向"在设定正和歪。墙上的画挂歪了，这是随着此在空间性的展开性而被揭示的。

存在者的被揭示性基于此在的展开性，"被揭示性随着并且通过展开性而存在，因此随着此在的展开性才抵达了源始的真理之现象"[1]。存在者的被揭示性是第二位的"真理"，源始的真理要在此在的展开性那里去寻求。

---

[1] Heidegger, *Sein und Zeit*, S. 220 - 221.

第2章 "绽出的时间性"：在此与决断

源始的真理现象既非传统认识论中"知"与"物"的符合，亦非"物"的被揭示性，而是此在的揭示着的展开性。世界之内的物随着世界之中的此在的展开而被揭示。物之被揭示与此在之进行揭示，共属此在的展开性。此在向来已经展开，总是已经有所揭示。并非此在和物首先分别孤零零地各自存在，后来在各种机缘巧合中才相遇。展开性意味着此在的"开启性"①，意味着此在并非自身锁闭着的单子或"遗世独立"的主体。一旦把此在与物表象地理解为"主体"与"客体"，展开性这种源始的"真理"现象就分崩离析了，真理问题就成了主体与客体之间的问题。如果将真理问题保持为此在之展开性的问题，从而使得此在之展开性不是单纯的主体性问题，而是成为主体与客体"之间"的问题，如果说"此在就是这个'之间'的存在"，那么这种说法"确实会离现象上的内容更近一些"②。然而，只要对"之间"的理解是从现成存在者方面而来的理解，就仍然离题甚远。墙上的画挂歪了，我们需要一个现象学的"转身"来看到其中源初的真理之现象。

现象学的"转身"在这里首先是把眼光从现成存在者那里"转回"到此在自身的生存现象上来。既然此在并非站在现成存在者对面的一个现成的主体，那么这里的转身就不是主体从一个对象转到另一个对象——不是转向另一个对象，也不是转回到作为对象的主体，也不是转向作为对象的主客关系——而是从主体-客体这一对象性理解转回到此在源初的生存性理解。

然而，这还是就着对象性的理解来说，只要这一转身还是首先依着对现成存在者的理解来进行，那么更彻底的转身就意味着从这种"转身"中

---

① Heidegger，*Sein und Zeit*，S. 75.

② Heidegger，*Sein und Zeit*，S. 132.

转身。现象学的转身根本上要求的不是把眼光从现成存在者转向此在，而是从这种"从现成存在者到此在"的事后追溯转回到"从此在到现成存在者"的源初发生。

这一转身意味着现象学的眼光是一种"整体眼光"，让事情在其自身的整体结构中显示自身。此在的整体结构在形式上表达为"在-世界-之中-存在"，这一结果包含三个要素："在之中-存在"，"世界"，以及在世界之中存在的那个存在者，即此在自身。这三个要素构成此在"在世"的整体结构，"摆出这些情状要素中的任何一项，都意味着同时摆出了其他各项，就是说：任何时候都是对整体现象的一种看"①。在《存在与时间》的具体分析中，海德格尔还特别在对三个要素分别进行分析之前，先行刻画了"在之中-存在"，前面提到此在与非此在式的存在者之间的"原则性区分"正是在这一先行刻画中提出的。② 对于这一先行的刻画，海德格尔在正式进入"在之中-存在"的分析时再次解释道："之所以先行提出这一首要的解构要素，目的是在分析单个的要素时，从一开始就要保持一种自始至终都着眼于整体结构的眼光，并且防止统一现象的分崩离析。"③

从现象学的整体眼光出发，《存在与时间》对此在的生存论分析不仅展示了此在的一般展开性的诸要素，提出了决断作为此在的本真的展开性，而且从先行的决断现象凸显出时间性作为本真的展开性和非本真的展开性的基础。

1. 在此：一般的展开性

展开性不是现成存在者的范畴上的规定，而是此在的生存论规定。"就这种存在者的本质是生存而言，'此在是它自己的展开性'这一生存论

---

① Heidegger，*Sein und Zeit*，S. 53.

② 参见 Heidegger，*Sein und Zeit*，S. 52 - 59，第 12 节 "依循在之中-存在本身来先行描绘在-世界-之中-存在"。

③ Heidegger，*Sein und Zeit*，S. 131. 关于现象学的整体，特别是"整体"与"总体"的区分，按照海德格尔在《存在与时间》第 48 节 "亏欠、终结与整体性"中的一个脚注，可以参见胡塞尔《逻辑研究》的第三研究 "关于整体与部分的学说"。埃纳尔·欧弗伦内格（Einar Øverenget）详尽论证了《存在与时间》在"整体"上对第三研究的吸收，表明海德格尔不仅在术语上而且在思想上，都深受胡塞尔对于整体与部分的现象学分析的影响。参见 Einar Øverenget，*Seeing the Self*，Dordrecht：Kluwer Academic Publishers，1998，pp. 7 - 27.

命题意味着：这种存在者在其存在中所涉及的存在就是，去是它的'此'。"① 简单地说，此在作为"此"而存在，此在"在此"。"'此'这个表达意指这种本质的展开性。"②

海德格尔考虑到此在的"在-世界-之中-存在"这一生存现象的整体性而特别先行描绘了此在的"在之中-存在"，反过来，在完成了此在的"世界性"和"自身性"的初步分析之后再回到"在之中-存在"时，更应把"在-世界-之中-存在"的整体性保持在视野之中，把先前分析的成果接受下来。

《存在与时间》对世界性（第一篇第3章）和自身性（第一篇第4章）的分析分别从此在的操劳和操持入手，操劳是此在与物的打交道方式，操持是与他人（其他此在）的打交道方式。此在的"在-世界-之中-存在"首先与通常依寓于世界之内的物并且消散于常人。此在的这种首先与通常的存在方式在对"在之中-存在"（第一篇第5章）的分析中，被具体地展现为此在的日常存在，闲言、好奇、两可，并且在生存论上被规定为沉沦。

对此在的"在之中-存在"在生存论上的更一般的规定是"处身性"、"理解"和"言语"。此在的"此"在生存论上同样源始地由处身性（情绪）与理解构建。在处身性中展开了此在的被抛性：此在总是已经处在某种情绪中，它存在且不得不存在，已经被抛入某种实际存在；在理解中展开了此在的去抛性：此在向来从可能性来理解自身，它是能在，把自己抛入各种可能性。处身性与理解同样源始，处身性是理解着的处身性，理解总是有情绪的理解。被抛性和去抛性这一对紧张的生存论规定是此在展开性的双重结构：此在是被抛的去抛。③

处身性和理解向来把此在的"在-世界-之中-存在"作为整体展开，与此同时，处身性和理解还关涉世界之内的存在者。

处身性和理解又同样源始地由言语加以规定，言语和处身性、理解一道构建此在的展开性。这不是说在存在者层次上的情绪和理解中总是会伴随着言语现象，而是说处身性和理解作为此在的展开性自身就是分环勾连的。

① Heidegger，*Sein und Zeit*，S. 133.

② Heidegger，*Sein und Zeit*，S. 132.

③ 参见 Heidegger，*Sein und Zeit*，S. 199。

所有这些我们只是简单列举的东西构成了对"此"的生存论分析的内容，这些内容呈现了此在的展开性的结构。此在的揭示着的展开性就是此在的真理，此在在"此"指的是此在在"真理"中。海德格尔指出："此在'在真理中'存在。这一陈述具有存在论上的意义。它不是意指此在在存在者层次上一向或者仅仅有时已经被引入'全部真理中'，而是意指：此在最本己的存在展开性属于此在在生存论上的情状。"① 海德格尔于是着眼于分析此在的"在此"所获得的结果简要"复述"了"此在在真理中"的生存论意义。

我们这里不再"复述"这一"复述"，而是只强调其中的两重意思：

一是整体性与源始性的关系。此在的一般展开性中不仅包含此在的"在-世界-之中-存在"，也包含此在的依寓于世界之内的存在者而存在，因此，"世界之内的存在者的被揭示性同此在的存在及其展开性是同样源始的"②。然而，说存在者的被揭示性与此在的展开性同样源始，这不是与此前说"被揭示性只是第二位的真理，而揭示着的展开性是第一位的真理"相矛盾吗？

二是本真性与源始性的关系。此在在其一般的展开性中不仅根据世界和他人来理解自己，也能根据自己最本己的能在来理解自己，只有在后一种理解中此在才本真地展开自己。"这种本真的展开性在本真性这一样式中显示出最源始的真理现象。在其中此在能够作为能在而存在的那种最源始的和最本真的展开性，是生存之真理。只有同对此在的本真性的某种分析相联系，生存之真理才获得它在生存论-存在论上的规定性。"③ 这一点将我们引向此在的本真的展开性，此在的决断。

2. 决断：本真的展开性

对此在的一般展开性之为真理的分析，得到结果："1. 真理在最源始的意义上是此在的展开性——世界之内的存在者的被揭示性属于这种展开性。2. 此在同样源始地在真理和非真理中。"④ 按照上面指出的整体性和

---

① Heidegger, *Sein und Zeit*, S. 221.
② Heidegger, *Sein und Zeit*, S. 221.
③ Heidegger, *Sein und Zeit*, S. 221.
④ Heidegger, *Sein und Zeit*, S. 223.

本真性的问题——这实际上也是海德格尔在《存在与时间》关于"真理与展开性"的第44节结尾处提出的问题——还需要在此在的展开性中找到其本真性的样式。

仍然是双重问题：一方面，此在的展开总是已经涉及被揭示的存在者，那么展开性对于被揭示性的优先地位究竟从何而来？另一方面，就此在自身同样源始地在真理和非真理中来说，"同样源始"究竟是什么意思？

对于第一个问题，答案就在已经反复强调过的"原则性区别"中，此在对于非此在式的存在者的优先地位，在于此在生存着的展开才使世界之内的存在者随之而来照面。此在在存在者层次上的优先地位有其存在论上的根源。第二个问题在形式上与第一个问题相反，第一个问题问的是"差异"，而第二个问题问的是"同一"。而在存在领域上，第二个问题问的是此在自身的真理的样式，从此在与非此在之间的区别，回到了此在自身的区别。因此，这里的"同样源始"不仅意指此在的"真理"与"非真理"相对于世内存在者而言都更"源始"，而且意味着就此在的生存来看，它的真理与非真理是"同样"源始的。不过，正如此在与非此在式的存在者之间的差异是存在论上的差异，对于此在的"真理"与"非真理"的"同样"源始的生存，也有其生存论上的差异，这就是此在的本真性与非本真性的差异。

在此在的日常生存中，本真性的存在与非本真性的存在只有样式上的不同。然而，只要在生存论上对此在的整体性和本真性进行更深入的专题化分析，就会看到，本真性与非本真性之间单纯样式上的区别转化为了生存论上的实质差异。因此，在对此在的本真性的分析中，我们看到，此在的本真决断构成了此在的真正的"真理"：

> 决断（Entschlossenheit）是此在的展开性的一种与众不同的样式。而展开性此前曾在生存论上被阐释为源始的真理。真理原本不是判断的一种品质，也根本不是某种特定行为的品质，而是在世界之中存在作为在世界之中存在的一种本质的构建要素。真理必须被把握为基本的生存论规定。对"此在在真理中存在"这一命题的存在论上的澄清，已经把这种存在者的源始展开性指明为生存之真理，并为了界定它而指引向分析此在的本真性。①

---

① Heidegger，*Sein und Zeit*，S. 297.

此在的本真的展开乃是决断。决断把此在从其依寓于世内存在者并且消散于常人的展开性中收回到本真的自身，从其自身来理解自己的展开性，也就是说，从自身来展开自身。与一切现象学上的积极现象一样，决断首先表现出褫夺性的意义，它把此在从其非本真的日常展开性中收回，此在首先与通常生存其中的意义整体变得全然无意义。这不是说这个或那个存在者失去了意义，也不是说存在者整体失去了意义，而是此在失去了意义。严格来说，此在有意义，非此在式的存在者是"不具有意义的存在者"。"意义是此在的一种生存论规定，而不是一种依附于存在者、位于存在者'后面'或作为'中间地带'漂浮在某个地方的属性。只要在世界之中存在的展开性能够被那在这种展开性中可加以揭示的存在者'充满'，那么，唯有此在'具有'意义。所以，只有此在才是有意义或无意义的。"① 展开性是理解着的展开性，意义是理解的分环勾连，"是某种东西的可理解性停留其间的所在之处"②。意义整体是此在在其理解着的解释中展开的分环勾连的"意义空间"。毋宁说，在此在的决断中发生的不是意义的丧失，而是此在在世界之中存在的分环勾连的"决断"。

分环勾连在对此在的"此"的分析中属于言语。"言语是可理解性的分环勾连。"③ 此在的决断是在"愿-有-良知"的展开性中被确证的，而言语在"愿-有-良知"中的样式乃是沉默。

沉默并非单纯的不言不语，沉默是言语的本质可能性。同样，决断也不是不再展开，而是本真的展开。决断不只有褫夺的否定性含义，或者说，决断的褫夺性正与去蔽所表现出的那种褫夺性一样，是积极性含义。决断不仅把此在从其日常生存中收回，它同时把此在送回日常生存。

> 决断作为本真的自身存在并不把此在从世界那儿分开，并不将此在隔绝到一个漂浮无据的自我中。决断怎么可能这么做呢——倘若它作为本真的展开性就是本真的"在-世界-之中-存在"？决断恰恰把自身带入到当下有所操劳地依寓于上手存在者而存在中，并把自身推入到有所操持地同他人一道的共同存在中。④

决断作为本真的展开性必然在结构上与此在"在-世界-之中-存在"

---

① Heidegger，*Sein und Zeit*，S. 151.
② Heidegger，*Sein und Zeit*，S. 150.
③ Heidegger，*Sein und Zeit*，S. 161.
④ Heidegger，*Sein und Zeit*，S. 298.

的一般的展开性并无二致。前面只是在说到意义作为分环勾连的时候提到了言语这种生存论规定。实际上，除了言语，本真的决断也具有一般展开性那里的处身性和理解结构。否则本真的决断何以在此在的日常生存中收回此在，又何以能把此在送回到日常生存中？

现在，面对"此在同样源始地在真理与非真理中存在"的问题，决断作为真正的"真理"并不回避"非真理"，并非在"真理"与"非真理"这两种"同样源始"的样态中做出了一个选择，仿佛选择了"真理"而放弃了"非真理"。"当此在展开在它的'此'中时，它同样源始地保持在真理与非真理中。这恰恰'本真地'适用于作为本真的真理的决断。决断本真地占有非真理。"① 展开性的双重结构"被抛-去抛"在决断中得到本真的实行，不是下定决心离开自己被抛入的某种现实的生活，继而把自己抛入另一种理想的生活，而是把每一实际的可能性作为自己最本己的可能性来把握，作为被抛的去抛意味着让自己向着实际被抛的可能性去抛。

作为本真的展开性，决断中包含着揭露者和被揭露者，亦即在一般的展开性中，我们曾把握为此在的揭示着的展开性和非此在式的存在者的被揭示性的双重结构。既然决断已经作为本真的真源始地占有了不真，那么在决断的揭露着的展开中，揭露者和被揭露者都是此在自身。在这里，"属于真理的是一种与之相应的持-以为-真"②。持以为真意味着确定，无论是确定揭示着的展开性，还是确定存在者的被揭示性，抑或确定二者的同样源始的"真"。

作为"持以为真"，确定性属于此在。在对死亡的确定性的分析中，海德格尔指出："确定性奠基在真理中或者同样源始地属于真理。'确定性'这个表达和'真理'这个术语一样有双重含义。"③ 这里说的"真理"的双重含义即：（1）此在的展开性作为源始的真理；（2）存在者的被揭示性作为派生意义上的真理。因此，确定性作为此在的存在类型同样可以在派生意义上说某物的确定性。

在这里，除了一如既往地需要避免把确定性归结到主体的认知或客体的实在，还应通过对死亡的确定进行分析来获得一种与众不同的此在确定性，一种本真的确定性。

---

① Heidegger，*Sein und Zeit*，S. 298 - 299.

② Heidegger，*Sein und Zeit*，S. 307.

③ Heidegger，*Sein und Zeit*，S. 256.

海德格尔在"人终有一死，但暂时尚未"这一关于死亡的日常表达中指出日常性对死亡之确定性的"模棱两可的承认"①：一方面，死亡是确定的，"终有一死"；另一方面，死亡又是未定的，"暂时尚未"。死亡同时具有确定性和未定性。对于死亡的确定性，日常性并不是从此在最本己的无所关联而又不可逾越的死的确定出发来把握，而是依据日常经验来谈起一种"事实"。无人可回避这一事实，然而这毕竟只是经验上的事实，而经验上的确定性却并非最高的确定性，不具有理论上的绝对的确定性。对于死亡的未定性，日常性也不是在它与确定性的关联中来理解，而是通过给未定性一种既定性来回避之。死亡的未定意味着死亡时刻正在来临，而日常在对死亡的既定性的理解中，通过把死亡推给将来的某个既定的时刻，这样此在不仅逃避了死亡的未定性，而且并没有直面死亡的"既定性"。不过，无论如何，在"人终有一死，但暂时尚未"这一日常表达中，死亡的确定性与未定性已经被表达出来。

在此在本真的展开性中把死亡的确定性和未定性作为本真的东西接受下来，意味着把死亡在日常性中变得不那么确定的确定性和已然确定的未定性收回到此在本真的被抛-去抛中。

死亡的确定性不是某种世界之内的存在者的确定性，而是此在"在-世界-之中-存在"本身的确定性。"它不仅要求此在的某一确定的行为，而且在此在的生存之最充分的本真性中要求此在。"② 本真的此在先行地把自己去抛到死亡的确定的可能性中。

把自己先行去抛到死亡的确定性中绝不意味着对死亡的未定性的消除，相反，要保持死亡的未定性，就要把死亡的未定性与确定性一道保持为真。未定性要保持为此在自身的未定性，而非某种要通过定下来才能占有的东西。保持死亡的未定性，要求"此在把自己向着一种从它自己的此在本身中产生出来的、持续的威胁敞开"③。这种敞开在此在的"畏"中得到实行，畏的情绪把此在随时到来着的死亡带到此在的被抛性中，死亡的未定不在别处，就在"此"。

被抛的去抛作为本真的展开性乃是决断，确定而又未定的死亡在先行的决断中得到确证。就决断作为本真的展开性而言，确定而又未定的双重

---

① Heidegger，*Sein und Zeit*，S. 255.

② Heidegger，*Sein und Zeit*，S. 265.

③ Heidegger，*Sein und Zeit*，S. 265.

性在于：一方面，决断把此在自身带入处境同时又不固执于处境，而是"对当下实际的可能性保持自由和敞开"①；另一方面，此在的可能性何时变成不可能性始终是未定的，这种未定性属于此在的"临界处境"。

在这里，真理与自由的关联，或者说ἀλήθεια与自由的关联，已经初现端倪，不过，要到《存在与时间》之后才真正明确。我们将在第3章进入这一关联。眼下的任务是继续深入海德格尔的《存在与时间》，在先行的决心中显示出时间性，"源初的澄明"，为《存在与时间》中的"真理"概念的建构"封顶"。

3. 时间性：源初的澄明

决断作为此在本真存在的见证，本身也具有先行的存在倾向，先行向死作为此在最本己的、无所关联的、不可逾越的、确定的而又未定的可能性，同样在决断的样式化中显露出来。② 决断本己地就是先行的决心，此在源始的本真整体能在就在于先行的决断。

把握决断之为此在本真的展开性，是为了在生存论上源始地揭示生存之真理的存在论意义。此在揭示着的展开性作为分环勾连的诸环节的统一，源始地统一于何处？答案是时间性。先行的决断将自身向着本己的死亡去抛，向着一种根本的可能性去抛，在个别化的可能性中回到自身存在。"保持住别具一格的可能性而在这种可能性中让自身来到自身，这就是将来的源始现象。"③ 理解先行的决断意味着承担起此在最本己的罪欠，即此在被抛的无性之根据存在。"承担被抛性却意味着：如其向来曾是的那样本真地是此在。"④ 先行的决断并不沉溺于对过去的怀念和对将来的畅想。"不念过去，不畏将来。"日常言语中对于过去与将来的一种"积极态度"如此说。通过对过去与将来说"不"，说话的人才更坦然地活在现在。正如决断并不把此在从世界中抽离，先行的决断并不因其被抛的去抛

---

① Heidegger, *Sein und Zeit*, S. 307 - 308. 关于"处境"以及"临界处境"，另参见 Heidegger, *Sein und Zeit*, S. 299 以下。由"处境"这个词，我们不难回忆起《存在与时间》的开端，1922 年的"纳托普报告"：《对亚里士多德的现象学阐释》，它的副标题是《诠释学处境的显示》。

② Heidegger, *Sein und Zeit*, S. 305 - 310.

③ Heidegger, *Sein und Zeit*, S. 325.

④ Heidegger, *Sein und Zeit*, S. 325.

而与"现在"无缘，仿佛漂浮在已然虚幻的曾经和不着边际的将来。遗忘本身恰恰是此在在之中-存在的一个变式①，"遗忘并非无或只是记忆的缺失，遗忘是曾在状态固有的一种'积极的'绽出样式"②。"不念过去"也好，"不忘过去"也罢，对于过去的日常操劳中的"纪念"与"忘却"都意味着此在必须先遗忘自己。对于将来的向往或畏惧，也同样要以此在本真先行着的向死的畏为前提。至于现在，决断将自身当下化，从而依寓于在处境中前来照面的上手存在者。先行的决断从将来回到自身的曾在并在当下化中把自己带入处境，这便是时间性的统一："曾在着的有所当下化的将来。"③ 在时间性中，此在之操心的诸环节源始地统一起来，"操心结构的源始统一在于时间性"④。

此在的一般展开性的诸要素，即理解、处身性、沉沦、言语，都在时间性上有其时间化样式，它们的整体性由时间性"担保"⑤。曾在、当下、将来，时间性之绽出的三重维度同样源始地在每一展开性要素中时间化。理解首要地奠基于将来⑥，处身性首要地奠基于曾在⑦，沉沦首要地奠基于当下⑧。但在任何一种展开性要素那里，时间性的另外两种时间化样式并非缺席，而是"变-化"⑨。

作为一般展开性整体的分环勾连，言语本身并不像其他三种要素那样有其首要的时间化样式。不过，海德格尔说道："因为言语实际上通常在语言中说出自己，并且首先以'周围世界'的操劳着-谈论着的方式说，所以当下化自然就具有一种优先的构建作用。"⑩ 可以看到，在《存在与时间》中，言语作为生存论上的语言，虽然与理解、处身性同样源始地构成此在的展开性，但是一方面，言语总是倾向于"沉沦"到"陈述"和"闲言"这样的非本真样式中，另一方面，语言本身尚未得到真正的专题化，语言尚未成为"存在之家"，相反，语言现象的"存在论'处所'在

---

① 参见 Heidegger，*Sein und Zeit*，S. 62。

② Heidegger，*Sein und Zeit*，S. 339.

③ Heidegger，*Sein und Zeit*，S. 326.

④ Heidegger，*Sein und Zeit*，S. 327.

⑤ 参见 Heidegger，*Sein und Zeit*，S. 335，第 68 节 "一般展开性的时间性"。

⑥ Heidegger，*Sein und Zeit*，S. 337.

⑦ Heidegger，*Sein und Zeit*，S. 340.

⑧ Heidegger，*Sein und Zeit*，S. 346.

⑨ 海德格尔说，时间化是"可变化的"（abwandelbar）。参见 Heidegger，*Sein und Zeit*，S. 336。

⑩ Heidegger，*Sein und Zeit*，S. 349.

此在的存在情状之内"①。从 ἀλήθεια 之思的道路来看，语言尚未"道出"自身，言语也只是构成源始的"此在之真理"的诸多"同样源始的"要素中的一个，此在之展开性的"澄明"来自时间性。

在对此在的"此"作为展开性进行说明时，海德格尔已经指出此在的自行显示先于存在者的被照亮或被遮蔽："作为在世界之中存在，它在其自身就已经是敞亮的——不是通过某个其他的存在者，而是它自身就是澄明。唯有对于某个在生存论上已经如此这般敞亮的存在者，现成的存在者才在光亮中变得可通达，在黑暗中被遮蔽。"② 当此在的展开性在时间性中找到其源始的统一性之后，此在自身之澄明的来源也清楚了："绽出的时间性源初地澄明着此。"③

至此，我们已经获得了《存在与时间》中的生存论分析所呈现出的"真理"概念的丰富层次：从陈述之真（"符合"与"揭示"）到存在者之真理（被揭示性），再到更源始的此在之真理（展开性），最后通过此在本真的展开性（先行的决断）到达源初的澄明（时间性）——此在一般展开性的源始统一性。但是，正如本章开头曾指出的，对存在真理诸层次的现象学呈现并不是一条单向的道路，而是指示出回行的方向，于是问题的关键就在于，在抵达此在源初澄明的时间性之后，如何实行一种返回步伐。

①　Heidegger，*Sein und Zeit*，S. 166.
②　Heidegger，*Sein und Zeit*，S. 133.
③　Heidegger，*Sein und Zeit*，S. 351.

第3章 追问真理之本质

在第1章跟随海德格尔讨论传统的"符合论"的真理理解时，我们已经展示了"符合"在形式上的"就……而言"和"如……一样"的双重结构，并且从形式上的符合关系深入符合关系的存在关联，通过具体分析海德格尔的"墙上的画挂歪了"这一例子，表明在对这个陈述的"证明"中，陈述之真显示自身为存在者的被揭示性。存在者的被揭示性归属于此在的展开性，前者在第二位的意义上是真的，后者才是更源始的真理。此在的本真的展开性乃是决断，在先行的决断中此在存在的意义被解释为时间性。如果说此在是"真正的"存在者，那么此在的生存之真理就在于时间性，"绽出的时间性源初地澄明着此"①。

随之而来的问题是，源始的真理何以必然地从绽出的时间性"沉沦"为现成存在者的符合。要理解这一必然性，就不能不去关注真理之发生的动荡特征。抓住真理的动荡特征，既是对传统真理观的重新占有，也是对真理之本质的本源性把握。

海德格尔从对真理之本质的追问开启了思想的转向，并在存在历史的回行中让自行遮蔽着自身的存在之真理敞显自己。如果说在《存在与时间》中，围绕真理问题，海德格尔更多地是与亚里士多德打交道，那么随着20世纪三四十年代的转向，海德格尔逐渐从亚里士多德返回到柏拉图，继而回到了古代希腊早期思想。

在海德格尔对柏拉图洞穴比喻的解读中，我们将会看到，真之本质的一种转变呈现出来，即真之本质从无蔽到正确性的转变（见上篇第4章）。对这一转变的揭示会把我们指引向作为真理之源始本质的无蔽，但是，既然正确性的真理观念依然支配着我们今天关于真理的一般理解，我们又如何可能径直撇开"正确性"而去谈论一种无蔽之真理？如果说，关于"无

---

① Heidegger，*Sein und Zeit*，S. 351.

蔽"我们尚可以从古希腊人所说的 $\alpha\lambda\eta\theta\epsilon\iota\alpha$ 那里得到一些领会——比如，我们今天理解的"真理"就是古希腊语 $\alpha\lambda\eta\theta\epsilon\iota\alpha$ 的意思（显然，这里立即又会出现从"正确性"的理解而来的问题：这是真的吗？亦即，这是正确的吗？）——因而其还可能被当成历史上的一种"真理"概念而被接受，那么，当我们要继续追问"真理"之"本质"的时候，亦即试着把目光从所有那些各种各样现成的"真理"那里移开，"观入那一般地把每一种'真理'标识为真理的唯一者"① 的时候，我们的目光能落在哪里呢？一种最抽象的"真理"？迈向这种最抽象的"真理"时，我们不是必然会一脚踏空吗？的确，如果我们放弃已经牢牢把握的各种"真理"而去寻找一般的真理，我们就离开了脚踏的陆地，在"真-空"中失重了。对真理之本质的追问会让我们像洞穴比喻中被迫站立起来、转身走出洞穴的人一样头晕眼花、手足无措。

无论是被迫离开洞穴，还是在阳光之下对自由域的向往中坚持要向"真理"的领域迈出步伐，在义无反顾地出发之前，我们总是已经身在某个熟悉的地方了。只有已经站在某个坚实地基上的人，才有踏空的可能。"因此，如果真理必须被追问，那么我们就需要回答这样一个问题：我们今天立于何处？"②

1. 从符合到正确性

在《论真理的本质》中，与《存在与时间》第 44 节一样，海德格尔再次从"符合"这一传统而流行的真理理解入手，展开对真理之本质的新探索。不过，与《存在与时间》第 44 节不同的是，在这里，"符合"不再仅仅局限于陈述，而是也出现在先于陈述的事物那里。

既然不能径直凌空蹈虚地去追问真理之本质，而是必须先问我们所处的境地，所以海德格尔从日常理解的真理开始追问："究竟我们通常以'真理'来理解什么？"③ 他紧接着给出答案，"真理"这个"崇高而同时又被磨平、几乎失去光泽的词语"意指的是这样一种东西："它使一个真

---

① Heidegger, *Wegmarken*，GA9，S. 177. 《论真理的本质》的译文除了参考孙周兴译文（见《路标》中译本），还参考了熊林未出版的译文《论真之本质》。

② Heidegger, *Wegmarken*，GA9，S. 178.

③ Heidegger, *Wegmarken*，GA9，S. 178.

者成为一个真者。"① 这个形式上的说明区分了真理和真者，它不仅会让我们想起《存在与时间》导论中存在与存在者之间的区分②，而且似乎由此暗示了"真理之本质"的问题结构：借由真者来问真理之本质。因此，接着要问的就是："什么是一个真者?"③

真者首先是一个现实的东西。海德格尔举例说："合作完成这项任务，是一种真的快乐。"④ 这里的意思是，这种快乐是纯粹的，是现实的。"真者就是现实者。"⑤ 但是，仅仅是现实的还不够。在真金和假金的例子中，我们可以看到，真金当然是现实的金，但是假金的"不真"却不在于它不现实——假金也是"现实的"。所以，真金之为真无法单凭其现实性来保证，现实性不是使得一物成为真者的东西。那么是什么使得真金成为真的金呢? 是一种"符合"：真金符合我们先行以"金"所意指的东西。相应地，假金之为"不真"，是因为它"不符合"我们所说的"金"。

所以，使得一个真者成为真者的，是一种符合，事物对于某种"先行被意指者"的符合。而通常被称为"真的"或"假的"的，不仅有事物，而且有关于事物的陈述。当陈述与它所陈述的事物符合时，陈述就是真的。使得陈述成为真陈述的也是一种符合，但不是事物对于先行被意指者的符合，而是被陈述者与事物之间的符合。接着这使得真者成为真者的双重符合，海德格尔又引出了传统的真理理解：

传统的对真理的本质界定表明了符合的这种双重特征：veritas est adaequatio rei et intellectus（真理是物与知的符合）。这可以意味着：真理是事物对认识的匹配（Angleichung）。但这也可以是说：真理是认识对事物的匹配。诚然，人们通常习惯于把上述本质界定仅仅表达在这个公式中：veritas est adaequatio intellecus adrem（真理是知对物的符合）。然而，如此被把握的真理，即命题的真理，只有基于事物的真理，即基于 adaequatio rei adintellectum（物对知的符合），才是可能的。关于 veritas 的两种本质概念总是意指一种"以……为

① Heidegger, *Wegmarken*, GA9, S. 178 - 179.
② 存在"把存在者规定为存在者"，而"存在者的存在本身不'是'一种存在者"。参见 Heidegger, *Sein und Zeit*, S. 6; v. Herrmann, *Wahrheit-Freiheit-Geschichte*, S. 54。
③ Heidegger, *Wegmarken*, GA9, S. 179.
④ Heidegger, *Wegmarken*, GA9, S. 179.
⑤ Heidegger, *Wegmarken*, GA9, S. 179.

准"（Sichrichten nach...）并且因此都把真理思考为**正确性**。①

在"物与知的符合"这一表达中存在两种界定的可能，一种可能是"物符合于知"，另一种可能则是"知符合于物"。后者是人们日常更容易理解的表达，真理就是一种"主观"认识对于"客观"事物的符合。但是，这后一种本质界定与前一种本质界定并非两种平行的界定可能性，仿佛命题的真理和事物的真理只是真理在不同存在领域中的表达。相反，海德格尔倒是指出了"知对物的符合"要基于"物对知的符合"才是可能的，也就是说，命题之真理基于事物之真理才是可能的。不过，需要注意的是，这与此在的生存论分析中陈述的符合之真奠基于被陈述事物的被揭示性已然不同，不是从某种存在论上的差异来被思考的，而是出于传统上对"物"与"知"的不同规定，在根本上则是由于真理之本质的历史发生。

关于"物符合于知"，海德格尔指出，它并非对"知符合于物"的单纯颠倒，不是康德意义上的"对象符合于知识"，而是在中世纪的基督教神学中有其起源：物对知的符合是受造物对上帝理念的符合。在这个意义上，事物与命题二者都属于受造物，（受造）物与（上帝的）知的符合之为真保证了（人的）知与（创造）物的符合之为真。② 海德格尔接着谈到"创世秩序"随着创世观念被摆脱而被表象为一种"世界理性"，"它为自身立法并且因而宣称它的进程（人们会视之为'合逻辑的'进程）的直接的可理解性"③。"世界理性"这个词很容易让我们想到，这种"世俗化"的真之理解也涵盖着黑格尔的"世界精神"："世界精神在每一个层次上都总是直接发现并且规定它自己和它的对象。"④

正如海德格尔曾把黑格尔的时间理解定位为对流俗时间的理解的极端形式，现在，黑格尔的"世界精神"也可以相应地被视为"世界理性"的典型表达（见下篇第 6 章）。这种极端化在"不真"被排除于真理之本质外这一似乎不言自明的现象中可见一斑。在通常的"符合论"的真理理解

① Heidegger，*Wegmarken*，GA9，S. 180.

② 参见 Heidegger，*Wegmarken*，GA9，S. 180 - 181。

③ Heidegger，*Wegmarken*，GA9，S. 181.

④ Hegel，*Phänomenologie des Geistes*，Frankfurt am Main：Suhrkamp，1986，TW3，S. 181.

中，"不真"作为真理的反面被把握为"不符合"。"命题的不真（不正确）就是陈述与事物的不一致。事物的不真（不地道）就意味着存在者与它的本质的不一致。在每一种情形下，不真都被把握为某种不符合。这种不符合落在真理之本质外。"① 对真理之本质的追问当然要把"不真"排除在外，这难道不是显而易见的吗？"不真"就是不符合"真理之本质"的东西，这还需要考虑吗？然而，恰恰是我们以为极端地表达了"世界理性"的黑格尔，没有如此简单地把"真"与"不真"一刀两断。

　　"真理不是一枚铸币。"② 黑格尔在《精神现象学》序言中引用莱辛《智者纳坦》中的这句话来说明真理并非如知性所见那般与不真单纯对立的现成事物。"真者是整体。"③ "真理并非这样的真理，仿佛不一致就像纯金属中的杂质那样被抛弃，也不是这样的真理，仿佛不一致就像工具与制作完成的容器相分离，而是这样的真理，不一致作为否定者，作为真者本身中的自身，其仍然是直接现存的。"④ 黑格尔在这里很明显没有把不一致排除于真理之外，而是将之扬弃在真理之中。于是，我们大概可以说，黑格尔不仅没有把不真排除在真理之外，而且在对真理的思考中还纳入了对不真的思考，更具体地说，纳入了对真理与不真之关系的思考，是对真理之整体的思辨的思考。相比之下，那些撇开不真而思考真理的做法就都是片面的了。

　　那么，流行的符合论的真之理解把不真排除在真理之本质外，海德格尔所指出的这一"实情"看来并不适用于黑格尔的真之思考？如果我们在黑格尔这里根本看不到"不真"与"真理"的单纯对立，又如何着眼于"不真之被排除于真理之本质外"来看黑格尔对"世界理性"的极端化呢？只能是这样：在黑格尔那里，"不真"通过被扬弃在"真理"之中而被"收纳"于真理之本质外。其结果是，"不真"诚然没有被"排除"于真理之本质外，但是"不真"也根本不再可能作为"不真"而在真理之本质中被思考了。实际上，在黑格尔那里也不能说"假者构成了真者的一个环节甚或一个组成部分"，因为"假者不再作为假者才是真的一个环节"⑤。简

---

① Heidegger, *Wegmarken*, GA9, S. 182.

② Hegel, *Phänomenologie des Geistes*, TW3, S. 40.

③ Hegel, *Phänomenologie des Geistes*, TW3, S. 24.

④ Hegel, *Phänomenologie des Geistes*, TW3, S. 41.

⑤ Hegel, *Phänomenologie des Geistes*, TW3, S. 41.

言之，黑格尔既没有把不真单纯地排除在真理之本质外，也没有径直把不真纳入真理之本质，而是以思辨的方式把"不真"思考为真理的环节。同时，在这一思考中，真理与不真仍然是从"符合"或"一致"的理解来被规定的。

因此，如果说海德格尔在对流行的真之理解的考察中提及"不真被排除在真理之本质外"，是在暗示对真理之本质的追问必然会涉及"不真"，那么，我们在这里对黑格尔的提及就可以说提供了一种先行的猜测：黑格尔无法在"真理"中说出"作为不真的不真"，这可能恰恰意味着他不但没有思及真正的真理之本质，而且以某种方式在他的思想范围内彻底地埋葬了对真理之本质进行思考和言说的可能性。

这一埋葬是由黑格尔完成的，但墓穴是从柏拉图开始就在挖的。下一章将会在柏拉图的洞穴比喻中听到那未被道出的真理学说，真理之本质从源初经验到的"无蔽"转变为在ἰδέα统治下的"正确性"。在前面那段关于符合的双重特征的引文中，海德格尔最后指出传统的真理界定中所呈现出的两种符合都意味着一种"以……为准"（Sichrichten nach...），从而挑明："它们把真理思考为正确性（Richtigkeit）。"①

在第1章讨论陈述的真理时，我们曾跟随海德格尔的例子"墙上的画挂歪了"展开分析，由画之"歪"回到人之"正"，即此在的空间性的展开方式。从陈述的真理（符合）到此在之真理（展开性），事物之真理或者说存在者之真理（被揭示性）是中间环节。但是，现在在《论真理的本质》中，事物之真理仍然是一种"符合"，"物对于知的符合"。海德格尔把事物之真理的"符合"溯源到中世纪的基督教神学解释，"提醒"读者，在对真理之本质的追问中，"如果我们完全纯粹地保持哲学的本质界定而反对神学的混杂，并且把真理概念限定在命题之真上"②，我们就会回到把"真理"界定为"陈述（λόγος）与事情（πρᾶγμα）的符合（ὁμοίωσις）"的思想传统。虽然海德格尔没有直说这是何种传统，但是他在括号中的补充已经使用了这一传统的词语。于是，在海德格尔以纯粹哲学的名义避开"神学的混杂"的同时，在此在的生存论分析中事物的被揭示性，作为真理的界定，也不动声色地"混杂"在神学解释的

---

① Heidegger, *Wegmarken*, GA9, S. 180.
② Heidegger, *Wegmarken*, GA9, S. 182.

事物之真理中，被暂时放弃了。①

于是，问题重新回到陈述的真理：陈述与事情的符合。

2. 从正确性到自由

何谓"符合"？前面已经提到，海德格尔在《存在与时间》中曾区分了"符合"的两种形式结构，一种是"就……而言"的符合，另一种是"如……一样"的符合。在《论真理的本质》中，海德格尔仍然是从这一区分出发来讨论"符合"的意义。

首先是"就……而言"的符合。海德格尔举了"桌子上的两枚现成的五马克硬币"为例，二者是就其外观的一致而言的符合。② 如果我们还记得《存在与时间》中的相关段落是通过"6＝16－10"的例子来说明数目就多少而言是相互符合的③，那么这里海德格尔以两枚五马克硬币的"外

---

① 如果把《存在与时间》中的此在生存论分析理解为"创世秩序"的世俗化版本，那么物的被揭示性与此在的展开性之间的关系也可以界定为"物（世界之内的存在者）对于知（在世界之中的存在领会）的符合"。关于对《存在与时间》与基督教神学的比较解读，可参见约翰·麦奎利：《存在主义神学：海德格尔与布尔特曼之比较》，成穷译，香港：道风书社，2007；Helmuth Vetter，„ Hermeneutische Phänomenologie und Dialektische Theologie：Heidegger und Bultmann ", in *Metaphysik der Praktischen Welt*，Hg. Andreas Großmann und Christoph Jamme，Amsterdam-Atlanta：Rodopi，2000，S. 268 - 286. 当然，不可忽视的是，海德格尔自己并不承认《存在与时间》与某种神学的亲缘性，而是一再提醒生存论-现象学与神学的区别："现象学这个名称就其意义来看不同于诸如神学之类的名称。"（Heidegger，*Sein und Zeit*，S. 34）"传统人类学的两个意义重大的源头，即古希腊哲学的定义和神学的教导，都表明：在对'人'这种存在者进行某种本质规定时，遗忘了他的存在问题。"（Heidegger，*Sein und Zeit*，S. 49）"主张'永恒的真理'，与把此在现象上被奠基的'观念性'同一个观念化了的绝对主体相混淆一样，都属于在哲学的问题范围内长久以来未经彻底清除的基督教神学的各种残余。"（Heidegger，*Sein und Zeit*，S. 229）"对死亡的生存论分析在方法上先于对死亡的生物学问题、心理学问题、神正论问题和神学问题。"（Heidegger，*Sein und Zeit*，S. 248）"如此进行的存在论上的良知分析先于心理学上对良知体验的描述以及对描述的分类，也不同于某种生物学的'说明'，那种'说明'意味着对现象的消解。但是，它也远离良知的某种神学解说，甚或把这种现象用来作为对上帝的证明或某种'直接的'对上帝的意识。"（Heidegger，*Sein und Zeit*，S. 269）"源始地属于此在之存在情状的罪欠存在必须区别于神学上理解的 status corruptionis（堕落状态）。"（Heidegger，*Sein und Zeit*，S. 306 以下）在 1929 年的《论根据的本质》中，海德格尔更是在一个对《存在与时间》进行说明的长注中直接地说："一切具体的阐释，尤其是对时间的阐释，唯有在使存在问题成为可能的方向中才能得到运用。这种阐释与现代的'辩证神学'毫不相干，正如它与中世纪的经院哲学毫不相干。"（Heidegger，*Wegmarken*，GA9，S. 162 以下）

② Heidegger，*Wegmarken*，GA9，S. 182 - 183.

③ Heidegger，*Sein und Zeit*，S. 215 - 216.

观"一致为"符合"的例子就略显曲折。为何不说两枚五马克硬币是就其"面额"而言的一致而符合呢？就在前面对流行的真理理解的考察中，海德格尔还比较了真金和假金，如果就外观而言，难道不是要说真金和假金——或者就这里的例子来说，真的五马克硬币和假的五马克硬币——是符合的了？而且，较真的话，两枚五马克硬币的"外观"即使出自同一个模子，也不可能完全一模一样，总会有这样那样细微的差别。

事实上，这个例子不是一个随便举出的例子。一方面，海德格尔特意地说这两枚五马克硬币是桌子上的"现成的"硬币，因而它们也就不必就其某种上手的"使用价值"的一致而被视为相互符合的，而是首先在某种"静观"中来得到比较的。另一方面，在这个例子中更为根本的是，"外观"不是一个物的各种性质、功能、价值等等中的一个方面，而是这个物的"理念"——我们将会在柏拉图的洞穴比喻中看到，正是由于"理念"的统治，真之本质发生了历史性的转变（见第 4 章第 3 节）。当海德格尔在这里看似随意地说起两枚硬币的"外观"时，已经在暗示着一种对于物之真理的传统理解。这种"外观"的一致因而也就不是两枚硬币在彼此的"外形"或"表面"别无二致的意义上来说的，而是就其具有共同的"本质"来说的。

符合的另一种结构是"如……一样"。"两枚五马克硬币"的例子所表明的是物与物之间的符合，两个物"就……而言"的一致总是意味着彼此符合的两个东西在某个方面有共同之处。海德格尔接着"两枚五马克硬币"的例子说："此外，当我们就其中一枚硬币来说'这枚硬币是圆的'时，我们也谈到了符合。在这里，陈述与物符合。"① 可是陈述与物之间的关联显然不是物与物之间的关联，陈述并非一种物。陈述和物之间无论"就"哪一方面"而言"都不符合。"就……而言"这一结构不属于陈述与物的符合。陈述对物的符合意味着陈述说出了"如"物"一样"的被陈述者。这种"如……一样"的符合被称为"匹配"，意思是，陈述与物的符合不是被规定为"物性"（存在者性）方面的一致，而是被规定为一种关系。②

陈述与物的匹配是一种什么样的符合关系？在《存在与时间》中讨论"墙上的画挂歪了"这个陈述的"证明"时，海德格尔曾经指出过，背对

---

① Heidegger, *Wegmarken*, GA9, S. 183.

② 参见 Heidegger, *Wegmarken*, GA9, S. 183。

着墙做出这个陈述的人在"表象"陈述中的被陈述者。① 陈述表象物。现在，在《论真理的本质》中再次分析陈述与物的符合时，海德格尔不再去纠结陈述对物的表象究竟是"心理的"还是"实在的"，也没有去关心对陈述之为真的"证明"，而是专注于陈述与物相关联的方式：表象。"在排除掉一切'心理学的'和'意识理论'的先入之见的情况下，表-象（Vor-stellen）在这里意味着，让物立于对面而作为对象。"② 这是对"表象"的一种形式化的理解，Vor-stellen 是一种"前-置"，被表象者被置立在面前。这种形式化的"表象"如何作为一种关系来实行自身呢？

　　　　立于对面者（das Entgegenstehende）作为如此被置立者必须贯穿一个敞开的对面（ein offenes Entgegen），同时还必须作为物保持自立并且自行显示为一个站立者（ein Ständiges）。物在对一个对面的贯穿中的显现实行于一个敞开域之内，这个敞开域的敞开性不是才由表象创造的，而是每每作为一个关联领域而被表象关联和承受。表象性的陈述对物的关系（Beziehung）是这样一种**联系**（*Verhältnis*）的实行，这种联系源始地并且向来作为一种行止（Verhalten）而摆动。但一切行止的醒目之处就在于，立于敞开域的行止每每止于一个作为可敞开者的可敞开者。③

陈述与物的匹配不是任何物性方面的一致，而是表象关系。在这一关系中，物作为被表象者贯穿对面，同时也立于自身。陈述不为了与物相匹配而变成某种物性的东西，物也不为了迁就陈述而放弃自己。物是一个双重的站立者。正如在对"真理之本质"的追问之初就面临着"我们立身何处"的问题，现在在表象关系中自行显示为站立者的物又立于何处呢？反过来说，物从何处来实行它在对象关系中的显现呢？一个敞开域。这样的敞开域既不是一个表象，也不是由表象创造出来的。表象关系的可能性倒是在于敞开域中的行止关系的实行。行止的实行之止于可敞开者，不是停止或阻止意义上的"止"，仿佛行止的实行要先结束可敞开者的可敞开性，而是具有"居留"和"仅只"的双重积极含义：行止之敞立居留并且只居留于可敞开者。海德格尔接着指出，这样的可敞开者在严格的意义上就是

① Heidegger，*Sein und Zeit*，S. 217.
② Heidegger，*Wegmarken*，GA9，S. 184.
③ Heidegger，*Wegmarken*，GA9，S. 184.

"在西方思想的早期被经验为'在场者'并且长期被称为'存在者'"① 的东西。

在《存在与时间》中，陈述之真理作为符合关系派生自此在的揭示着的展开性。在《论真理的本质》中，陈述与物的符合的"内在可能性"则在于行止对可敞开者的敞立性。② 正如此在的展开性有诸多样式，人的敞立性也依据可敞开者的不同类型和行止的各种方式而每每有所区别。就可敞开者的被言说来看，对物进行陈述的可能性就在于，"存在者本身向表象性陈述提出诉求，以使陈述服从某种指示，去如存在者所是一样言说存在者"③。如果陈述是遵从这样的指示，那么它就是"以存在者为准"的。"如此这般的指引着自己的言说就是正确的（真的）。如此被言说者就是正确者（真者）。"④ 陈述与物的符合之为真（正确性）的可能性由此得到说明。

因此，如果陈述与物的符合是真的，如果陈述是正确的，那么这既不是因为陈述对于某个先行给定之物的言说在某方面是准确的，也不是因为陈述出了关于物的某种正确"观念"，而是因为使陈述与物的匹配得以可能的行止的敞立性为陈述与物的表象关系敞开了关联领域。"陈述从行止的敞立性获得其正确性；因为可敞开者只有通过行止的敞立性才能一般地成为表-象着的匹配的标-准。"⑤ 流行的真理理解把真理界定为正确性，既然现在陈述的正确性的可能性在于行止的敞立性，那么，坚持对真理之本质进行追问就意味着去追问使正确性得以可能的东西的根据，亦即追问行止的敞立性的根据。只有当我们不仅理解了正确性的内在可能性，而且把握到这种内在可能性的根据，我们对真理之本质的彻底追问才可能真正实现。⑥

在"使一种正确性得以可能的根据"这一标题下⑦，海德格尔通过三个问题展开追问："表象着的陈述从何而来获得指示，去对准对立者并且

---

① Heidegger, *Wegmarken*, GA9, S. 184.

② 参见 v. Herrmann, *Wahrheit-Freiheit-Geschichte*, S. 85。

③ Heidegger, *Wegmarken*, GA9, S. 184.

④ Heidegger, *Wegmarken*, GA9, S. 184 – 185.

⑤ Heidegger, *Wegmarken*, GA9, S. 185.

⑥ 海德格尔曾明确指出，本质之阐明包含三重问题：是什么？这个是什么的可能性？这种可能性的根据何在？参见 Heidegger, *Vom Wesen der Menschlichen Freiheit*, GA31, S. 12、179。

⑦ 《论真理的本质》第 3 节，参见 Heidegger, *Wegmarken*, GA9, S. 185 – 187。

按照正确性去符合之？为什么这种符合也参与规定真理之本质？诸如做出一种方向的先行给定与指入一种符合这样的事情是如何发生的？"① 这三个问题并非简单地并列提出的。事实上，前两个问题已经有了答案。第一个问题的答案是：行止的敞立性。第二个问题的答案是：行止的敞立性作为符合的内在可能性赋予符合正确性。但是，第三个问题不仅尚无答案，而且对前两个问题及其答案构成了真正的追问。稍加细心就会发现，第三个问题问的实际上就是前两个问题所问的事情，第三个问题以一种"综合"的方式对前两个问题进行了统一追问。统一追问不是简单地把二者并置于同一个问句中，问题的"统一性"在于问题深入了二者的可能性之根据中。

方向的先行给定与指引进入一种符合，这是如何发生的呢？"只有这样，即这种先行给定已经为了一个从某个敞开域而来联结每一表象的可敞开者而自行解放进入那个敞开域了。"② 行止向着可敞开的存在者敞立，从而赋予符合内在可能性，这是基于：敞立的行止已经进入敞开域的那种自行解放。这种自行解放不仅是为了行止的敞开，同时也是为了一种联结的方向，而这"只有作为向着一个敞开域的可敞开者的自由存在才是可能的"③。自由存在也朝向某种可敞开者，但自由存在所朝向的敞开者是作为敞开域的可敞开者，由此敞开域而来，才有行止的朝向可敞开的存在者的那种敞立性。

这样的自由存在指示着至今未得到把握的自由之本质。作为内在的使正确性得以可能者，行止的敞立性的根据在于自由。**真理之本质，被理解为陈述的正确性的真理的本质，是自由。**④

真理之本质是自由，这算是对真理之本质的追问的什么回答？与其说这个关于真理之本质的命题是以一个自明的东西替换了另一个⑤，不如说是以一个晦暗不明的东西替换了另一个。自由通常被归给人，于是，说"自由是真理之本质"似乎就是在说真理依赖于人的存在了。可是，显而易见的问题是，恰恰是人造成了各种各样的不真：虚假、伪装、谎言、欺骗、错

①　Heidegger, *Wegmarken*, GA9, S. 185.

②　Heidegger, *Wegmarken*, GA9, S. 185.

③　Heidegger, *Wegmarken*, GA9, S. 186.

④　Heidegger, *Wegmarken*, GA9, S. 186.

⑤　参见 Heidegger, *Wegmarken*, GA9, S. 186。海德格尔设想这个命题会立即面临这样的质疑。

觉、假象……①人在把握真者方面能力如此有限，又如何堪当把握真理之大任呢？或许，毋宁反过来说，人的自由是不真的本质？然而，这样就真的把握到了真理之本质中的晦暗不明者了吗？

3. 从自由到不真

我们已经提到过，对真理之本质的寻求必然涉及不真。现在，既然自由就是真理之本质，那么在这一本质中应当能把握到不真。

真理之本质是自由。这个命题说的是：使（1）陈述与物相匹配的正确性得以可能的（2）止于可敞开者的行止的敞立性之根据是（3）向着敞开域的自由。陈述正确地与之匹配的那个物作为可敞开者，始终是在敞立的行止中敞开的存在者。"向着一个敞开域的可敞开者的自由让每一存在者是存在者，让每一存在者是其所是。现在，自由显露为让存在者存在。"②

海德格尔提醒我们，作为让存在的自由不是在放弃、放任、冷漠、疏忽等消极意义上的"让存在"。③ 让存在者存在不是对存在者弃之不顾，而是对于存在者之存在的参与："让存在——让存在者作为它所是的存在者——意味着，参与到敞开域和敞开域的敞开性中，每个仿佛随之而来的存在者就处在这种敞开性中。"④ 但这也不意味着自由的让存在是在与那些否定的意义相反的肯定的意义上来说的。自由对于存在者之存在的参与先于一切"否定的"自由和"肯定的"自由。⑤ 海德格尔指出，自由所参与其中的敞开域就是在西方思想开端时被把握为 αλήθεια 的无蔽领域。自由通过参与存在者在其中的被去蔽的无蔽领域而让存在者存在。自由的这一参与不是让自己加入存在者的队伍中以便对存在者发挥某种作用，让存在者存在的自由"把自己展开为一种在存在者面前的后退"，"置身于作为一个存在者的存在者外而把一切行止置入敞开域中"⑥。"让-存在"的这

---

① 参见 Heidegger, *Wegmarken*，GA9，S. 186。

② Heidegger, *Wegmarken*，GA9，S. 188.

③ 参见 Heidegger, *Wegmarken*，GA9，S. 188。

④ Heidegger, *Wegmarken*，GA9，S. 188.

⑤ 参见 Heidegger, *Wegmarken*，GA9，S. 189。

⑥ Heidegger, *Wegmarken*，GA9，S. 188 – 189.

种"置身事外"被海德格尔表达为"置-外"（aus-setzen）和"站-出"（ek-sistent）："让-存在，即自由，在其自身就是置-外着的，站-出着的。"①

参与到敞开域中的让-存在不仅参与到存在者的被去蔽性中而让存在者是其所是，而且参与到敞开域的敞开性中，由于这种双重的参与，"敞开域的敞开性，即'此'，才是其所是"②。用《存在与时间》的术语来说，自由的让-存在不仅参与到被揭示者的被揭示性中，而且同时也参与到此在的展开性中。因此可以说，作为让-存在的自由是比此在的展开性更源始的真理。在这里，"此"是"敞开域的敞开性"而非"此在的展开性"。相应地，术语上的变化则是，"此-在"（Da-sein）表示的不再是此在的"在之中-存在"，而是敞开域的敞开性的存在，因此毋宁说是"此-存在"。"在此-在中，那长久以来未经建基的本质根据向人敞开，从这个本质根据而来，人才能站出地生存（ek-sistieren）。"③ 正是为了彰显人之此在的生存在站-出的让-存在中有其根据，所以海德格尔这里不是直接如《存在与时间》中那样把此在的存在称为 Existenz（生存、实存），而是以一种打开词语的方式说 ek-sisitieren（站出地生存）以及由之而来的 Ek-sistenz（站出之生存），并且挑明了作为自由的真理、人的站出之生存、存在者的被去蔽性三者之间的关联："扎根于作为自由的真理中的站出之生存是入于存在者作为一个存在者的被去蔽性中的置-外。"④ 可见，人的站出之生存也"参与"了自由地让存在者存在的站-出。

但是，人之此在对于存在者之被去蔽的"参与"与自由的让-存在不同，自由的让-存在在存在者被去蔽之际从存在者面前退回，"置身事外"，而人之此在的"置-外"则在其行止中止于被去蔽的存在者，每每固执于那"可通达者"，"这种固执在联系中有对它自身来说不可认识的支撑，作为联系的此在不仅站-出着，而且同时也立-入着，也就是说，越来越牢固地坚持那仿佛从其自身并且在其自身敞开的存在者所提供的

---

① Heidegger, *Wegmarken*，GA9，S. 189.

② Heidegger, *Wegmarken*，GA9，S. 189.

③ Heidegger, *Wegmarken*，GA9，S. 189. 关于"建基"，可参见 Heidegger, *Beiträge zur Philosophie*（*vom Ereignis*），GA65，"Grüdung"。

④ Heidegger, *Wegmarken*，GA9，S. 189. 另参见该书 190 页："真理是对存在者的去蔽，一种敞开性由之成其本质。在它的敞开域中，一切人的行止和举止都是置外的。因此人以站出之生存的方式存在。"

东西"①。从形式上来看，这种"联系"与《存在与时间》中此在生存着消散于世界之内的存在者是一样的。区别在于，人与物之间的联系是基于作为自由的真理，还是基于作为此在之展开性的真理。这里只为了说明"不真"属于真理之本质而先行指出关键的一点：在生存论分析的范围内，此在作为能-存在（Sein-können）在其本真性中自由存在，因而可以说"此在有自由"；而在《论真理的本质》所开启的转向中，不是此在有自由，而是自由有此在，此在与存在者的联系不在于此在自身的展开性，相反，不仅存在者的被去蔽性，而且此在站-出而立-入的行止，都根据于自由的让-存在。

不是人拥有自由，而是自由拥有人：

> 自由，即站-出着的、去蔽着的此-在拥有人，并且如此源始地拥有人，以至于唯有自由向人性允诺那最初建基着并且突出着历史的与存在者整体本身的关联。唯有站-出的人是历史性的。②

在海德格尔看来，古代希腊早期的思想家们在"什么是存在者"这个问题中所获得的对十无敌的经验正是"历史性的人的站出之生存"的开端，那时"存在者整体自行显露为 physis"③。"对存在者整体的开端性去蔽，对存在者本身的追问，西方历史的开启，这三者是同一件事情。"④这件事情便是作为自由的真之本质的发生。不真作为真理的非-本质，与真同样源始地属于这一发生。在其中，存在者整体的自行显露和被遮蔽是我们理解不真的关键。⑤

可以看到，当海德格尔着眼于此在的站-出和立-入而把不真揭示为"遮蔽"和"迷途"时，不真的位置发生了本质性的转变，不再是此在的决断这种本真的展开性占有不真⑥，而是不真与真理共属一体，归属于比

---

① Heidegger, *Wegmarken*，GA9，S. 196. 前面讨论过的"表-象"即此在的一种"联系"方式。

② Heidegger, *Wegmarken*，GA9，S. 190. 海德格尔后来在这里加了一个边注："1943 年，第一版：不充分；历史之本质来自作为本有的历史。"

③ 参见 Heidegger, *Wegmarken*，GA9，S. 189 - 190。

④ Heidegger, *Wegmarken*，GA9，S. 190.

⑤ 关于《存在者整体》的专题化在海德格尔思想转向中的意义，可参见方向红：《试论海德格尔元存在论概念的出现及其意义》，《同济大学学报》（社会科学版）2018 年第 1 期。

⑥ "当此在展开在它的'此'时，它便同等源始地将自己保持在真理与不真中。这恰恰'真正'适用于作为本真的真理的决心。决断本真地占有不真。"（Heidegger, *Sein und Zeit*，S. 298 - 299）

此在的展开性更为源始的真理之本质。①

　　"作为入于存在者整体本身之去蔽的参与，自由已经使一切行止与存在者整体合调（abstimmen）。"② 敞立的行止对于每一存在者的联系由此就是着调的。任何行止之止于当下所止的存在者，都有先行从自由而来的合调。③ 海德格尔把这种"入于存在者整体的站-出着的置外性"称为"被定调性"（Gestimmtheit）、定调（Stimmung）。④

　　在自由的让存在者存在中，不仅人的行止得以联系于每每可敞开的存在者，而且人的行止总是已经通过存在者整体的可敞开性而被定调了。但这并不意味着存在者整体本身是某种确定无疑地呈现给人的东西，毋宁说存在者整体是作为"底色"来定调的，在被人联系于形形色色的诸存在者的行止定调之际，定调者同时被覆盖了。⑤

　　存在者整体被遮蔽了，"让存在在其自身同时就是一种遮蔽"⑥。存在者整体的被遮蔽既不是让存在的附带结果，仿佛在对个别存在者当下的每每去蔽总是顾此失彼、抓一漏万因而无法顾全大局，也不是让存在的边界，仿佛为了照亮舞台上的一个角色，必须让整个舞台都作为背景暗淡下去，而是"在此-在的站-出的自由中"发生的。⑦ 存在者整体的被遮蔽性不仅"比这个或那个存在者的每一可敞开性更古老"，而且甚至"也比让

------

　　① 　关于"真理与非真理"从《存在与时间》到《论真理的本质》的转变，可参见张志伟：《"知其白，守其黑"——海德格尔关于真与非真的思想一解》，载湖北大学哲学研究所、《德国哲学论丛》编委会编《德国哲学论丛：2000》，中国人民大学出版社，2001，第 44-59 页。"从《存在与时间》到《论真理的本质》，最重要的变化是海德格尔关于'真'与'非真'的思想。"（同上书，第 49 页）

　　② 　Heidegger, *Wegmarken*，GA9，S. 192.

　　③ 　参见 Heidegger, *Wegmarken*，GA9，S. 190-191."因为任何人的行止向来都以其方式是敞立的，并且习惯于它的行止所至之处，所以，让存在的行止性，即自由，必定已经赋予它那种内在指引的禀赋，去指引表象与每一当下存在者的匹配。"

　　④ 　参见 Heidegger, *Wegmarken*，GA9，S. 192. 值得注意的是，这里再次呈现出与《存在与时间》的不同，Stimmung 从此在的处身性（情绪）转变为此在的被定调性（定调），后者不再属于此在的展开性，而是使此在的行止得以与存在者合调的基调。

　　⑤ 　"这并非稀罕之事
　　犹如那晚餐时分
　　鸣响的钟
　　为落雪的覆盖而走了调"
　　以上为荷尔德林《哥伦布》的草稿，转引自海德格尔：《荷尔德林诗的阐释》，"第二版前言"。

　　⑥ 　Heidegger, *Wegmarken*，GA9，S. 193.

　　⑦ 　Heidegger, *Wegmarken*，GA9，S. 193.

存在本身更古老"①。何以在让存在中发生着的被遮蔽性还要比让存在本身"更古老"？难道不是刚刚说过让存在在其自身就是一种遮蔽吗？只能是这样：在让存在中发生着的存在者整体的被遮蔽性作为"非-去蔽性"是作为无蔽的真理之本质"最本己的和本真的不-真"，它以拒不去蔽的方式保存着无蔽本己的东西，因而，它作为"更古老"的东西在去蔽的同时就在遮蔽着的让存在中以被遮蔽的方式发生了。②说到底，在让存在的去蔽中始终保持遮蔽的不是存在者整体，而是存在者整体的被遮蔽性。

因此，在去蔽的同时遮蔽着的"让存在者整体存在"中发生的是："遮蔽首先显现为被遮蔽者。"③海德格尔把"对被遮蔽者整体的遮蔽"称为"秘密"（das Geheimnis），此乃"真理之本真的非-本质"④。秘-密是双重的遮蔽，是作为秘密的秘密。⑤正如前面在存在者整体的被遮蔽性与可敞开的个别存在者这样或那样的被遮蔽之间做出的区别，作为秘密的秘密也不同于"关于这个或那个东西的个别的神秘"⑥，不同于"在可通达者中诚然也存在"的"谜团、不明者、未定者、可疑者"⑦。如果说这些"秘密"也属于某种"不真"，并且会通过此在的某种决断而得到解决，被占有为"真理"，那么那作为秘密的秘密则注定因其本质性的不-真而被遗忘。甚至，正是因为此在的决断遗忘着作为秘密的秘密，那些存在于可通

①　Heidegger，*Wegmarken*，GA9，S. 193 - 194.

②　Heidegger，*Wegmarken*，GA9，S. 193 - 194.

③　Heidegger，*Wegmarken*，GA9，S. 194.

④　Heidegger，*Wegmarken*，GA9，S. 194.

⑤　珀格勒曾特别指出海德格尔对"秘密"一词的用法不同于费尔巴哈和马克思："必须恰当理解形而上学的'秘密'这个说法：这一说法不能被理解为仿佛海德格尔认为能够一劳永逸地指出并且公开在形而上学中未经思考和尚被遮蔽着的东西。当费尔巴哈说神学的秘密是思辨哲学、思辨哲学的秘密是人类学时，他相信能够知道关于神学和思辨哲学的最终判决。当马克思说黑格尔哲学的秘密是《精神现象学》时，他相信能知道黑格尔哲学乃至一切哲学的本质——根据他的观点，就是其本质在《精神现象学》中已经得到思考的劳动。无论费尔巴哈还是马克思，都没有在真正的意义上认识秘密，因为秘密实际上只是秘密，如果秘密保持为秘密，那么它虽然每每允许某种公开，但绝不可能完全被揭开。海德格尔把存在之真理思为这种恒常的秘密。当海德格尔称之为'本有'时，他并非对存在之真理提出了一个持续的本质，这并非其最终的基础意义。毋宁说，海德格尔试图把我们今天对这种真理的可能经验带向词语。"参见 Otto Pöggeler，*Der Denkweg Martin Heideggers*，Stuttgart：Neske，1994，S. 183。

⑥　Heidegger，*Wegmarken*，GA9，S. 194.

⑦　Heidegger，*Wegmarken*，GA9，S. 195.

达者中的种种"秘密"才总是能够被揭示和被流传开来的。[1]

可是，话说回来，秘密并不因其被遗忘而被消除，反而是以被遗忘的方式"本己地出场"，"在被遗忘中并且为了被遗忘而自行拒绝，由此，它便让历史性的人立身于他可通达者中，依寓于他所做成者"[2]。历史性的人不断地以每每可通达的可通达者为准，以可通达者为尺度。"离开秘密而去向可通达者，出于一个通行之物又入于下一个通行之物而与秘密失之交臂，人的这种被驱赶状态（Umgetriebenheit）就是误入迷途（das Ir-ren）。"[3] 此-在在遮蔽着存在者整体的被遮蔽性而站-出的同时便立-入了迷途（die Irre）。

迷途也是一种不真。但正如遮蔽不是对某一个别存在者的遮蔽，迷途亦非偶然走上的歧路。作为遮蔽的不真是真理之本质的本真的非-本质（Un-wesen），非本质不是不够本质，而是先行本质化的本质。[4] 而迷途则是"相对于真理之开端性本质的本质性的反本质（Gegenwesen）"[5]。迷途与遮蔽一样都是本质性的，但遮蔽本身是开端性的，迷途之为反本质正是与开端性的遮蔽相对的反本质。[6] 作为本质性的不真，迷途自行敞开为历史性的人必然行走其间的敞开域。作为与开端性的本质相对的反本质，"迷途是错误的开放领域和根据"[7]。

现在，我们可以进一步明确"真理之本质是自由"的意思，更深入地回答前面曾对使正确性之真理得以可能的根据提出过的追问："诸如做出一种方向的先行给定与指入一种符合这样的事情是如何发生的？"[8] 方向的先行给定与指入一种符合，这是此-在敞立的行止。此-在的每一行止都遗忘着秘密而向着敞开域站-出。向着敞开域站-出的此在同时也立-入其

---

[1] 在《存在与时间》中，一方面，在日常此在的平均性中，一切都是可通达的，"任何秘密都失去了它的力量"（Heidegger, *Sein und Zeit*, S. 127）。另一方面，在良知的呼唤中见证此在的本真能在之际，良知以无言的呼唤唤起此在本真的沉默，尽管拒绝了"传达"之类的可能，却也绝不意味着进入"一种充满秘密的音调的无规定性"（Heidegger, *Sein und Zeit*, S. 274）。

[2] Heidegger, *Wegmarken*, GA9, S. 195.

[3] Heidegger, *Wegmarken*, GA9, S. 196. "急难是那种东西，它驱赶处在存在者中的人，首先把人驱赶到存在者整体面前，然后驱赶到诸存在者中间，这样把人带到它自身，并且因此每每让历史开端或没落。"参见 Heidegger, *Beiträge zur Philosophie （vom Ereignis）*, GA65, S. 45。

[4] Heidegger, *Wegmarken*, GA9, S. 194.

[5] Heidegger, *Wegmarken*, GA9, S. 197.

[6] 参见 v. Herrmann, *Wahrheit-Freiheit-Geschichte*, S. 179。

[7] Heidegger, *Wegmarken*, GA9, S. 197.

[8] Heidegger, *Wegmarken*, GA9, S. 185.

每一行止所关系到的可敞开者。"此在是站-出着的立入。"① 此-在的行止每每敞立着匹配于可敞开的存在者，这是由存在者整体的可敞开性来定调的。但是，定调者却拒不向历史性的人敞开为个别的可通达者，而是作为存在者整体的被遮蔽性首先被遮蔽，作为秘密本身被遗忘。在遗忘着背离秘密之际，此在向着可通达者而行走于迷途。"从此在的立-入着的站-出来理解，自由之所以是（在表象之正确性意义上的）真理之本质，只是因为自由本身源起于真理之开端性的本质，源起于秘密在迷途中的支配。"②

在《论真理的本质》中，作为真理之本质的自由已经是朝向敞开域的自由，这个敞开域在西方思想开端曾被把握为 ἀλήθεια，海德格尔将之"翻译"为"无蔽"。讲座"论真理的本质"中的运思已经开启了一种转向，后来作于 1949 年的"注解"如此写道：

> 　　表面看来，思想仍然停留在形而上学的轨道上，但是，在思想的决定性的步骤中，在从作为正确性的真理通向站-出的自由、从站-出的自由通向作为遮蔽与迷途的真理的步骤中，思想实行了一个追问的转变，这个转变属于对形而上学的克服。③

按照讲座的计划，追问的转变在于从对"真理之本质"的追问转向对"本质之真理"的追问。这二者当然并非现成并列的两个问题领域，因此毋宁说转变首先要转向的是"真理之本质与本质之真理相交织的根据"④。更确切地说，二者交织的情形乃是"真理之本质的问题起源于本质之真理的问题"⑤。前后两个问题中的"本质"是有区别的：一个是传统形而上学意义上名词性的"是什么"，一个则是运作着存在与存在者之间的差异的动词性的"存有"（Seyn）。由此观之，对真理之本质的追问所得到的命题式的答案，即"真理之本质是本质之真理"，就不是似乎会引起混乱的词序颠倒，毋宁说，按照海德格尔的解释这个命题中真正的主语乃是"本质之真理"，在汉语的表述中我们还需要把这个"命题"颠倒过来写作：

---

① Heidegger, *Wegmarken*, GA9, S. 196.

② Heidegger, *Wegmarken*, GA9, S. 198.

③ Heidegger, *Wegmarken*, GA9, S. 201 - 202；海德格尔：《路标》，第 235 页。另可参见 Heidegger, *Seminare*, GA15, S. 262："在那个论真理之本质的演讲中，当我谈到自由的时候，我已经把澄明纳入视野了，只不过在那里，真理总是亦步亦趋地伴随而来。"中译本参见海德格尔：《讨论班》，第 314 页。

④ Heidegger, *Wegmarken*, GA9, S. 198；海德格尔：《路标》，第 231 页。

⑤ Heidegger, *Wegmarken*, GA9, S. 201；海德格尔：《路标》，第 234 页。

本质之真理是真理之本质。这样，这个答案便不再是一个"陈述意义上的命题"，而是"对存有历史范围内的一个转向的道说"①。这时海德格尔特地就"存有中包含着的有所澄明的庇护"而道出了此前讲座中未能说出的那个词语："ἀλήθεια 就是这种澄明的名称。"②

该如何思考这种澄明呢？我们将首先跟随海德格尔转向柏拉图的"真理学说"（第 4 章），然后，返回步伐会迈向更古老的早期希腊思想，朝向被称为晦暗者的赫拉克利特（第 5 章）。

---

① 参见 Heidegger, Wegmarken, GA9, S. 201.
② Heidegger, *Wegmarken*, GA9, S. 201；海德格尔：《路标》，第 235 页。

第4章 回到柏拉图：真理本质的转变

1927 年夏季学期马堡大学的讲座"现象学之基本问题"（GA24）被视为《存在与时间》的续篇，在这个讲座上，海德格尔讲道：

> 自柏拉图以来，哲学在其枢要问题上未尝取得任何进步；归根结底，哲学最内在的向往与其说是进步（这就是说离开自身），不如说是走向、到达自身。在黑格尔那里，哲学，即古代哲学，在某种意义上已经被思到终结了。他完全有权亲自来表达该意识。但重新开始的要求同样也是合法的，这就是说，必须领会黑格尔体系的有限性；并且必须看到，由于黑格尔是在哲学问题的圈子内活动的，他本人便也已经达到了哲学之终结。这种在圈子中的循环使他无法返回圈子的中心，无法从根本上校正这个中心。不过没有必要越过这个圈子再去寻觅另一个圈子。黑格尔已经看到了一切可能的东西。然而，他是否从哲学的根本中心出发才看到了这一切，他是否为了宣称自己处于终结而已穷尽了开端的一切可能——这些都是成问题的。无须详细论证即可表明，既然我们试图越过存在而进入由之出发并在其中得到透彻领会的"光"，那我们当然就直接活动在柏拉图的一个基本问题当中。①

海德格尔紧接着说，"要更深入地标出柏拉图的提问方式，这里并非合适的场合"，不过，他还是对此提供了一种"粗略的指点"，以回应一些针对存在论问题的意见。② 随后，至迟在 1929 年夏季学期的一个讲座中，海德格尔又对柏拉图洞穴比喻做了一番解释。③ 到 1930—1931 年冬季学

---

① Heidegger, *Die Grundprobleme der Phänomenologie*, GA24, S. 400.

② Heidegger, *Die Grundprobleme der Phänomenologie*, GA24, S. 400.

③ 参见 „Einführung in die akademische Studium", in Heidegger, *Der Deutsche Idealismus（Fichte, Schelling, Hegel）und die Philosophische Problemlage der Gegenwart*, GA28, Frankfurt am Main：Vittorio Klostermann, 1997. 这是一份来自赫伯特·马尔库塞的讲座笔记。

期，海德格尔在弗赖堡大学做了关于柏拉图的洞穴比喻和《泰阿泰德篇》的讲座，讲座的题目是"论真理之本质"（GA34）。后来收入《路标》的文章《柏拉图的真理学说》最初发表于 1940 年，思路可追溯到近十年前的那场讲座。海德格尔在 1933—1934 年冬季学期再次讲授以"论真理之本质"（见 GA36/37）为题的讲座，讲座的第一部分同样论及柏拉图的洞穴比喻，这一部分的标题是"真理与自由"。上面的引文已经直接呈现了柏拉图和黑格尔在形而上学开端处与终结处的联结，而"真理与自由"这个标题则可以指向海德格尔与黑格尔之间的争辩地带（参见下篇第 8 章）。

本章的讨论主要跟随《柏拉图的真理学说》一文的思路，一方面是因为这篇文章的思路提供了一种指引，便于我们把论题限制在真理之本质的转向上，另一方面则是因为这篇文章曾在 1947 年与《关于人道主义的书信》一并出版，对于自 1929 年出版《康德与形而上学疑难》、《形而上学是什么？》以及《论根据的本质》之后十几年间几乎没有出版任何"学术著作"的海德格尔来说，这显然具有非同寻常的意义。

按照海德格尔的学生瓦尔特·比梅尔的著名论断，对存在的追问和对真理（无蔽）的追问构成海德格尔思想的双重主题："如果我们试图把握那个使海德格尔的思想充满活力，使其探究永不停歇的问题的核心，我们会惊奇地发现，这个核心是双重的，它既是对存在的探索，又是对 αλήθεια（无蔽）的探索。"[①] 从海德格尔思想道路之延展来看，在《存在与时间》中，无蔽还是此在的揭示着的展开方式，"此在在'真理'中存在"[②]，而在 20 世纪 30 年代的"转向"之后，特别是从《关于人道主义的书信》（1946）开始，存在之思与无蔽之思真正聚集起来，存在之真理成为思想的事情本身。[③]

着眼于作为无蔽的真理，则可以看到海德格尔的无蔽之思行进在一条从此在的"揭示着的展开"到"澄明之敞开性"的道路上。[④] 在这条道路的"转向"过程中，海德格尔对柏拉图哲学的重新解释，特别是对洞穴比喻的解读，是一个重要的路标。透过海德格尔对柏拉图洞穴比喻的阐释，

---

　　① 比梅尔：《海德格尔》，第 30 页。参见本书绪论第 1 节关于无蔽之为海德格尔思想基本特征的先行把握。

　　② Heidegger, *Sein und Zeit*, S. 221.

　　③ 比梅尔：《海德格尔》，第 121 页。

　　④ 参见 Dorothea Frede, „Wahrheit：Vom aufdeckenden Erschließen zur Offenheit der Lichtung", in Dieter Thomä, Hg., *Heidegger Handbuch：Leben-Werk-Wirkung*, Stuttgart：Verlag J. B. Metzler, 2013, S. 308 – 315。

我们可以窥得无蔽之真理的源初经验在西方形而上学历史上的一次本质性转变，即从作为无蔽的真理转变为作为正确性的真理。这一转变绝非单纯词义上的历史流变，而是决定性地牵涉西方形而上学的历史发生，以及这一发生中人与存在的历史性关联。

1. 作为过渡的 παιδεία

"柏拉图的真理学说"这个标题很容易让人觉得海德格尔要对柏拉图哲学中的"真理"做一番系统的知识论研究。但是，海德格尔一开始就区分了"科学的知识"和"思想家的学说"：

> 诸科学的知识通常用命题表达出来，并且作为可把握的成果被置于人们面前，供人们使用。而一位思想家的"学说"则是在他的道说中未被道说的东西，人遭受之，从而人为之用力。①

看上去，文章开头的这两句话说出了一种"对比"，"科学知识"与"思想学说"的"对比"。一个是"用命题表达"的"可把握的"，一个是"在道说中未被道说的"；与科学知识之"被置于人们面前"（vorgesetzt）不同，在思想家的学说那里，是"人遭受之"（ausgesetzt）；相应地，人"使用"（verwenden）知识，但并不使用学说，而是"为之用力"（sich verschwende）——如果可能的话。不难看出，海德格尔特意使用了成对的词语，以此致力于凸显人与科学知识的关系和人与思想学说的关系所形成的对比。

然而这仅仅是一个对比吗？一个海德格尔由之引出文章主题的对比？确实，这个对比至少提供了一种区分，表明柏拉图的真理学说不是一种现成可用的知识。不过，这种对比是如何可能的？我们从何处来看，又着眼于何处，才可能把那并非现成摆在面前供人使用的"未被道说者"放在可把握的科学知识旁还要形成"对比"？我们已经看到，在这两句话表达出的"对比"中，"对比点"恰恰在于人与"知识"或"学说"的关系，在这两种关系中，人处在不同的位置上。知识被置于人们面前，人们使用知识；人遭受学说，为学说用力。这里发生了一种位置的转变。稍加细心还

---

① Heidegger, *Wegmarken*, GA9, S. 203.

会发现，随着这种转变，"人"也从复数变成了单数。

文章开头的两句话道出的是在"使用"（Verwendung）与"用力"（Verschwendung）之间的一种转变（Wendung）。而转变正是海德格尔在柏拉图的道说中倾听到的未被道说者："在柏拉图思想中还未被道说出来的东西，乃是在真理之本质的规定方面的一个转变（Wandel）。"① 海德格尔对柏拉图洞穴比喻的解释，就是为了说明这个转变的实行、内容以及结果。

正如我们特别关注的这篇文章开头的两句话不仅是一种对比，而且本质上意味着一种转变，在海德格尔看来，柏拉图的洞穴比喻所讲的也不仅是一种"比"喻，不仅是洞内火光照射下的阴影世界与洞外日光照耀下的光明世界之间的对比，不仅是以洞穴中囚徒对阴影的认识来比喻人们在现象世界中的认识，而且是一种更为本质性的"过渡"。洞穴比喻的真正内容不是"本体"与"喻体"之间的"相合"，因为除了洞内和洞外的情形，洞穴比喻还讲述了洞穴内外之间的过渡："从洞穴出来到达阳光之下的过渡和再从阳光之下返回到洞穴的过渡。"② 随着这种双重的过渡而来的是双重的迷乱：从暗处来到亮处会看不清，由亮处回到暗处会再次看不清。前一种情况是"人从没有注意到的无知状态到达存在者更为本质性地向人显示的地方"，这时人对本质性的东西不适应；后一种情况是"人从某种对本质性知识的态度中掉落，落入普通现实性的统治领域"，这时人对通常的事物不适应。正如从光明到黑暗的过渡中，肉眼需要慢慢地重新熟悉（umgewöhnen），对于灵魂来说，在它所遭受的不同的存在者领域中，它也不得不缓慢地去适应（eingewöhnen）。同样，在过渡中，身体先于肉眼的观看而转动并获得新的位置，灵魂的适应更是要求灵魂整体回转（umwenden）到它所努力适应的方向上去。③

洞穴比喻讲述了这样的双重过渡以及过渡中的回转。我们已经在对文章开篇第一句话的理解中看到了一种人的位置的转变，现在，洞穴比喻中的双重过渡也关涉到人的位置，海德格尔认为这正是在过渡中对不同领域的熟悉和适应之缓慢的原因："因为这种回转关涉到人之存在，因而是在人之存在的本质的根基中实行的。"④ 海德格尔在这看似轻描淡写的自问

① Heidegger, *Wegmarken*，GA9，S. 203.
② Heidegger, *Wegmarken*，GA9，S. 215 - 216.
③ 参见 Heidegger, *Wegmarken*，GA9，S. 216。
④ Heidegger, *Wegmarken*，GA9，S. 216.

自答之间，就把柏拉图的洞穴比喻带回到了人之存在的层面上，而柏拉图所说的 παιδεία，其本质就是"人之本质入乎其每每被指派的领域的那种熟悉和适应"①。海德格尔以柏拉图在《理想国》讲述洞穴比喻的第 7 卷开头的句子为证，表明 παιδεία 的本质在洞穴比喻中被带到了"形象"中："接下来让我们用（下面描述的）经历的类型使你获得对'Bildung'以及 Bildunglosigkeit 的（本质的）一瞥，二者（当然共属一体地）关系到在根基中的我们的人之存在。"②

虽然海德格尔说柏拉图的 παιδεία 这个词不可译，但他仍然采用了德语对这个词的一般译名 Bildung（教化、造型）。因为，"最可能——尽管不完全——满足 παιδεία 这个名称的还是德语词语 Bildung。不过，就此而言我们必须向这个词语归还它的源初的基本力量，并且必须忘掉它在 19 世纪晚期落入的那种误解"③。这里所说的"误解"就是关于 Bildung 之为"教化"的理解④，与之不同，海德格尔看到 Bildung 一词含义的双重性："一方面，Bildung 是一种具体烙印意义上的 Bilden。但这种 Bilden 同时是从一种尺度性模样的先行度量而来 bildet，这种模样因此叫作榜-样（Vor－bild）。"⑤ 何以 Bildung 以其双重含义而最可能满足对 παιδεία 一词的翻译呢？因为，在海德格尔的解读中，柏拉图的 παιδεία，作为刚才已经提到的那种"人之本质入乎其每每被指派的领域的那种熟悉和适应"，意味着"引导整个人在其本质中的回转"，因而"本质上是一种过渡，而且是一种从 ἀπαιδευσία 进入 παιδεία 的过渡"⑥。

对 παιδεία 这个"不可译"之词的勉强翻译无论是否足够准确，都显露出对于洞穴比喻的一种整体理解。现在，回到海德格尔文章开篇所提出的目标，即倾听在柏拉图思想中的未被道说者——真理之本质的一种转变，问题便是：洞穴比喻所讲的 παιδεία 作为一种过渡与真理之本质的转变有何关系？παιδεία 作为过渡引导着一种回转，这种回转与真理之本质

---

①　参见 Heidegger，*Wegmarken*，GA9，S. 217。

②　Heidegger，*Wegmarken*，GA9，S. 217 - 218.

③　Heidegger，*Wegmarken*，GA9，S. 217.

④　对"教化"概念的概念史考察可参见 Hans-Georg Gadamer，*Hermeneutik I：Wahrheit und Methode*，Gesammelte Werk，Band 1，Tübingen：Mohr Siebeck，2010，S. 15 - 24. 关于早期海德格尔对"教化"的讨论，可参见张一兵：《教化：今日的被解释状态——海德格尔〈存在论：实际性的解释学〉解读》，《吉林大学社会科学学报》2012 年第 2 期。

⑤　Heidegger，*Wegmarken*，GA9，S. 217.

⑥　参见 Heidegger，*Wegmarken*，GA9，S. 217.

的转变是同一回事吗？还是说 παιδεία 实际上引导了真理之本质的转变，抑或 παιδεία 引起的回转要以真理之本质的转变为前提？

确实，既然 παιδεία 所意指的那种回转是人之整体从一个存在者区域转移到另一个存在者区域时所必需的熟悉和适应，这就意味着那向人自行显示自身的东西发生了变化。自行显示的东西，就是对人来说没有遮蔽的东西，亦即去蔽，为古希腊语中的 ἀλήθεια。正如对 παιδεία 的翻译或者说理解要"忘掉"Bildung 一词后来的"教化"意义，对 ἀλήθεια 的翻译也要放弃传统的"真理"之为"符合"的含义，而采取"无蔽"这一字面上的翻译。

但是，为了揭示 Bildung 与"真理"之间的统一性关联，回到对于 παιδεία 和 ἀλήθεια 的字面上的翻译还只是一个最初的引导，更重要的是"从古希腊人的知识来思考在现在翻译的词语中所命名的实际本质"①。因此，"如果严肃对待 ἀλήθεια 一词所命名的东西的本质内容，就会出现这样一个问题：柏拉图是从何处来规定无蔽之本质的"②。于是，海德格尔接下来考察洞穴比喻中关于"无蔽"的论述。

2. 洞穴比喻中的 ἀλήθεια

洞穴比喻讲述的是从洞内到洞外，再从洞外回到洞内的过程，分为四个阶段：在洞穴内；从洞穴内到洞穴外；在洞穴外；从洞穴外回到洞穴内。这四个阶段的不同之处在于各个阶段位置上 ἀλήθεια 的区别，在于每一阶段上"真理"的决定性方式的不同。如果透过洞穴比喻的确可以窥得柏拉图那里未被道说的东西，亦即"真理之本质的一种转变"，那么首先就应该可以看到洞穴比喻的每一阶段都涉及了"真理"，亦即"无蔽"。因此，下面依次展示洞穴比喻四个阶段中的 ἀλήθεια。

第一阶段是在洞穴内。这是一个地下的洞穴，有些人从小就在洞穴内，四肢和脖子都被捆绑固定，只能直视前方。在他们背后的远处高些的地方有一把火在燃烧，近处则有一堵矮墙，这堵墙是沿着一条通向洞外的通道建造的。外面的光可以从通道照进来，但是，不仅由于那堵矮墙的遮

---

① 参见 Heidegger, *Wegmarken*, GA9, S. 219。

② Heidegger, *Wegmarken*, GA9, S. 219.

蔽，更是由于那些被绑定的人不能回头，所以他们既看不到洞外照进来的光，也看不到洞内燃烧着的火。有另外一些人在墙后把各种人造物举过墙头走来走去，并且说话或沉默，那些被绑定的人从而看到这些东西投在他们面前洞壁上的阴影，并且听到说话声。他们看不到背后墙头的那些人造物，而只能看到那些人造物在火光照射下投到面前的阴影，并且把阴影当作真实的东西；他们看不到矮墙背后走动的人，而把这些人说的话当作面前阴影说的话。由此，洞穴中被绑定的人还会互相谈论他们面前的"东西"。苏格拉底总结道："无疑，这样被缚的人们也就会把上述器物的阴影当作无蔽的东西了。"①

柏拉图在第一阶段的文本中明确提到了无蔽者。可是，洞穴中的被缚者果真把阴影当成无蔽者了吗？严格来说，被缚者并非把阴影当成无蔽者，而是把他们在面前墙壁上看到的"东西"当作"无蔽者"来谈论。他们既然看不见背后的火光和墙头的人造物，就不会看到面前的"阴影"。在这最初的阶段，被缚者们径直谈论无蔽者，对他们来说，还不存在无蔽者与被遮蔽者的区分。②

在第二阶段，被缚者的捆绑被解除。洞穴中那些被绑定的人中有一个被解除桎梏，被迫站起来，四处走动，转身回头看③，看到火光。这会导致他一向习惯于阴影的眼睛一时不适应，无法看清他曾经只看到其阴影的那些器物。于是他不会相信现在看到的东西比以前看到的更具存在特性，不会相信他现在更加接近真正的存在者，也更加正确地观看存在者。如果这时候有人把墙头上过去的器物指给他看，"他会不知所措，而且还会认为他过去（用自己的眼睛）看到的阴影比现在（由另一个人为他）指出的器物更加无蔽"④。

现在，随着被缚者之被解放，无蔽不再是单纯的无蔽，而是以比较级的方式被说出：更无蔽者。在第一阶段，"无蔽者"的歧义性在于，对洞穴比喻的旁观者来说，被缚者把阴影当作"无蔽者"，而对于被缚者来说，他们眼里只有"无蔽者"。现在，这种歧义随着被缚者被解放和被迫转身，有了全部落在被缚者那里的可能性：被解放者能够转身看到洞穴中的火光

---

①　参见 Heidegger, *Wegmarken*, GA9, S. 205 – 207。

②　参见 Heidegger, *Sein und Wahrheit*, GA36/37, S. 133。

③　在第 1 章中，为了检验"墙上的画挂歪了"这一陈述之真假，当事人也需要"转身回头看"。

④　参见 Heidegger, *Wegmarken*, GA9, S. 207。

和人造物，因而有可能进入"更无蔽者"的领域中；然而，由于适应过程中的眼花缭乱，面对更无蔽的火和存在者，被解放者会认为他原先看到的"阴影"才是"更无蔽的"。被解放者诚然看到了不同于"无蔽者"的东西，但是还不能由此认识到第一阶段的"无蔽者"就是现在看到的火光照耀下的人造物的阴影。这种"错误"的原因在于被解放者还不是真正自由的，还没有进入真正的自由域。①

第三阶段抵达了洞穴外的阳光之下。这个被解放的人不但被迫看洞穴内的火光和墙头的器物，而且被迫走出洞穴。在洞穴外他又一次因为阳光刺眼而眼冒金星，无法看清。他无法一下子看清无蔽的事物，需要一个逐渐适应的过程，在这个过程中他首先可以看到阴影，然后可以看到事物在水面上的倒影，接着能够看到事物本身。就事物本身而言，他也比较容易先在晚上的星光和月光中看较为暗淡的星星和月亮，最后才能在白天直接看太阳。而这个太阳，正是使得一切事物可以被看见并且使得人的眼睛可以看见的原因，是最无蔽者。②

在第三阶段，被解放者走出洞穴，到达真正的自由域。在洞穴中，从被束缚着可以看清"阴影"到被解放无法看清火光中的人造物，构成了两个阶段。现在，在洞穴外，从刚开始看不清阳光下的事物，到逐渐适应最终可以直接看太阳，并没有被分为两个阶段。这种看上去不对称的阶段划分是因为，在洞穴之外，亦即在被解放者已经进入的真正的自由域中，从适应到看清的整个过程都是由"首先在一切显现者中显现出来并且使显现者可通达"的"最无蔽者"决定的。③ 但是，这绝不意味着在洞穴之外的自由域中对看的重新适应是轻而易举的，相反，这种适应比洞穴内第二阶段转身看火光及其照亮的东西更加困难，"需要极大的耐心和努力"④。被解放者是被人带出洞穴，被迫来到洞穴之外的，但他并不因此就直接获得了自由。自由域并非可以肆意妄为的法外之地，"并不是指一种单纯的广阔这样的无界限者，而是指在共同被看见的太阳的光线中闪发出来的光亮的有界限的关联"⑤。处在自由域中的被解放者必须持续不断地适应，"专

---

① 　参见 Heidegger, *Wegmarken*，GA9，S. 220 - 221。

② 　参见 Heidegger, *Wegmarken*，GA9，S. 209 - 211。

③ 　Heidegger, *Wegmarken*，GA9，S. 222.

④ 　Heidegger, *Wegmarken*，GA9，S. 222.

⑤ 　Heidegger, *Wegmarken*，GA9，S. 221.

注于在其外观中显现出来，并且在这种显现中存在的最无蔽者"①。因此，自由域一开始就意味着一种紧张关系，一方面是最无蔽者的持续的决定性，另一方面是被解放者不懈地朝向并且专注于最无蔽者，由此保持在自由中。

第四阶段是从洞穴外回到洞穴内。这个人在见识了洞穴外的最无蔽者之后如果重新回到洞穴内，回到自己原先的位置，他会因为从光明进入黑暗而再次看不清。这时，他对洞穴内的那些阴影的认识和判断会完全比不上一直待在洞穴内部的同伴，他的同伴们甚至会认为他在洞穴外走了一遭之后眼睛坏掉了（或者脑子坏掉了），因而认为洞穴之外是不值得去的。如果这些人能够抓住那些想要解放他们、带他们走出洞穴的人并且杀之而后快，他们一定会这样做的。②

前三个阶段已经涉及"无蔽者"、"更无蔽者"和"最无蔽者"，而这里的最后一个阶段并没有直接提到"无蔽者"，何以还需要这最后一个阶段呢？何以这里叙述的返回洞穴的情形构成最后一个阶段呢？

洞穴比喻没有结束于洞穴之外的场景，而是让获得自由的人重回洞穴，回到他之前的同伴那里，冒着生命危险去解救他们。通常的联想是，这就是苏格拉底的命运，他的学生在为他鸣不平。不过，柏拉图在这里不是简单地向死于雅典城邦的老师表达个人的敬意，而是出于对 παιδεία 之本质进行说明的要求而必须叙述这一返回。因为 παιδεία 是对人之本质在其整体中的回转的引导，"παιδεία 本身包含着与 Bildungslosigkeit 的返回关联"③。因此，为了说明 παιδεία，洞穴比喻就不能结束于洞穴之外的"真实世界"，而是必须继续返回洞穴。在洞穴外的自由域中对最无蔽者的适应实现着 παιδεία 之本质，παιδεία 与 ἀλήθεια 之间的统一关联在其中已然水落石出："'Bildung'的本质基于'真理'之本质。"④ 因此，παιδεία 的本质中对 Bildungslosigkeit 的返回关联必定也是植根于无蔽与遮蔽之间的本质关联。

可是，返回洞穴的这一阶段并未直接提到"无蔽者"，如果我们还是坚持认为洞穴比喻的每一阶段都在思索和命名"无蔽者"，我们该从何说起呢？从表面上看，这一阶段虽然不曾提及无蔽者，但由于回到了洞穴

---

① Heidegger, *Wegmarken*, GA9, S. 222.

② 参见 Heidegger, *Wegmarken*, GA9, S. 211–213。

③ Heidegger, *Wegmarken*, GA9, S. 222.

④ Heidegger, *Wegmarken*, GA9, S. 222.

中，所以曾在第一阶段出现的无蔽者必定还在洞穴中发挥作用。但是，现在的情况显然不只是被缚者在洞穴中径直把墙壁上的显现者视为无蔽者那么简单了，现在回到洞穴中的人已经经验过最无蔽的东西，并且他重回洞穴是为了解救尚处在遮蔽中的同伴。"对于无蔽者，本质性的不仅是它以某种方式使显现者变得可通达并且在其显现中保持开放，而且是它始终克服着被遮蔽者的遮蔽状态。"① 海德格尔在这里又一次强调 ἀλήθεια 的否定性前缀意味着一种争夺："真理"是从遮蔽状态中争夺而来的东西。正是因此，洞穴比喻的最后一个阶段从阳光之下回到洞穴中的过程是一场生死斗争。② 无蔽与遮蔽的斗争恰恰是海德格尔这一时期真理之思想的一个关键因素。

经过对洞穴比喻诸阶段的逐一考察，现在我们可以把海德格尔的话作为暂时的结论接受了："甚至在每一阶段上，无论如何，ἀληθές 即无蔽者，都必定得到了思索和命名。"③ 但是，问题在于，在这洞穴比喻的全部四个阶段中，ἀλήθεια 是如何被思索和命名的，以至于其中发生了真理之本质的一种转变？

3. 作为主宰的 ἰδέα

以上我们已经看到，在洞穴比喻的每一阶段，柏拉图都曾论及无蔽。在海德格尔看来，洞穴比喻之所以能够作为一个比喻在"洞穴"的形象上来构造自身并由此进行某种说明，正是在于"它首先为那种对古希腊人来说不言自明的关于 ἀλήθεια 的基本经验所共同规定了，亦即为那种关于存在者之无蔽状态的基本经验所共同规定了"④。洞穴比喻所叙述的洞穴内和洞穴外的景象都呈现了这种经验：洞穴在其内部有所敞开但同时又深深为大地所遮蔽，大地之上的阳光显示无蔽者的同时恰恰构成对洞穴内部的遮蔽。这就是说，古希腊人源初地经验到的无蔽乃是与遮蔽相关的无蔽。

然而，洞穴比喻的真正内容不仅仅是洞穴内和洞穴外的景象及其类比，更重要的是过渡，即从洞穴内到洞穴外、从洞穴外回到洞穴内的双重

---

① Heidegger, *Wegmarken*, GA9, S. 223.
② 参见 Heidegger, *Wegmarken*, GA9, S. 224。
③ Heidegger, *Wegmarken*, GA9, S. 219.
④ Heidegger, *Wegmarken*, GA9, S. 224.

过渡。于是，洞穴比喻在论及"无蔽"的同时，也道出了"真理"的另一种本质。因为，在洞穴比喻所叙述的过渡中，首要的是从人工火光的区域向太阳光照的区域的上升，以及从阳光之下返回到洞穴之阴暗的下降。在这双重过渡中，被突出的不是人所处的位置及其与无蔽者的关联，而是"阴影""火""火光""光亮""日光""太阳"等的不同显现。无蔽诚然在不同阶段都被论及，但是，无蔽是就"它如何使显象者在其外观中可通达并且使这种自行显示者（ἰδέα）明显可见"① 而被考虑的。洞穴内的被缚者看到的"无蔽者"是火光照射下人造物的"阴影"，赋予人造物及其阴影以可见外形的是洞内的火把。当被解放者到达洞穴外之后，看到的"无蔽者"是阳光之下的天地万物以及照耀万物的太阳。太阳就是那最高的理念的比喻，亦即善的理念的比喻。善的理念作为自行显现者，不仅使可见事物得以显现，而且使对这些事物的看得以可能。由此，"所看"与"看"被联系在一起。

为什么把"所看"与"看"联系在一起的"太阳"是"善的理念"呢？如何理解"善的理念"？一方面，要避免从现代人习以为常的道德、伦理、价值等方面来理解"善"；另一方面，则要避免从现代哲学中"主观表象"意义上理解"理念"。如果把这两方面的理解结合起来，对"善的理念"的理解就往往倾向于在其中去寻找某种现成的"价值"，以及对于这种价值的"理念"。这样的理解错失了柏拉图ἰδέα τοῦ ἀγαθοῦ的源始本质，作为联系"被看"与"看"的源初统一者，善的理念自身不可能通过一种割裂中的拼接得到恰当的理解。

海德格尔指出，τò ἀγαθóν 在希腊思想中意味着"适宜于某物和使某物适宜的东西"②。而每一个ἰδέα作为"某物的外观"则"让人看见那每每是一个存在者的东西"③。因此，理念适宜于使某物在其所是中显象并且在其持存中在场。反过来，使一切理念都适宜于这样一件事情的东西，亦即理念之理念，是一种"绝对的使……适宜"，也就是 τò ἀγαθóν。因此，"善的理念"绝不意味着有某种"善"——即使是最高的善——以及有关于这种善的"理念"。"善的理念"中的第二格必须被理解为主语第二格，即"善这个理念"，善本身就是最高的理念。

---

① 参见 Heidegger，*Wegmarken*，GA9，S. 225。
② Heidegger，*Wegmarken*，GA9，S. 227.
③ Heidegger，*Wegmarken*，GA9，S. 227－228.

善在双重意义上是"最高的理念"：在"使……可能"的意义上，它是最高的，同时，在一般的某个存在者自行显示的地方，也有它的某种闪现。[1] 相应地，对"最高的理念"的看，一方面是最困难的仰视，另一方面一旦看到最高的理念，就会发现，这种理念到处都可以看到——因为正是它使一切无蔽者得以显示出来并且被看到。

洞穴比喻表明了善的理念所处的统治地位，不仅对于洞穴外的天地，而且对于整个洞穴内，太阳都是最高的理念。这里发生了海德格尔所要指出的真理之本质的一种转变：洞穴比喻的每一阶段都决定于$\alpha\lambda\eta\theta\epsilon\iota\alpha$，但是，对$\alpha\lambda\eta\theta\epsilon\iota\alpha$的道说含糊其辞，真正得到强调的则是处在统治地位的$\iota\delta\epsilon\alpha$，不仅如此，整个比喻也"建基于$\iota\delta\epsilon\alpha$变成高于$\alpha\lambda\eta\theta\epsilon\iota\alpha$的统治者这一未被说出的过程"[2]。用柏拉图关于"善的理念"的话来说："它本身就是统治者，因它给予（自行显示者）无蔽并且同时给予（对无蔽者的）觉知。"[3]（517c 4）括号中的内容是海德格尔在其译文中的补充，意在显明柏拉图的道说中未被说出的东西：

　　$\alpha\lambda\eta\theta\epsilon\iota\alpha$ 来到了$\iota\delta\epsilon\alpha$的宰制之下。柏拉图说到$\iota\delta\epsilon\alpha$，说它乃是允诺无蔽状态的主宰，由此，它便指向某种未曾道出的东西，即从此以后，真理之本质不是作为无蔽之本质从其本己的本质丰盈来展开，而是转移到$\iota\delta\epsilon\alpha$之本质上了。真理之本质放弃了无蔽的基本特征。[4]

于是我们得到了"柏拉图如何思考和谈论$\alpha\lambda\eta\theta\epsilon\iota\alpha$"这一问题的答案。柏拉图蜻蜓点水般地在洞穴比喻中论及$\alpha\lambda\eta\theta\epsilon\iota\alpha$，而在洞穴比喻的叙述中占据支配地位的是$\iota\delta\epsilon\alpha$，$\alpha\lambda\eta\theta\epsilon\iota\alpha$取决于$\iota\delta\epsilon\alpha$。真理之本质从$\alpha\lambda\eta\theta\epsilon\iota\alpha$转变到了$\iota\delta\epsilon\alpha$。这一转变意味着什么？

柏拉图在洞穴比喻中诚然还是讲到了$\alpha\lambda\eta\theta\epsilon\iota\alpha$，也就是说，仍然把"真理"规定为存在者的特征，但是，在洞穴比喻所讲述的过渡中，起着决定性作用的是对$\iota\delta\epsilon\alpha$的看的正确性。从一开始被束缚在洞穴内时，被缚者们就能够"正确地"谈论面前的"阴影"；当被缚者被迫转身从阴影转向人造物和火光时，他"也就被扭向了更具存在者特性的东西，他就可以更正

---

[1] Heidegger, *Wegmarken*, GA9, S. 228.
[2] Heidegger, *Wegmarken*, GA9, S. 230.
[3] Heidegger, *Wegmarken*, GA9, S. 230.
[4] Heidegger, *Wegmarken*, GA9, S. 230.

确地看了"①（515d，3/4）。正确的看最终把自己对准在最高的理念上，建立起一种看与被看之间的关系。在这种关系中，作为觉知活动的看不断地适应于在光照中呈现出来的存在者的"外观"，于是形成一种符合，即ἰδεῖν（看）与ἰδέα（相）的符合，认识与事情本身的符合。可见，在柏拉图那里，真理具有存在者之无蔽和"看"之正确性的两种含义，而且其正确性是决定性的。真理之本质的转变就是由ἀλήθεια的源始经验转变为觉知与陈述的正确性。

这一转变不是一个简简单单的词语用法的变化，在我们的考察范围内，真理之本质从无蔽转变到正确性，具有三重意义：

首先，真理之位置从存在（者）自身转移到了人的行为中，具体说来则是转移到了人的理智陈述中。② 这一位置的转变在前两章中曾着眼于此在的时间性进行考察，现在则是在形而上学的历史发生中被确定。

其次，"哲学"变成"形而上学"。Φιλοσοφία（哲学、爱智慧）从对σοφία（精通、智慧）的热爱变成"超越"存在者之阴影而"走向"存在者之理念的"形而上学"。最高的理念，善的理念，作为第一原因和最高原因，也被柏拉图和亚里士多德称为τὸ θεῖον［神］，因此探究存在者之存在的形而上学不仅是存在论，也是神学。③ 形而上学的"存在-神学"机制在柏拉图那里的发端处就已被预定。④

最后，着眼于洞穴比喻中对人之本质的回转进行引导的παιδεία，真理之本质的转变还关系到人的自由："对人之存在以及人在存在者中间的地位的努力关注，贯穿并且支配着形而上学。形而上学在柏拉图思想中的开始同时就是'人道主义'的开始。"⑤ 就此而言，我们能够对前面曾提到过的事情，即《关于人道主义的书信》与《柏拉图的真理学说》在 1947 年的一并出版，更多一分理解。

真理之本质在柏拉图哲学那里发生的转变不是历史上的某个过去了的偶然事件，而是形而上学历史的命运。海德格尔深入柏拉图的洞穴比喻，揭示那未被道说的转变，不是为了按照ἰδέα的指示去思考ἀλήθεια，而是想要抓住某种契机，使我们可以"更为开端性地"思考"真理之开端性的本

---

① Heidegger，*Wegmarken*，GA9，S. 230.

② 参见 Heidegger，*Wegmarken*，GA9，S. 231 - 232。

③ 参见 Heidegger，*Wegmarken*，GA9，S. 235 - 236。

④ 本书第 10 章会在海德格尔与黑格尔的对话语境中回到形而上学的存在-神-逻辑学机制。

⑤ Heidegger，*Wegmarken*，GA9，S. 236.

质"，"因为，有待建基的东西，即无蔽本身的本质，在这里还根本没有得到充分追问。在此始终只是对未曾被把握的无蔽之本质的一个本质后果的'说明'而已"①。

如果说在 20 世纪 30 年代的思想转向过程中，海德格尔对古希腊哲学的关注逐渐从亚里士多德转移到柏拉图，那么随着转向的继续，海德格尔的目光继续回转，经过苏格拉底、柏拉图，回行到了古代希腊早期的哲人那里。接下来，我们就尝试随着海德格尔回到赫拉克利特那里，深入对无蔽自身之本质的探寻。

---

① Heidegger, *Wegmarken*, GA9, S. 238.

第 5 章　回到赫拉克利特：无蔽

在《存在与时间》第 44 节分析生存论上的真理现象时，海德格尔已经提道："赫拉克利特的残篇是明确讨论 logos 的最古老的哲学学说，在其中一篇中，已经清理出来的真理现象在揭示性（无蔽性）的意义上显露出来了，这难道是偶然的吗？"[1] 按照海德格尔自己的注释说明，他在这里指的是残篇 1。[2] 但是，这也是赫拉克利特在《存在与时间》中的唯一一次出场。且不论那时对于海德格尔来说具有本质意义的亚里士多德，即使是同为早期希腊思想家的巴门尼德，在《存在与时间》中不仅出现的次数多于赫拉克利特，而且被明确地定位于"存在论传统的开端"[3]，相比之下，赫拉克利特还处在海德格尔思想境域的边缘或者晦暗处。

在 1926 年马堡夏季学期的讲座"古代哲学的基本概念"（GA22）中，海德格尔也是以巴门尼德为坐标来定位赫拉克利特的。到了 1929—1930 年冬季学期的讲座"形而上学的基本概念"（GA29/30），赫拉克利特的残篇开始相对密集地出现[4]；在 1931—1932 年冬季学期的讲座"论真理之本质：柏拉图的洞穴比喻和《泰阿泰德》"（GA34）中，海德格尔在讲座开头的"引导性的考察"中回溯早期希腊的无蔽经验时把目光聚集到了赫拉克利特[5]；1933—1934 年冬季学期的讲座仍然以"论真理之本质"为题，在该讲座的导论部分，海德格尔再次尝试倾听了赫拉克利特的残篇 53。[6] 到 1935 年的《形而上学导论》，赫拉克利特可以说已经开始担当主

---

① Heidegger, *Sein und Zeit*, S. 219.

② 关于残篇 1 的翻译和理解，可参见詹文杰：《倾听 λóγos：赫拉克利特著作残篇 DK—B1 的诠释》，《世界哲学》2010 年第 2 期。

③ Heidegger, *Sein und Zeit*, S. 100.

④ 参见 Heidegger, *Die Grundbegriffe der Metaphysik*, Frankfurt am Main：Vittorio Klostermann, 1983, GA29/30, S. 34、40、41、44、47。

⑤ 参见 Heidegger, *Vom Wesen der Wahrheit：Zu Platons Höhlengleichnis und Theätet*, GA34, Frankfurt am Main, Vittorio Klostermann, 1988, S. 13 - 16。

⑥ 参见 Heidegger, *Sein und Wahrheit*, GA36/37, S. 89 - 100。

角，和巴门尼德交相辉映。①

　　1943 年和 1944 年夏季学期，海德格尔两次开设讲座专题讲授赫拉克利特，即"西方思想的开端：赫拉克利特"（1943）和"逻辑学：赫拉克利特的 logos 学说"（1944）。这两次讲座构成了以《赫拉克利特》为名的全集第 55 卷。后来《演讲与论文集》（GA7）中关于赫拉克利特的两篇文章，《逻各斯（赫拉克利特，残篇 50）》和《无蔽（赫拉克利特，残篇 16）》，正是这两次讲座的思想结晶。

　　本章的讨论主要基于《无蔽（赫拉克利特，残篇 16）》一文的思路展开，目的不是全面地把握海德格尔对赫拉克利特的阐释，而是关注在赫拉克利特阐释中呈现出的无蔽领会。这是首先是因为，赫拉克利特作为无蔽之思的开端性思想家，对于本书研究的问题域具有重要意义：在海德格尔与黑格尔的历史性对话中，赫拉克利特发挥了桥梁的作用（参见下篇第 9 章）。此外则是考虑到，海德格尔的赫拉克利特阐释——至少就我们所关注的这篇文章而言——本身也无意于给出某种关于赫拉克利特残篇的理解，而是要"指引入本有-事件"②。因此，这里的关键并不在于从海德格尔对赫拉克利特残篇的阐释中获取现成的结果，而是在于努力跟随指引。

1. 保持遮蔽：隐藏-害怕-遗忘

　　赫拉克利特残篇 16：τὸ μὴ δῦνόν ποτε πῶς ἄν τις λάθοι；"对于永不消失者，某个谁如何能保持遮蔽？"③

　　海德格尔的解读从这句话的最后一个词 λάθοι 开始。在 τέλος（终结、完成）的意义上，处在最后的这个词语不是问句的结束，而是命名着问句开始的地方，亦即思想向之运动的领域。④ 这个词的意思是"隐藏"或

　　① 关于赫拉克利特在海德格尔思想道路上的逐渐"涌现"，参见张振华：《爱与争：海德格尔的赫拉克利特解释》，特别是第二小节"二、赫拉克利特的出现"，载《中国现象学与哲学评论》第三十一辑，上海译文出版社，2016，第 147 - 171 页。

　　② 参见 Heidegger, *Vorträge und Aufsätze*，GA7，S. 269。

　　③ 参见 Heidegger, *Vorträge und Aufsätze*，GA7，S. 267。赫拉克利特残篇 16 通常被译为《一个人怎么能躲过永远不灭的东西？》或《人如何能在永远不灭的东西面前隐藏自己？》。

　　④ 参见 Heidegger, *Vorträge und Aufsätze*，GA7，S. 269。关于 τέλος 的意义，可参见 *Vorträge und Aufsätze*，GA7，S. 10 - 11："随着这一终结，此物并没有停止；而不如说，此物由之而来才开始成为它在制造之后将变成的东西。此种意义上的终结者，亦即完成者，在希腊文中叫作 τέλος，人们往往以 '目标' 和 '目的' 译之，并因而误解了它。"

"遮蔽"。但是由于赫拉克利特这句话的残篇性质——也就是说，我们只知其在后世被引用时的上下文，而不知其在赫拉克利特那里的原初语境①——单纯的词义说明对于理解整个箴言并无实质的帮助，因而海德格尔不得不辗转于古希腊人对这个词的相关使用和经验，尝试曲折地"返回这个词语的希腊式言说方式"②。

首先是荷马在《奥德赛》中关于奥德修斯在歌手唱歌时掩面哭泣而不被众人察觉的描写。《奥德赛》第 8 卷第 93 行：$\dot{\epsilon}\nu\theta'\ddot{\alpha}\lambda\lambda o\upsilon\varsigma\ \mu\dot{\epsilon}\nu\ \pi\dot{\alpha}\nu\tau\alpha\varsigma\ \dot{\epsilon}\lambda\dot{\alpha}\nu\theta\alpha\nu\epsilon\ \delta\dot{\alpha}\kappa\rho\upsilon\alpha\ \lambda\epsilon\dot{\iota}\beta\omega\nu.$③ 海德格尔先按照德语的"精神"给出一种翻译：Alsdann vergoss er Tränen，ohne dass alle anderen es merkten。④（然后他流出眼泪，没被其他所有人觉察。）另一种翻译因译出了动词$\dot{\epsilon}\lambda\dot{\alpha}\nu\theta\alpha\nu\epsilon$ 而被海德格尔认为更接近希腊式言说：Allen übrigen Gästen verbarg er die stürzende Träne。⑤［他对所有其他客人隐藏了落下的泪。］但海德格尔对这一翻译亦不满意，接着指出$\dot{\epsilon}\lambda\dot{\alpha}\nu\theta\alpha\nu\epsilon$ 并非及物的"他隐藏……"，而是"他保持遮蔽"⑥。

从我们通常的理解来看，这三种翻译的表达方式呈现出关于"遮蔽"的两方面的区别。前面两种翻译的区别在于"遮蔽"是主观的还是客观的（或者说主动的还是被动的），后面关于动词$\dot{\epsilon}\lambda\dot{\alpha}\nu\theta\alpha\nu\epsilon$ 的区别则在于"遮蔽"是及物的还是不及物的。从这两方面的区别出发，我们似乎就可以说，海德格尔所谓的希腊式言说的"保持遮蔽"是主观的并且不及物的遮蔽。

但是，这样的理解虽然突出了"保持遮蔽"的独特意义，却仍然是从一种非希腊式的语言经验出发做出的判别，因为我们对"保持遮蔽"的理解仍然依赖于与前两种表达方式的区分。实际上，海德格尔并不是要通过比较这三种表达方式来得到某种结果，而是意在通过层层递进的剥离，来靠近古希腊语所道说出的希腊经验。

古希腊语的"保持遮蔽"道说出了何种经验呢？"希腊语言以其道说

---

① 参见 Heidegger，*Vorträge und Aufsätze*，GA7，S. 265。

② Heidegger，*Vorträge und Aufsätze*，GA7，S. 269.

③ 参见 Heidegger，*Vorträge und Aufsätze*，GA7，S. 269。中译本参见荷马：《荷马史诗·奥德赛》，王焕生译，人民文学出版社，1997，第 132 页："他这样流泪，瞒过所有在座的人们……"

④ Heidegger，*Vorträge und Aufsätze*，GA7，S. 269.

⑤ Heidegger，*Vorträge und Aufsätze*，GA7，S. 269.

⑥ 参见 Heidegger，*Vorträge und Aufsätze*，GA7，S. 269。

方式表明的是，保持遮蔽，同时也就是保持无蔽，具有一种对于在场者的一切其他的在场方式的支配性的优先地位。"① 这种优先地位既不是某种主观的（或主动的）行为相对于客观的（或被动的）行为的优先，仿佛在场的客人之没有觉察乃是以奥德修斯的自我掩藏为基础的，也不是一种"不及物的"行为相对于"及物的"行为的优先，就好像说行为总是优先于对象似的，而是说，对于一切在场者的各种在场方式，保持遮蔽都和保持无蔽一样是支配性的。

海德格尔在这里特别插入了单独成段的一句话：

> 如若没有对这一实情的充分洞见，那么在场之被柏拉图解释为 ἰδέα，以及后来全部对存在者的存在的解释，对于我们来说就要么是一种随意，要么是一种偶然。②

回顾上一章在海德格尔对洞穴比喻的解释中看到的真理之本质的转向，我们就更能理解这里的言下之意：柏拉图把在场解释为 ἰδέα 正是从古希腊的"遮蔽-无蔽"之经验而来的，既非随意，亦非偶然，而是命运性地开启了西方形而上学对存在者之存在的解释。

可是，熟悉荷马史诗的人或许会认为海德格尔这里的解释完全是一厢情愿的肆意妄为，因为奥德修斯的"保持遮蔽"分明只是他的一种行为而已，并不具有什么支配性的优先地位。而且，这个保持遮蔽的行为也不是没有缘由的，奥德修斯之所以这样做，是因为他害怕被无忧无虑的费埃克斯人发现他眼中的泪水。《奥德赛》第 8 卷第 86 行说得明白：αἴδετο γὰρ φαίηκας ὑπ᾽ ὀφρύσι δάκρυα λείβων。[（奥德修斯）担心费埃克斯人发现他眼中流泪水。]③

海德格尔必定预料到了这种可能的质疑，因而才针锋相对地提出，为了接近古希腊人所经验到的"害怕"之本质，我们非但不能简单地把"害怕"当成"保持遮蔽"的原因，而且要反过来从"保持遮蔽"出发来思考这里的"害怕"。"这样，'害怕'就意味着：在观望（Verhoffen）和自持中保持隐蔽和遮蔽。"④

---

① Heidegger，*Vorträge und Aufsätze*，GA7，S. 270.

② Heidegger，*Vorträge und Aufsätze*，GA7，S. 271.

③ 参见 Heidegger，*Vorträge und Aufsätze*，GA7，S. 271。中译本参见荷马：《荷马史诗·奥德赛》，第 132 页："（奥德修斯）担心费埃克斯人发现他眼中流泪水。"

④ Heidegger，*Vorträge und Aufsätze*，GA7，S. 271.

　　前面在奥德修斯的掩面哭泣中得出的希腊经验是：保持遮蔽和保持无蔽同样源始地支配着在场者的种种在场方式。海德格尔用一句话来直接道出这种关于在场的源始经验："在场是被澄明的自行遮蔽。"① 相应地，从保持遮蔽的经验来看，"害怕"就是"在在场者之临近前行止着的保持遮蔽"②，但仍然不能把这种"保持遮蔽"理解为单纯的"不在场"。"害怕是对在场者的庇护，即庇护入那每每处在到来中的持留者的不可触及的切近处，这种持留者的到来保持着一种生生不息的自行掩藏。"③ 于是，"害怕"非但不威胁"保持遮蔽"之优先地位，反倒提供了对于在场的"保持遮蔽"的突出经验。

　　如果有人坚持认为海德格尔这里的解释过于武断，纯属无稽之谈，那么海德格尔并不会对这种不理解感到不理解。在海德格尔看来，现代人遗忘古希腊人的"保持遮蔽"之经验的原因不在于现代人自己粗心大意，而是本身就根源于"保持遮蔽"之经验的命运。海德格尔通过对"另一个词根为 λαθ-的古希腊词语"的更进一步的思考，即通过对 ἐπιλανθάνεσθαι（遗忘）的思考，来尝试道说"保持遮蔽"的自行遮蔽。④

　　"遗忘"如何保持遮蔽？在遗忘中，遗忘者、被遗忘者和遗忘本身，都处在遮蔽中。从我与无蔽者的关联的方面来看，不仅我自己保持遮蔽，无蔽者也保持遮蔽，同时这种遮蔽本身也是被遮蔽的。海德格尔以"我忘了（某物）"的日常表达来说明在某物被遗忘之际，遗忘本身必定也被遗忘了。遗忘是命运性的，如果说现代人遗忘了遗忘之本质，并不只是由于现代人的肤浅或疏忽，而且是由于遗忘之本质具有自行隐匿的特征。⑤

　　通过切近古希腊人"保持遮蔽"的支配性的优先地位和深思"害怕"与"遗忘"的经验，海德格尔意在表明，保持遮蔽"并非意指人的许多行止方式中的随便一种，而是命名在场者和不在场者的一切行止的基本特征，且不说它甚至命名在场者与不在场者的基本特征的话"⑥。

　　实际上，海德格尔从"保持遮蔽"出发对"害怕"和"遗忘"展开的思考，已经在某种程度上指向了"保持遮蔽"所行止于的在场者以及与在场者的关联。我们接下来将着眼于这两个方面继续跟随海德格尔的解释。

---

① Heidegger, *Vorträge und Aufsätze*, GA7, S. 271.

② 参见 Heidegger, *Vorträge und Aufsätze*, GA7, S. 271。

③ Heidegger, *Vorträge und Aufsätze*, GA7, S. 271.

④ 参见 Heidegger, *Vorträge und Aufsätze*, GA7, S. 271。

⑤ 参见 Heidegger, *Vorträge und Aufsätze*, GA7, S. 272。

⑥ Heidegger, *Vorträge und Aufsätze*, GA7, S. 272 - 273.

2. 永不消失：涌现-遮蔽-喜爱

借助荷马《奥德赛》诗句中的"隐藏"和古希腊词语"遗忘"所道说出的命运性的经验，海德格尔得到了关于赫拉克利特残篇 16 的最后一个词语 λάθοι 的理解，这个词语说的是"保持遮蔽"。

从形式上看，"每一种保持遮蔽都包含着与这样的东西的关联，被遮蔽者对它隐匿，但由此在一些情形下恰恰与它保持接近"①。在《奥德赛》中，奥德修斯的"保持遮蔽"所关联的是在座的其他人。而赫拉克利特在残篇 16 中问的则是：对于永不消失者，某个谁如何能保持遮蔽？这里的"保持遮蔽"针对的是 τὸ μή δῦνόν ποτε（永不消失者）。

海德格尔从残篇 16 的最后一个词语回到了句子的开头，并且就句子开头和结尾的两个实质性词语即"消失"和"遮蔽"所说出的东西来探讨这个问句活动于其中的领域。

首先，借助对 τὸ δῦνον（消失）的词义分析，"消失"和"遮蔽"所说的是同一者，因为古希腊意义上的"消失"正是一种"进入遮蔽"，如太阳"消失"入海中。② 就此而言，残篇 16 的问句活动在遮蔽领域之中。

但是事情没有这么简单，海德格尔一边表示"只要我们注意到这个箴言以追问的方式活动在遮蔽领域中，我们就已经略有所得"，一边提出了质疑，并且紧接着提出了相反的解读方式。言及"消失"的问句开头所说的恰恰是"永不消失"，是永不进入遮蔽，是对遮蔽的排除，因而这个问句虽然在问如何"保持遮蔽"，但实际上更像是一个否定这种"保持遮蔽"的反问，说的毋宁是谁也无法在永不消失者面前保持遮蔽。这样来看的话，残篇 16 的追问恰恰不是活动在遮蔽领域，而是活动在相反的领域。用一种肯定的方式来表达"永不消失"，就是"持续涌现"，海德格尔自己给出一个古希腊语的表达 τὸ ἀεì φύον，并且说明："这个用法在赫拉克利特那里找不到。但这位思想家说过 φύσις。"③ 这种持续涌现也就是持续地

---

① Heidegger, *Vorträge und Aufsätze*, GA7, S. 273.

② 参见 Heidegger, *Vorträge und Aufsätze*, GA7, S. 274。

③ Heidegger, *Vorträge und Aufsätze*, GA7, S. 275. 在《存在与时间》第 44 节"此在、展开性和真理"开篇讲"存在与真理自古以来被并列"的地方，海德格尔曾做了一个边注："φφύσις（自然）本身已经是 ἀλήθεια（无蔽），因为 κρύπτεσθαι φιλεῖ（它喜欢隐藏自己）。"（Heidegger, *Sein und Zeit*, S. 444）

自行去蔽（Entbergen），因而残篇 16 就不是活动在遮蔽的领域，而是活动在与之相反的去蔽的领域。①

从古希腊词语的含义中解读出来的这个问句活动于其中的两种领域之间的矛盾，既无法通过取其一而舍弃另一的方式逃避，也不能以划界的方式把句子所说的分别安置在两个领域中而得到化解。相反，这里呈现出的矛盾毋宁是在要求我们更加严肃地思考"永不消失"。"词组 τὸ μή δῦνόν ποτε，确实向来不消失，并有双重意指：去蔽与遮蔽——不是作为两个不同的、仅仅被推到一起的事件，而是作为一和同一者。"② 因此，如果在古希腊经验中"永不消失"总是可以通过甚至不可避免地要通过 φύσις 来得到道说，如果我们仍然需要借助对 φύσις 的思考来进入残篇 16 的问句活动于其中的"矛盾"领域或者说"二重性"领域，那么前面把 φύσις 翻译为"涌现"的做法就有些过于草率了。

海德格尔因此转向赫拉克利特的残篇 123 来寻求对 φύσις 的理解。残篇 123 这样说：φύσις κρύπτεσθαι φιλεῖ。这句话通常被翻译为"自然喜欢隐藏自己"或"事物的本质喜欢躲藏起来"。但无论"自然"还是"本质"，都不仅随着后世哲学家的口味变化被不断地添油加醋，难以辨别原本的味道，而且本身作为对 φύσις 一词的翻译也和"涌现"一样无助于我们真正进入箴言的活动领域。所以对于残篇 123，海德格尔真正关注的不是 φύσις 如何被言说，而是 φύσις 与 κρύπτεσθαι 如何在其关联中被言说，更具体地说，涌现与遮蔽是如何"在其最切近的邻近中"被说出的。③ 对这种关联的理解当有助于我们深入那去蔽-遮蔽的二重性领域。

残篇 123 的第三个词语亦即最后一个词语 φιλεῖ 说出的就是 φύσις 与 κρύπτεσθαι 的切近："自行去蔽喜爱自行遮蔽。"④ 海德格尔不仅没有以"自然"或"本质"来翻译 φύσις，而且也没有从"本质"来理解 φύσις，而是在成其本质或者说本现的意义上来理解 φύσις：本现为自行去蔽的涌现。⑤ 因此，如果我们暂且把 φιλεῖ 翻译为"喜爱"，也绝非对 φύσις 的拟人化处理，仿佛某个本来涌现着的"自行去蔽"会在某种情感或意愿中转变到自己的对面，变得自行遮蔽起来。相反，"喜爱"乃是涌现成其本质

---

① 参见 Heidegger, *Vorträge und Aufsätze*，GA7，S. 274 - 275。
② Heidegger, *Vorträge und Aufsätze*，GA7，S. 277.
③ 参见 Heidegger, *Vorträge und Aufsätze*，GA7，S. 277。
④ Heidegger, *Vorträge und Aufsätze*，GA7，S. 278.
⑤ 参见 Heidegger, *Vorträge und Aufsätze*，GA7，S. 278。

的方式，"涌现作为涌现向来已经倾爱于自制（Sichverschließen）"①。

我们跟随海德格尔转向残篇 123 是为了通过理解 φύσις，来解决在讨论残篇 16 的问句活动于其中的领域时遇到的去蔽与遮蔽之间的矛盾。然而，在残篇 123 这里我们似乎遇到了有过之而无不及的矛盾，特别是当我们不把涌现对消失的喜爱理解为向对立面的转化，而是理解为涌现自身成其本质的方式时，我们难道不是在为矛盾推波助澜吗？

在 1943 年夏季学期的讲座"西方思想的开端：赫拉克利特"中，海德格尔提到，或许有人会乐于承认这里出现的矛盾，并且以黑格尔的方式"辩证地"来理解赫拉克利特的箴言。然而，在海德格尔看来，这种做法是于事无补的，因为"黑格尔辩证法的预设属于现代思想因而对于希腊人的开端性思想来说是陌生的"②。因此，面对涌现与消失之间的矛盾，以"常规"的思想拒斥或以"辩证"的思想统一，都无益于通过赫拉克利特的残篇 123 来理解"自行去蔽"与"自行遮蔽"的二重性领域，甚至会构成这样做的障碍。

也就是说，要理解"喜爱"之为涌现成其本质的方式，首先要避免滑向上述思路：一方面，既不是如通常的思维所理解的那样，认为存在着可以相互转化抑或不可相互转化的既成的"自行去蔽的领域"和"自行遮蔽的领域"；另一方面，也不是如辩证的思想所做的那样，把"自行遮蔽"作为"自行去蔽"的对立领域加以扬弃，抑或把"去蔽"与"遮蔽"的区分作为二者之统一的对立领域加以扬弃。然而，如果说我们可以在这里避免看到矛盾，这难道不是掩耳盗铃吗？抑或我们只剩下一条路，就是尝试保持在矛盾中？

实际上，这里之所以与"矛盾"纠缠不清，原因还是在于我们仍然是从"本质"而没有从"本现"来理解涌现。从"本质"的理解出发，问题就成了一个涌现着的东西何以会喜欢隐藏起来；而从"本现"的理解出发，问题则在于"喜爱"如何作为本现而使涌现成为涌现。作为涌现的本现方式，"喜爱"说的是自行去蔽与自行遮蔽向来已经由之而来的相互让予和共同成就。

　　　　它们是同一者。在这样的喜爱中，一方乐得另一方本己地成其本

---

①　Heidegger, *Vorträge und Aufsätze*, GA7, S. 278.

②　参见 Heidegger, *Heraklit*, GA55, Frankfurt am Main: Vittorio Klostermann, 1994, S. 112. 关于黑格尔对赫拉克利特"辩证法"的哲学史定位，见下篇第 9 章第 1 节。

质。这种在自己内转向对方的倾爱（Gunst）就是 φιλεῖν 或 φιλία 的本现。Φύσις 的本现之丰盈就在于这种涌现与自行遮蔽相互倾入的喜爱。①

可见在本现的意义上理解涌现之倾爱于自行遮蔽，关键有二：

一是倾爱说出的是自行去蔽与自行遮蔽的邻近关系，这种邻近不是原先分离的去蔽与遮蔽事后建立起来的，而是同一者的共同发生。

二是遮蔽因此属于去蔽的源初发生，但不是某种有待去除的东西，而是作为去蔽本身所需要的东西支持着去蔽。②

基于上述思考，用 φύσις（涌现）来替代 τὸ μή δῦνόν ποτε（永不消失）就不是简单地以某个肯定的表达替代一个否定的表达，也不会陷入表面上的矛盾，这使我们在理解残篇 16 时无法定夺它活动于其中的领域。"涌现"和"永不消失"指的是同一个领域，"去蔽与遮蔽的回旋着的亲密性所造就并贯通的那个领域"③。赫拉克利特以"涌现""火""逻各斯""和谐""战争""争执""喜爱""一"等一系列词语来思考这个领域，海德格尔则思之为澄明（Lichtung）。④

在《存在与时间》中，真理作为此在的展开性就曾被称为"澄明"，并且在时间性中有其可能性之根源："绽出的时间性源初地澄明着此。"⑤ 在"转向时期"，真理之本质被思为自由，向着此在敞立其间的敞开域的自由。⑥ 现在，海德格尔在对无蔽的沉思中道出"澄明"这个词语时，向之所思重新受到召唤，涌上前来。

> 澄明（Lichten）不仅带来明亮，而且同时带来自由域，在其中一切特别是转向对方者，都闪现着。因此澄明就比仅仅照亮更多，也比解放（Freilegen）更多。澄明是沉思着地-聚集着地带入自由域，

---

① Heidegger，*Vorträge und Aufsätze*，GA7，S. 278 - 279. 在《关于人道主义的书信》中，海德格尔在同样源始的维度上思考了"能力"（Vermögen）和"喜欢"（Mögen）："在其本质中关怀一件'事'或一个'人'，就叫作：爱之，喜欢之。更源始地来思考的话，这种喜欢意味着赠送本质。这样的喜欢（Mögen）是能力（Vermögen）的真正本质，这种能力不仅能够提供这种或那种东西，而且能够使某物在其来-源中'成其本质'，也就是说，让其存在。"（Heidegger，*Wegmarken*，GA9，S. 316）

② 参见 Heidegger，*Vorträge und Aufsätze*，GA7，S. 279。

③ Heidegger，*Vorträge und Aufsätze*，GA7，S. 279.

④ 参见 Heidegger，*Vorträge und Aufsätze*，GA7，S. 283。

⑤ Heidegger，*Sein und Zeit*，S. 351.

⑥ 参见 Heidegger，*Wegmarken*，GA9，S. 186 - 188。

是在场之让予。①

我们借助言说着 φύσις 的残篇 123 来切近残篇 16 中"保持遮蔽"的关联者，即保持遮蔽的何所向。我们获得了一个尚待充分展开的答案是"澄明"。这个词语所道说的是那自行遮蔽着的涌现。"保持遮蔽"所针对的"永不消失"乃是在本现的意义上得到理解的涌现，而非某种持存的在场者甚或全部在场者。

于是，我们现在可以把残篇 16 翻译为：对于澄明，某个谁如何能保持遮蔽？

3. 某个谁：终有一死者-诸神-聚集

上面我们分别讨论了"保持遮蔽"的行为本身和行为的所关联项。保持遮蔽的行为不是诸多行为中普通的一种，而是在场者之在场的一切行为的基本特征。作为保持遮蔽之所向的"永不消失"不是这个或那个持存的在场者，而是让予在场者之在场的澄明，自行遮蔽着的涌现。接下来我们将目光投向"保持遮蔽"的行为者。我们很容易接着上述讨论的结果来猜测，保持遮蔽的行为者也不是随便某个在场者，而是一般的对涌现保持遮蔽的行为者。

在残篇 16 开头的"永不消失"和结尾的"保持遮蔽"中间，是 πῶς ἄν τις [某个谁如何能]。正如前面提到过的，残篇 16 是一个问句，它在反问中否定了保持遮蔽的可能性。如果说保持遮蔽的行为本身与行为者具有结构上的统一性，那么"某个谁如何能"与其说是在句子中间指示着我们所寻求的行为者，毋宁说同样是以疑问的方式拒斥了这样的行为者，因为压根儿没有在场者可以在涌现面前保持遮蔽。

可是，箴言还是说出了"某个谁"，这个"谁"不仅保持遮蔽——因为保持遮蔽是一切行为的基本特征，而且是对涌现保持遮蔽——自行遮蔽的涌现乃是箴言活动于其中的领域。箴言不是以疑问的方式否定了行为者，而是以否定的方式使行为者对我们来说成为问题。如果我们把箴言的反问转化为肯定的陈述，它说的就是：谁都不能对涌现保持遮蔽。

---

① Heidegger, *Vorträge und Aufsätze*, GA7, S. 283. 海德格尔借助卡尔·莱因哈特（Karl Reinhardt）的研究成果，表明赫拉克利特的"火"同时是"沉思者"和"聚集"，"它为每一物指示路向，并且为每一物呈现它们的何所属。这种呈-现地沉思着的火聚集一切并且将之庇护入其本质。沉思着的火是呈现着的和展现着的聚集"（Heidegger, *Vorträge und Aufsätze*, GA7, S. 283）。

于是我们就被逼到了这样一个角落，在这里我们只能如此理解保持遮蔽的行为者，即该行为者仅就其与涌现发生关联而言才是（不能）保持遮蔽的行为者。

残篇 16 并没有排除保持遮蔽的行为者，但它也不是如我们所猜测的那样提供给我们某种一般的行为者，因为箴言说出的是某种特殊的在场者，是 $π\tildeω s$ $ἄν$ $τις$（某个谁如何能）而非 $π\tildeω s$ $ἄν$ $τι$（某个什么如何能）。① 海德格尔以强调的方式标明这里"谁"与"什么"的区别，延续着《存在与时间》中此在与非此在式的存在者之间的区分，并且由此指出："按此箴言，澄明绝非关联于每一个任意的在场者。"② 也就是说，澄明与"某个谁"发生关联，而非与一般的在场者相关联。

那么，关联于澄明的"某个谁"是谁呢？"谁"这个词指的当然是人而不是物。但是这里的"人"不再被称为"此在"了，而是被称为"终有一死者"。此在的"澄明"来自绽出的时间性，而赫拉克利特箴言中的"某个谁"是涌现着站出到澄明中而在场的。海德格尔在 1943 年夏季学期的"赫拉克利特"讲座中讲到"某个谁"时，在一段加了括号的话中说明"涌现着站出到澄明中"：

> $ἐκ$-$στασις$——"站出着的"在现在所说的意义上；只有如此存在的存在者，即它涌现着地——不能自行遮蔽地——自行行止于 $φύσις$，才可能因其是一个在这种意义上已经涌现了的存在者而反观自己，并且因此甚至自身存在，也就是说，是一个作为这样的存在者的自身，我们以 $τίς$——某个谁——来称呼的存在者。③

海德格尔从道出此箴言的思者比邻诸神而居，猜测这里的"某个谁"不仅可能指终有一死者，而且可能指诸神。④ 这一猜测在残篇 30 和残篇

---

① 参见 Heidegger, *Vorträge und Aufsätze*，GA7，S. 284。

② Heidegger, *Vorträge und Aufsätze*，GA7，S. 284.

③ Heidegger, *Heraklit*，GA55，S. 173.

④ 参见 Heidegger, *Vorträge und Aufsätze*，GA7，S. 284。海德格尔提到赫拉克利特邻近阿波罗与阿尔忒弥斯而居。据说赫拉克利特曾隐居在阿尔忒弥斯神庙。在《关于人道主义的书信》中海德格尔亦曾引述亚里士多德那里关于赫拉克利特的故事，故事中赫拉克利特对来访者说道："这里诸神也在场。"（参见 Heidegger, *Wegmarken*，GA9，S. 355）不仅如此，如果考虑到海德格尔著名的说法"语言是存在之家"，那么赫拉克利特与诸神的比邻而居就在于赫拉克利特——作为晦暗者——的箴言与诸神的神谕相近，在"暗示"地道说。关于赫拉克利特的"逻各斯"与古希腊神谕的关联，可参见聂敏里：《什么是赫拉克利特的逻各斯》，载《哲学家·2006》，人民出版社，2006。另外，张志扬在对海德格尔《无蔽》一文的解读中甚至直接指出赫拉克利特是"以日神和月神自居的思想家"[张志扬，《海德格尔探访赫拉克利特的"无蔽"——海德格尔"回归步伐"的解释限度》，《同济大学学报》（社会科学版）2007 年第 1 期]。

53 那里得到支持。残篇 30 中提到宇宙不是由"某个谁"创造的时说 οὔτε τις θεῶν οὔτε ἀνθρώπων，即既不是某个神也不是某个人。残篇 53 则说 πόλεμος（战争、争-辩）把在场者的一方显示为诸神，把另一方显示为人，使一方成为奴隶，使另一方成为自由者。①

诸神是谁？人又是谁？"诸神作为 δαίμονες、θεάοντες，是观入者（Hereinblickenden），入于在场者之澄明，而终有一死者以其方式关-涉该在场者，即让在场者在其在场性中呈现并且保持在关注中。"② 虽然诸神和终有一死的人都是"某个谁"，但这并不意味着诸神与人是"同类"在场者，恰恰相反，诸神与人的在场方式完全不同。无论是残篇 16 还是残篇 30 和残篇 53，诸神与人的并举不是因为人与神彼此间的相似，而是因为他们各自以不同的方式关联于"永不消失""宇宙""战争"，一言以蔽之，他们以不同的方式关联于澄明。

在这里，人与在场者、诸神、"宇宙"、澄明等等的关联显然不是那种按照人的"形象"去理解这一切的拟人主义（Anthropomorphismus）。某个谁之所以不可能对澄明保持遮蔽，不是因为他总是已经被某个人察觉，而是因为无论终有一死者还是诸神，都在自行遮蔽着的澄明中达乎在场。③ 换言之，人与诸神不可能不在澄明中，"因为只要澄明把他们收集和收留入澄明，那么他们与澄明的联系无非就是澄明本身"④。人与诸神在澄明中不仅被照亮，而且是"从澄明而来并且向着澄明被照亮了"，这样的被照亮意味着"他们归属于澄明之本有，因而绝非被遮蔽，而是被去-蔽"⑤。

如何理解人和诸神的被去-蔽呢？"正如被去远者（die Entfernten）归属于远，在现在所思考的意义上的被去蔽者信赖那庇护着、保持着和抑制着被去蔽者的澄明。被去蔽者根据其本质被归-置、收集入神秘之遮蔽者，在 μολογεῖν（同置）中归属于 λόγος（聚集）。"⑥（残篇 50）海德格尔在这里突然以被去远者之归属于远为例，来说明被去-蔽者之归属于遮蔽。这个例子很容易把《存在与时间》中关于此在之去远的论述带到我们近处，那里的表述似乎与这里相反："去远意味着使远消失，也就是说使某物的

---

① 参见 Heidegger，*Vorträge und Aufsätze*，GA7，S. 284。
② Heidegger，*Vorträge und Aufsätze*，GA7，S. 284.
③ 参见 Heidegger，*Vorträge und Aufsätze*，GA7，S. 284。
④ Heidegger，*Vorträge und Aufsätze*，GA7，S. 285.
⑤ Heidegger，*Vorträge und Aufsätze*，GA7，S. 285.
⑥ Heidegger，*Vorträge und Aufsätze*，GA7，S. 285.

相去之远消失，带近。"① 诚然，海德格尔前后所说的"远"具有不同的含义：在此在的生存着的去远中，被消除的是物的相去之远，是在与生存论规定相区别的范畴上的规定②，而在眼下的这个例子中，远没有被某种去远消除，在去远中的被去远者倒是还归属于远本身。和被消除了的远一样，作为归属的远也不会在去远中被带近，但这不再是因为它必须被消除，而是因为它作为远一直遥遥地支持着被去-远者的由远及近。相应于这两种不同含义的"远"，是此在位置的转变，或者说是从此在到终有一死者的转变。③

　　人与诸神在澄明中的被去蔽归属于聚集。在这里，与此在的转变一并发生的是对逻各斯的理解的转变，即逻各斯的首要意义从话语到聚集的转变。但不变的是对于把真理之位置从陈述（命题）中解放出来的努力，无论是解放到作为展示的话语中，还是解放到自行遮蔽的聚集那里。

　　作为保持遮蔽的行为者，终有一死者从聚集而来成其本质，同时就"把澄明带入其丰富性之中"，并且因而"守护澄明"。④ 因此，"某个谁"既不是某种一般的行为者，也不是某个个别的在场者，而是必须在与澄明的关联中得到理解，而这也就是说要从逻各斯的聚集来理解。残篇 50 所道说的正是"去蔽着的-遮蔽着的聚集"，"这种聚集如此把自己倾诉给终有一死者，以至于终有一死者的本质之展开就在于是否应合于 Λόγοs"⑤。然而，澄明之聚集一方面太容易因其神秘而被我们推到玄之又玄的幽暗之中，另一方面又总是因其切近而落得"日用而不知"。海德格尔引用赫拉克利特残篇 72 来说明，终有一死者在转向聚集之际恰恰背离了澄明而转到了由此聚集带入在场的在场者，"他们进入并且立于 Λόγοs 之澄明中，

①　Heidegger，*Sein und Zeit*，S. 105.

②　参见 Heidegger，*Sein und Zeit*，S. 105。

③　张志扬在这个例子中读出了类似的"间离效果"："'正如遥远之物归属于远方'，猛然读着这句漂浮起来的话虽说近在眼前出现却有着独特的间离效果：一下拉远了近前敞亮的景象，原来它们来自'神秘的遮蔽处'。'正如《存在与时间》只是上手的状态，澄明的不过是'此在中心结构'，拉远了看，作为'此在'的'人'——'终有一死'，且还要在'天、地、神'之间，像特拉克尔的《冬夜》，漫游者都'从幽暗路径走来'，跨越'被痛苦化成石头的门槛'，才聚集到'清澄光华的亮光'之中，领受神恩的'面包和葡萄酒。'"参见张志扬：《海德格尔探访赫拉克利特的"无蔽"——海德格尔"回归步伐"的解释限度》，《同济大学学报》（社会科学版）2007 年第 1 期。

④　参见 Heidegger，*Vorträge und Aufsätze*，GA7，S. 285。

⑤　Heidegger，*Vorträge und Aufsätze*，GA7，S. 286 - 287.

而 Λόγος 对他们保持遮蔽，被他们遗忘了"①。

于是，事情发生了一种本质性的转变：保持遮蔽的不是被聚集入澄明的某个谁，而是作为澄明之聚集本身的 Λόγος。残篇 16 问：对于澄明，某个谁如何能保持遮蔽？在开始时，保持遮蔽作为支配性的行为归属于某个终有一死者，并且通过反问的语气表达出其中的否定性。现在，在人与澄明的关联中，保持遮蔽成为澄明本身的自行遮蔽。因此，从自行遮蔽的澄明而来倾听残篇 16，这个作为箴言的问句便在一种更加源初的意义上道说：终有一死者如何在与自行遮蔽的澄明的关联中让澄明保持遮蔽？

海德格尔对残篇 16 的阐释性"翻译"并不是要提供某种版本的赫拉克利特思想学说，而是意在为一种本真的对话打开空间。阐释本身也已经是一种对话，但并非对话的结束，而是对话的开启。对话并不因为阐释告一段落而终结，这不仅仅是因为阐释总是有限的，更是因为对话本身就是无终结的。"对话之无终结并不是什么缺陷。它倒是无界限的标志，这种无界限在自身中并且为了追忆而保存着一种命运之转变的可能性。"②

---

① Heidegger, *Vorträge und Aufsätze*，GA7，S. 287.

② Heidegger, *Vorträge und Aufsätze*，GA7，S. 261.

下　篇

争辩与对话：无蔽之思道路上的
黑格尔阐释

正如上篇关于海德格尔无蔽现象学的探索开始于《存在与时间》中的真理概念，下篇对海德格尔的黑格尔阐释的主题化也将从《存在与时间》出发。

实际上，在《存在与时间》出版后不久，已经出现了把海德格尔与黑格尔联系起来的相关研究。因此，在1930—1931年冬季学期的"精神现象学讲座"中，海德格尔不点名地回应了当时一些人把《存在与时间》的问题域追溯到黑格尔那里的做法。① 由此可见，对海德格尔与黑格尔之间的关系的研究一开始就并非完全与哲学家本人无涉的已然过去的"哲学史"研究，而是哲学家本人也直接参与其中的关乎哲学现状的"现场"讨论。我们着眼于争辩与对话这两种主题化方式来展开"海德格尔对黑格尔的阐释"这一主题，希望能够通过回到哲学解释的现场来激活哲学史研究的现场意义。

对于黑格尔与海德格尔这样思想本身极具高度和深度乃至成为思想史尺度的思想家来说，后来者闯入二者中任何一个思想领域都会是充满危险的历程。思想的尺度性意味着当思想世界的探险者进入这样的思想领域时，往往同时就受到了这一领域的规定，所谓凝视深渊者被深渊凝视也。因此，在思想家之间展开比较研究往往能够为我们提供一个有效的参照，在头晕目眩之际使我们有所依靠。另外，真正到位的比较研究也以思想对话的方式印证着思想的历史性，就此而言，比较研究不仅是必要的，也有其必然性。在黑格尔与海德格尔之间展开的比较研究已经呈现为一条可以获得丰富成果的研究进路。这条路上的研究通常会围绕一个具体的问题展开，如时间问题、同一性问题等等。②

黑格尔与海德格尔的比较研究通常围绕具体的问题或文本展示二者的同一或差异。在论及二者之同一的时候，进行比较研究就难免会侧重二者

---

① 参见 Heidegger，*Hegels Phänomenologie des Geistes*，GA32，S. 208；海德格尔：《黑格尔的精神现象学》，第177‑178页。

② 参见柯小刚：《海德格尔与黑格尔时间思想比较研究》（同济大学出版社，2004）；胡自信：《黑格尔与海德格尔》（中华书局，2002）；关子尹：《黑格尔与海德格尔——两种不同形态的同一性思维》[《同济大学学报》（社会科学版）2014年第1期]；Paul Cobben，*Das endliche Selbst：Identität（und Differenz）zwischen Hegels Phänomenologie des Geistes und Heideggers Sein und Zeit*（Würzburg：Königshausen und Neumann，1999）；等等。维尔纳·马克思（Werner Marx）的《海德格尔与传统：存在之基本规定的一个问题史式导论》（上海人民出版社，2012）是对海德格尔思想进行整体把握的一部著作，书名中的"传统"在书中实际上是以亚里士多德和黑格尔作为开端和终结来代表的，因此这本书中海德格尔与黑格尔的关系也占据着一个本质性的位置。

中的某一方，要么是黑格尔那里已经表达了海德格尔没说清的东西，要么是海德格尔那里激进化了黑格尔的想法，要么是黑格尔与海德格尔以各自的含混不清呈现的是同样的理念。而"黑格尔式的海德格尔"和"海德格尔式的黑格尔"这两个实际上分别属于海德格尔研究和黑格尔研究的主题，则都是明确地借助一个思想山头去眺望另一个思想山头的尝试，在这类研究中，被研究的两位思想家不是平行地互为参照，而是以一个映照另一个，以一个统摄另一个。这两个主题实际上标识着 20 世纪现象学-解释学传统中的两条思想路线：一条是以生存论-现象学来解释（从而继承或放弃）德国古典哲学，例如解释黑格尔的绝对观念论；另一条则是返回德国古典哲学传统，从先验哲学和观念论的立场来重审（从而接受或拒斥）现象学和生存哲学。这两条路线并不总是可以那么清晰地在每一项研究那里被辨认出来，但一般地判断一个研究者更靠近哪一条路线，并非全无可能，如科耶夫的黑格尔阐释当与"海德格尔式的黑格尔"相近，哈贝马斯对"现代性哲学话语"的考察则把海德格尔的生存论归为黑格尔主体性精神哲学在 20 世纪的回响。在海德格尔研究领域内，罗伯托·文科（Roberto Vinco）① 和米歇尔·哈尔（Michel Haar）② 为我们提供了"黑格尔式的海德格尔"的研究案例，前者在海德格尔早期的基础存在论中寻找黑格尔因素③，后者意图表明不仅早期海德格尔，而且晚期海德格尔的存在历史之思，都可以在黑格尔的模式中得到理解。

　　无论是"黑格尔与海德格尔"的比较研究，还是以"黑格尔式的海德格尔"或"海德格尔式的黑格尔"为主题的研究，或多或少都会牵涉到海德格尔本人对黑格尔的解释，也就是说，都与"海德格尔的黑格尔阐释"这一主题有所关联。这一方面是由于我们已经指出的海德格尔思想本身的二重性，另一方面则是因为研究内容上的直接相关。在这个看上去更为朴

---

① Roberto Vinco, *Unterwegs zur ontologischen Wahrheit：Hegelsche Elemente in der Fundamentalontologie Heideggers in Bezug auf das Thema "Wharheit"*, Würzburg：Königshausen und Neumann，2008.

② Michel Haar, *The Song of the Earth：Heidegger and the Grounds of the History of Being*, Bloomington and Indianapolis：Indiana University Press，1993.

③ 这方面的工作可参见倪梁康：《海德格尔思想中的黑格尔-狄尔泰动机》，《学术月刊》2014 年第 1 期，亦见其著作《胡塞尔与海德格尔：弗莱堡的相遇与背离》，商务印书馆，2016，第 181 - 196 页。另可参见 Thomas Wenzer, „Hegel's challenge to the early Heidegger ", in *Metaphysics，Facticity，Interpretation：Phenomenology in the Nordic Countries*, edited by Dan Zahavi，Sara Heinämaa and Hans Ruin，Dordrecht：Kluwer Academic，2003，pp. 217 - 238。

素的主题下，相关研究呈现出局部性的特征，大多是围绕某个文本或某个问题展开的专题研究。①

　　国内外已有的相关研究成果在问题的深度上和视野的广度上为本书的研究提供了丰富的资源和牢固的基础，本书研究的独立性和必要性则体现在主题的明确性和主题化的整体性两个方面。

　　主题的明确性说的是，我们的研究主题"海德格尔的黑格尔阐释"明确地限定在海德格尔思想范围之内，既不是对海德格尔与黑格尔的比较研究，也不是某种"黑格尔式的海德格尔"理解或"海德格尔式的黑格尔"解读，而是以海德格尔的无蔽现象学作为他对黑格尔的现象学阐释的出发点和归宿。

　　主题化的整体性指的是，我们对"海德格尔的黑格尔阐释"的研究不局限于这一阐释中涉及的具体问题，如存在问题、时间问题等等，而是一方面以"无蔽"为基本的问题线索贯穿海德格尔的黑格尔阐释，另一方面把诸多具体的问题纳入对于"阐释"的整体理解，在阐释的双重主题化方式即"争辩"与"对话"中来呈现相关的问题。

---

① 参见叶秀山：《"哲学"须得把握住"自己"——从海德格尔解读黑格尔〈精神现象学〉想到的》(《哲学研究》1999 年第 6 期)；柯小刚：《作为解构的哲学史研究：海德格尔对黑格尔哲学的解读》(《南京社会科学》2005 年第 4 期)；邓晓芒：《海德格尔在〈黑格尔的经验概念〉中对辩证法的扭曲》(《哲学研究》2007 年第 12 期)；朱刚：《海德格尔对黑格尔"精神与时间"之关系的解构》［《安徽大学学报》(哲学社会科学版) 2009 年第 5 期］；居俊：《黑格尔的绝对存在概念及其与时间之关系——海德格尔读〈精神现象学〉》(《社会科学辑刊》2014 年第 4 期)；马琳：《海德格尔与黑格尔关于非性概念的交涉》(《学术月刊》2017 年第 10 期)；Karin de Boer, *Thinking in the Light of Time：Heidegger's Encounter with Hegel* (Albany：State University of New York Press, 2000)；Annette Sell, *Martin Heideggers Gang Durch Hegels „ Phänomenologie des Geistes "* (Bonn：Bouvier Verlag, 1998)；Parvis Emad, „ The Place of Hegel in Heidegger's Being and Time " (in *Research in Phenomenology*, Jan 1, 1983, 13)；Dahlstrom, "Thinking of Nothing：Heidegger's Criticism of Hegel's Conception of Negativity" (in *A Companion to Hegel*, edited by Stephen Houlgate and Michael Baur, West Sussex：Wiley-Blackwell, 2011, pp. 519 - 536)；等等。大卫·库尔珀的《纯粹现代性批判——黑格尔、海德格尔及其以后》虽不是关于海德格尔的黑格尔阐释的专题研究，但其中论及海德格尔的黑格尔批判时特别关注了海德格尔"关于黑格尔仍然停留在笛卡尔主义主观性和西方形而上学传统中的断言"。

第6章 《存在与时间》中的黑格尔阐释

本章讨论海德格尔在《存在与时间》中对黑格尔的时间概念以及时间与精神之关系的分析。这一分析处在此在的时间性分析内部，尚不属于海德格尔在《存在与时间》导论中提出的"存在论历史之解构"的任务，而是一种"反衬"（Abhebung）或凸显——第82节的标题很清楚："以黑格尔对时间与精神之关系的看法反衬时间性、此在与世界时间在生存论-存在论上的联系"①。在这一反衬中涉及的不仅是两种时间理解，更重要的是这两种时间理解中所包含的关系："时间性与此在"和"时间与精神"。

在"海德格尔的黑格尔阐释"的主题化语境中，《存在与时间》中的黑格尔阐释只是一种前主题化的"阐释"。这一阐释既非争辩，亦非对话，而仅仅在形式上对时间与精神之关系做出了刻画，其有限的目标是反衬此在的时间性分析的本己思路，因而没有批判性地深入黑格尔思想。

对于"黑格尔阐释"的主题化来说，本章构成一个准备性的部分。本章将首先讨论《存在与时间》中的黑格尔阐释所用到的"反衬"手法，继而说明这一反衬的时间性问题语境，亦即反衬中的"同一"之处。在此基础上，我们将深入探讨海德格尔对黑格尔时间概念以及时间与精神之关系的分析。最后，这一准备性的部分将会表明，《存在与时间》中黑格尔阐释的局限在时间性问题上形成一种反衬，而尚未真正追问否定性。

此在的生存论和时间性分析已经踏上了朝向无蔽的思想道路（上篇第1章、第2章），在这一背景下，"黑格尔阐释"作为反衬固然只是一个准备性的部分，但其中涉及的时间性与否定性等问题将会在之后的本质性争辩与历史性对话中继续发挥作用。

---

① Heidegger，*Sein und Zeit*，S. 428；海德格尔：《存在与时间》，第513页。与之相应的是第一篇第3章"世界的世界性"B部分的标题"以笛卡尔的世界阐释反衬对世界性的分析"。参见 Heidegger，*Sein und Zeit*，S. 89；海德格尔：《存在与时间》，第115页。

1.《存在与时间》中的"反衬"与黑格尔阐释

　　或许是因为海德格尔在《存在与时间》导论部分已经介绍了存在问题的"双重任务",即对此在的存在论分析的任务(第 5 节)和对存在论历史进行解构的任务(第 6 节),所以研究者在论及《存在与时间》第 82 节中关于黑格尔的时间概念以及时间与精神之关系的讨论时,常常冠之以"解构"之名,认为海德格尔在这里"解构"了黑格尔的时间概念,对之进行了"批判"。[1] 从海德格尔对待形而上学历史的基本态度来说,这样的命名自有其道理,但是,把《存在与时间》第 82 节的阐释也径直纳入这一范畴,则并不妥当。海德格尔全集第 32 卷《黑格尔的精神现象学》的英译者之一帕尔维斯·伊曼德(Parvis Emad)正确地注意到,《存在与时间》中的黑格尔阐释作为一种阐明服务于生存论的时间性分析,而非对黑格尔时间概念的解构。[2] 实际上,按照"解构存在论历史"的任务的具体规划,《存在与时间》的解构"对象"只包括康德、笛卡尔和亚里士多德。从第 6 节对"解构任务"的概述到第 8 节提出的全书提纲[3],都可以清楚地看到这一点。此外,结合海德格尔在《现象学之基本问题》中所规定的现象学方法的三个基本环节"还原、建构、解构"(Reduktion、Konstruktion、Destruktion)来看,《存在与时间》中的黑格尔阐释也还不属

---

　　[1]　例如朱刚:《海德格尔对黑格尔"精神与时间"之关系的解构》,《安徽大学学报》(哲学社会科学版)2009 年第 5 期;Jere Paul Surber, "Heidegger's Critique of Hegel's Concept of Time", in *Philosophy and Phenomenological Research*, Vol. 39, No. 3, (Mar. 1979), pp. 358 – 377。

　　[2]　Parvis Emad, "The Place of Hegel in Heidegger's Being and Time", in *Research in Phenomenology*, Jan 1, 1983, p. 13. 帕尔维斯·伊曼德举出的相关反例包括杰雷·保罗·索伯(Jere Paul Surber) 和维尔纳·马克思。

　　[3]　参见 Heidegger, *Sein und Zeit*, S. 40;海德格尔:《存在与时间》,第 51 页。柯小刚认为,从海德格尔给出的第二部分存在论历史解构的三个标题就可以获得把黑格尔视为传统时间观之代表的理由:这三个标题中出现了"康德的图型理论和时间理论"、"笛卡尔的'我思,我在'"和"亚里士多德的时间论文",而"黑格尔作为'西方形而上学的完成',他的时间概念既继承了康德认识论的逻辑和直觉的方法论原则,又综合了笛卡尔'我思'主体和亚里士多德'实体'的存在论"。参见柯小刚:《海德格尔与黑格尔时间思想比较研究》,第 139 页。需要指出的是,在《存在与时间》中,海德格尔把黑格尔的时间概念视为流俗时间理解的极端表达,认为这种时间理解在亚里士多德的时间定义那里有其渊源,但是同时也提出,与黑格尔不尽相同的是,在康德那里有一种更为彻底的时间理解。参见 Heidegger, *Sein und Zeit*, S. 428;海德格尔:《存在与时间》,第 513 页。

于真正意义上的解构，"即对被传承的、必然首先得到应用的概念的批判性拆除（一直拆除到这些概念所由出的源头）"①，而是属于现象学的还原，"把现象学的目光从对存在者的（被一如既往地规定了的）把握引回到对该存在者的存在之领会（就存在被揭示的方式去抛）"②。诚然，现象学的还原、建构和解构本共属一体，但这种共属性不应导致具体分析混为一谈。

在《存在与时间》中，对此在的生存论分析常常从所分析的现象"不是什么"开始，这并非任意之举。这类否定性的"描绘"、"刻画"和"论述"不仅涉及一般的分析领域，如"此在的分析论与人类学、心理学和生物学之间的划界"（第 10 节），而且也出现在具体问题中，如在对死亡的生存论分析与对死亡现象的诸种可能阐释之间做出的"区分"（第 49 节）。在对"在之中-存在"的先行刻画中，海德格尔指出："否定的刻画之所以占优势不是偶然的。毋宁说，它倒显明了这种现象的特性，因而在一种真切的、适宜于这种现象本身的意义上是肯定的。"③ 正如海德格尔讲到现象学的"还原"时所说，否定性的描述在积极的意义上是一种"引回"，把目光从对存在者的各种把握引回到对存在者的存在之理解。

这些否定性的描述有时被海德格尔称为"反衬"，例如对此在的在世分析中"以笛卡尔的世界阐释反衬对世界性的分析"（第一篇第 3 章 B 节）与时间性分析的结尾"以黑格尔对时间与精神之关系的看法反衬时间性、此在与世界时间在生存论-存在论上的联系"（第 82 节）。这两处"反衬"分别对应着此在的世界分析和时间分析，在篇章结构上形成对称，显示出海德格尔在论述方法上的某种自觉。在反衬中，通过与相反事物的对比，真正的主题得到突出。所有反衬都包含衬托者和被衬托者，包含二者之间的一种对比。但并非所有对比都是反衬，只有当对比双方中的一方是为了凸显另一方而作为相反者显示出来时，对比才成为反衬。也就是说，反衬不仅包括对比，而且是一种凸显。反衬是对比着的凸显。

以否定的方式展开此在的生存论分析之所以可能而且必要，不仅是因为被分析的"对象"即此在并非现成地准备好了的（这本身又是一个否定式的说明），而是需要在生存论分析的解释中呈现，而且是因为"凸显"或"不凸显"作为一种存在方式本来就是此在式的。在以本真性和非本真

---

①　Heidegger，*Die Grundprobleme der Phänomenologie*，GA24，S. 31.

②　Heidegger，*Die Grundprobleme der Phänomenologie*，GA24，S. 29.

③　Heidegger，*Sein und Zeit*，S. 58；海德格尔：《存在与时间》，第 78 页。

性的区分构建起生存论分析的基本框架之前，青年海德格尔曾以"凸显"
和"不凸显"这一对概念刻画此在的实际生命。①

　　此在本质上是"凸显"的存在者，因此它才可能首先而且通常并不凸
显。反过来说，只有在此在的生存论分析中，才可能实行一种绝对意义上
的"反衬"，一种衬托者和被衬托者（即凸显者）有着"原则性区别"的
反衬。也正因此，"反衬"作为"与（衬托者）相对而凸显（被衬托者）"
在生存论分析中的诸多否定性言语方式中具有突出的意义。

　　在《存在与时间》第 82 节，海德格尔针对黑格尔的时间概念提出了
两个问题："1. 黑格尔如何界定时间的本质？2. 那属于精神之本质而使得
精神'落入时间'的东西是什么？"② 对黑格尔时间概念的解释按照这两
个问题分为两个小节："黑格尔的时间概念"和"黑格尔对时间与精神之
关系的阐释"。不过，就在提出上述两个问题之后，海德格尔紧接着说：

---

　　① 在 *Grundproblemen der Phänomenologie* 中，海德格尔指出了生命的可能"凸显"以及实
际生命的"不凸显性"："那些在生命内部存留的某些特定的突出性（Herausgehobenheiten）会在
生命的流逝中发挥作用，共同前行。"（Heidegger, *Grundproblemen der Phänomenologie*，GA58,
S. 38）"周遭特征、周围领域特征、周围世界特征，这些特征即使大多不明确并且恰恰是不明确
的，也在某种特定的凸显性（Abgehobenheit）中给出自身……"（Heidegger, *Grundproblemen
der Phänomenologie*，GA58, S. 39）"与大多不显眼的、随波逐流的凸显性相反，有这样一种凸
显性，它显示出某种坚韧、猛烈，某种对于专横和彻底成形的热衷：科学的、艺术的、宗教的、
政治-经济的生命。"（Heidegger, *Grundproblemen der Phänomenologie*，GA58, S. 39）"实际的
生命经验恰恰通过一种特别的自身突出和张扬的态度的不确定性和不凸显性，通过对经验方式的
某种明确变化的缺乏和不需要、通过不断地掠过经验方式的转换甚至根本不向这种转换凸显
（Abhebung）而是可规定的。在生命的共同前行、共同流逝或者对实际生命的共同沉迷的这种全
然的、在其自身内不凸显的行状之中，一切都被经历了。"（Heidegger, *Grundproblemen der
Phänomenologie*，GA58, S. 100）"为了理解某种一般经验方式的可能凸显和某种特别的基本经验
的凸显的意义，不凸显的实际生命经验必须被带向完全的直观。"（Heidegger, *Grundproblemen der
Phänomenologie*，GA58, S. 102）"凸显"与"不凸显"属于海德格尔早期的解释学现象学中用来刻
画此在之生命经验的一系列"二分法"的正反概念，参见 Gisbert Hoffmann, *Heideggers
Phänomenologie：Bewußtsein-Reflexion-Selbst（Ich）und Zeit im Frühwerk*，Würzburg：Königshausen
& Neumann，2005, S. 217–221。在《存在与时间》中，abheben、Abhebung 基本上只在"方法
论"意义上使用："存在论的任务是凸显存在者的存在并且阐明存在本身。"（Heidegger, *Sein
und Zeit*，S. 27；海德格尔：《存在与时间》，第 35 页）"在准备性的讨论（第 9 节）中，我们已
经把一些存在特征带向了凸显（Abhebung）。"（Heidegger, *Sein und Zeit*，S. 52；海德格尔：《存
在与时间》，第 71 页）"相对于笛卡尔的'世界'存在论而对世界性的分析进行有所说明的凸显
（Abhebung）。"（Heidegger, *Sein und Zeit*，S. 66；海德格尔：《存在与时间》，第 88 页）我们特
别地把《存在与时间》中对笛卡尔的世界阐释和黑格尔的时间阐释的分析称为"反衬"，以此强
调海德格尔对它们的分析是在此在的生存论分析的视域下进行的反面论述，而非专题性的"存在
论历史的解构"。

　　② Heidegger, *Sein und Zeit*，S. 428；海德格尔：《存在与时间》，第 514 页。

"对这两个问题的回答仅仅致力于对前面把此在解释为时间性进行一种反衬的澄清。它丝毫不会宣称对恰恰在黑格尔那里必然连带提出的各种问题进行了一种哪怕只是相对充分的讨论。这一澄清同样丝毫无意于'批判'黑格尔。"① 在第 82 节对黑格尔的分析行将结束的时候，海德格尔再次提醒读者他这里的解释的"界限"："黑格尔对时间与精神及二者之联系的阐释是否正确，究竟是否依靠着在存在论上源始的基础，现在还不能加以讨论。"② 显然，海德格尔对《存在与时间》中的黑格尔阐释有着明确的定位，这一阐释并不属于"存在论历史解构"的任务，因而不是对黑格尔时间概念的"解构"或"批判"，相反，这一阐释处在"此在的存在论解释"的任务中，是对此在的时间性分析的"反衬"。

只有在此在生存论分析的语境中充分把握"黑格尔对时间与精神之关系的看法"的"反衬"作用，才有可能恰如其分地理解海德格尔在《存在与时间》中的黑格尔阐释。而为了在整体上理解海德格尔关于黑格尔的时间概念及其与精神之关系的分析，除了方法上和形式上的说明，还需要把握实质内容上的相关性。这意味着我们必须关注海德格尔对世界时间之归属于源始时间的讨论。

2. "反衬"在时间性问题中的意义

前面已经从方法上明确了《存在与时间》中的黑格尔阐释的"反衬"作用。对黑格尔的时间概念以及他对时间与精神之关系的看法的分析，是一种"反衬"，而非真正意义上的"解构"。方法上的"选择"源自内容上的需要，因此，为了切实地理解"黑格尔对时间与精神之关系的看法"的反衬作用，还应对之在内容上进行定位。

海德格尔对黑格尔时间概念的阐释位于《存在与时间》第二篇最后一章的倒数第二节，即第 6 章的第 82 节。由于第 83 节是一个具有总结和过渡性质的小节，专题阐释黑格尔的第 82 节构成了《存在与时间》公开发表部分实质上的最后一节。对这一节的恰当理解离不开对其所处位置〔即

---

① Heidegger, *Sein und Zeit*, S. 428；海德格尔：《存在与时间》，第 514 页。

② Heidegger, *Sein und Zeit*, S. 435；海德格尔：《存在与时间》，第 522 页。

"日常性"与"历史性"之后的"时内性"（Innerzeitigkeit）① 分析〕的把握，也必须关注这一节标题中所显示的问题（即"时间性、此在与世界时间的关系"的问题）。

《存在与时间》第二篇的标题是"此在与时间性"，第二篇的前三章通过对此在的整体性（第 1 章）和本真性（第 2 章）的分析，揭示了此在的时间性（第 3 章）。在此基础上，后三章对第一部分中此在的生存论分析进行了"重演"："时间性与日常性"（第 4 章）是对此在的"在之中-存在"的生存论-时间性分析，"时间性与历史性"（第 5 章）是对"此在是谁"这一问题的重新回答，"时间性与时内性"（第 6 章）则是对"世界时间"及对于时间性的归属的分析。此在的"在-世界-之中-存在"由此落实到生存论-时间性分析的重演中。②

时内性是对世界之内的存在者的时间规定。③ 何以此在的生存论-时间性分析要包括时内性？不仅是为了从形式上补全对"在世界之中存在"的重演，而且因为在世界之内的存在者向来已经随着此在的世界的展开前来照面，向来已经在时间性绽出的时间化中"在时间内"存在，这种世界之内的存在者在其中来照面的时间被海德格尔称为"世界时间"。④ 只有在时内性得到澄清的境域中，时间性"才得到其广泛的存在

---

① 　Innerzeitigkeit，陈嘉映译为"时间内状态"或"时间内性质"，熊林译为"时内性"。本书选择"时内性"这一译名，一是为了尽量统一把"-keit"翻译为"-性"，二是相对简洁的译名"时内性"与"时间性"在字数上更对应，同时"时间性"与"时内性"作为一组译名也照应了"世界性"和"世内性"（Innerweltlichkeit）这一组译名。

② 　张祥龙认为，在《存在与时间》第二部分的后三章不像第一部分和第二部分的前三章那样精彩和深刻，而是"一个相当生硬的'反转'或'重演'"，"相当乏味和外在化，没有什么真实的思想含义，似乎完全是出于形式上的考虑。最后两章讨论历史性和庸俗时间的起源，尽管本身是很有意义的问题，但也只是前面的缘在时间思想的一种自然延伸和具体运用"（张祥龙：《海德格尔传》，河北人民出版社，1998，第 200—201 页）。这种"思想活力"的"衰退""出现于'时间性'之后，且与时间问题有关"，张祥龙称之为"时间性的退化现象"，并且指出其原因在于"思想与现象学境域的分离"（张祥龙：《海德格尔传》，第 201 页）。然而，如果时间性是真正的源始时间，那么对时间性的分析就会显明，"衰退"和"退化"诚然与时间问题相关，但不是说"时间性分析"本身是一种"退化"，而是说此在日常生存中的非本真的时间化是源始的时间性的"衰退"。关于海德格尔时间性分析的必要性和意义，可参见达尔斯特伦：《海德格尔的时间性概念——对近来一种批评的反思》，王宏健译，《世界哲学》2016 年第 1 期。达尔斯特伦（Daniel Dahlstrom）在文中针对弗莱希尔（Margot Fleischer）的两个批评讨论了时间性分析的必要性以及本真时间性和源始时间性的关系。

③ 　"世内存在者作为'在时间中存在着的东西'而变得可通达。我们把在世内存在者的时间规定性称为时内性（Innerzeitigkeit）。"（Heidegger, *Sein und Zeit*, S. 333；海德格尔：《存在与时间》，第 405 页）

④ 　参见 Heidegger, *Sein und Zeit*, S. 419；海德格尔：《存在与时间》，第 503 页。下面我们会看到"世界时间"这一名称的缘由在于"时间"在公共化中的世界性质。

论上的透彻性"①，也就是说，时间性分析的重演不仅是对此在展开性的重演，还应涉及在此在的展开性中被揭示的东西。

就历史性的分析而言，仍然要对时内性进行分析则是因为，对历史性的分析从此在的时间性出发并且归于此在的时间性，却没有考虑历史发生"在时间中"这一生存层次上的情形，因而尚缺乏对历史在存在者层次上的解释。② 另外，不仅就对历史性的分析而言，一切历史的"发生"都是"在时间中"进行的，而且在一切历史之外的"自然事件"也"通过时间"而被规定，所以，"对存在者'在其中'照面的时间就越发有必要给予一种原则性的分析"③。

因此，在"日常性"和"历史性"之后的"时内性"章，从"前面对此在的时间性分析之不充分"（第78节）开始。不过，对"时内性"的分析既不是从历史科学的时间出发，也不是从自然科学的时间出发，而是从此在之"计时"这一"更为根本的实际"出发。④

此在在其存在中总是涉及它自己的存在，而它自己的存在的意义是时间性，所以此在在其生存之操心中总是已经顾及时间，这是"计时"之根本实际所在，而把"时间"作为某种可衡量的对象来计算，这种"客观的"计时在此在生存的时间性中有其根源——"天文学的计时和日历的计时［……］不是偶然出现的，而是在作为操心的此在的基本情状中有其生存论-存在论上的必然性"⑤。"时间的操劳"（Besorgen von Zeit），在第79节标题中出现的这个表达具有双重含义：操劳可能是由时间进行，也可能是对时间进行。时间既是操劳者，也是被操劳者。⑥ 此在日常知性的寻视操劳在时间性上基于"有所期备-有所持留的当前化"这

---

① Heidegger，*Sein und Zeit*，S. 333；海德格尔：《存在与时间》，第405页。

② 第73节"对历史的流俗理解与此在的发生"在对"历史"的含义分析中诚然指出了历史意味着"在时间中"变化的存在者整体并且将之与"在时间中"运动的自然相区别，也以博物馆中的文物为例对"历史事物"进行了些许分析，但是，历史的含义首先被归属于此在之生存，而对"历史事物"的"临时分析"也只是为了显明"历史"属于此在的世界。参见 Heidegger，*Sein und Zeit*，S. 379 - 381；海德格尔：《存在与时间》，第457 - 459页。

③ Heidegger，*Sein und Zeit*，S. 404；海德格尔：《存在与时间》，第486页。

④ Heidegger，*Sein und Zeit*，S. 404；海德格尔：《存在与时间》，第486页。

⑤ Heidegger，*Sein und Zeit*，S. 411；海德格尔：《存在与时间》，第495页。

⑥ 第79节的标题是 "Die Zeitlichkeit des Daseins und das Besorgen von Zeit"，通常译为"此在的时间性与对时间的操劳"，张汝伦指出"对时间的操劳"这一表达"有点怪"，但主要是就"时间"不是可以被操劳的"事物"而言。参见张汝伦：《〈存在与时间〉释义》，上海人民出版社，2012，第1247页。

一时间化样式。① 此在的时间操劳具有分期性、延展性和公共性等特征。

此在的时间操劳在操劳于物的"同时"总是已经操劳着"时间"，在时间性的当前化中，对事物的操劳不仅揭示着被操劳的事物，把事物揭示为当前的事物，也揭示着事物的"当前"，也就是说，揭示着事物在其中前来照面的"时间"。时间的操劳所具有的分期性、延展性、公共性，也属于世界之内的存在者在其中前来照面的"时间"。② 不仅如此，分期而又延展的"时间"在其公共化中还具有"是时候……"和"不是时候……"的性质，亦即一种最终归于某种缘故的"为了……"的结构。在"为了……"的结构中显现出来的是构建着世界性的牵连。"牵连构建着世界的世界性。公共化了的时间作为'做……的时间'，本质上就具有世界性质。"③ "时间"作为公共时间具有世界性质，这是说，"时间"并非在世界之内的存在者，而是属于世界本身。海德格尔称分期而延展的公共时间为世界时间。世界时间的诸规定性构成了世内之物的时内性。

对时内性的分析与对此在的日常性和历史性的时间性分析同样源始地共同"重演"此在的生存论分析，日常性、历史性与时内性都属于时间性的时间化。然而，对时内性的分析不仅是对日常性和历史性分析的"补充"，而且在时间化方面面对着更广泛的存在论问题。日常性和历史性说到底都是此在的时间性，而时内性则是对非此在式的存在者的"时间规定"。"对日常性和历史性的时间性阐释将视线十分稳固地系于源始的时间之上"④，而对时内性的分析则涉及世内存在者的世界时间以及流俗时间概念，并且唯有说明了世界时间和流俗时间概念如何"源自"源始的时间，对源始时间的理解才真正完整。

世界时间的分期性和延展性在对时间的测量中实现其公共化。用来测量时间的用具是钟表——无论是"自然的"钟表，还是"人造的"钟表。只要我们通过钟表看时间，我们就看到指针在对指针运动的计数中数"时间"，钟表显示着"现在"的时间。"在钟表使用中'被看到的'世界时间"被海德格尔称为"现在-时间"。⑤ "对于流俗的时间理解，时间显现

① 参见 Heidegger, *Sein und Zeit*, S. 352 – 356、406；海德格尔：《存在与时间》，第 426 - 432、489 页。

② 参见 Heidegger, *Sein und Zeit*, S. 408 – 411；海德格尔：《存在与时间》，第 490 - 494 页。

③ Heidegger, *Sein und Zeit*, S. 414；海德格尔：《存在与时间》，第 498 页。

④ Heidegger, *Sein und Zeit*, S. 332；海德格尔：《存在与时间》，第 404 页。

⑤ Heidegger, *Sein und Zeit*, S. 421；海德格尔：《存在与时间》，第 506 页。

为一系列不间断的'现成的'同时消逝着和来临着的现在。时间被理解为一种相继，现在'河流'，时间之'流'。"① 在流俗的时间理解中，世界时间的分期性、延展性乃至世界性都被敉平了。② 遮蔽世界时间的诸结构的同时，流俗的时间概念把时间理解为"无限的"、"消逝着的"和"不可逆的"现在序列。③

　　流俗时间概念作为此在日常的时间理解无可厚非，而且可以为此在生存论-时间性的分析提供现象上的着手点。"只有这种时间解释宣称它传达着'真的'时间概念，并能够为时间阐释先行描绘出唯一可能的视域，这种时间解释才丧失其独有的优先权利。"④ 对"时内性"的时间性分析不仅要解释流俗的时间理解如何源自时间性，日常的时间理解如何在非本真的时间性中时间化自身，而且需要说明"反过来时间性在流俗时间理解的境域中始终是不可通达的"⑤。分析黑格尔的时间概念以及他对时间与精神之关系的看法，就是为了以流俗时间概念的极端案例来反衬此在的生存论分析中源初的时间性与世界时间、流俗时间理解的源流关系。

　　现在已经从方法上和内容上明确了海德格尔在《存在与时间》的时间性分析中引入黑格尔的意义。《存在与时间》第82节的黑格尔阐释是一种"反衬"，即以黑格尔那里时间与精神的关系来反衬此在生存论-时间性分析中时间性与世界时间的关系，这种反衬的目的是凸显海德格尔自己的时间性分析进路，而非对黑格尔时间概念的解构或批判。实际上，海德格尔在正式开始对黑格尔的时间概念进行解释之前，对此有所说明。

　　在"时内性"章（第二部分第6章）导论性质的第1节即全书第78节，海德格尔就已经明确表达了在这一章最后解释黑格尔时间概念的原因："就结果而言，前面对此在的时间性以及对世界时间之归属性——归属于此在的时间性——的阐释，似乎与黑格尔一致。但是，由于眼前的时间分析在开端处就已经在原则上不同于黑格尔，而且它就其目标即基础存在论上的目的而言又恰恰与他方向相反，所以，对黑格尔关于时间与精神

　　① Heidegger, *Sein und Zeit*, S. 422；海德格尔：《存在与时间》，第506－507页。

　　② 参见 Heidegger, *Sein und Zeit*, S. 422－424；海德格尔：《存在与时间》，第507－509页。

　　③ 参见 Heidegger, *Sein und Zeit*, S. 424－426；海德格尔：《存在与时间》，第509－512页。

　　④ Heidegger, *Sein und Zeit*, S. 426；海德格尔：《存在与时间》，第511页。

　　⑤ Heidegger, *Sein und Zeit*, S. 426；海德格尔：《存在与时间》，第512页。

之关系的看法进行一种简短的描述，能够有助于间接弄清楚并且暂时结束对此在的时间性、世界时间以及流俗时间概念的源头所进行的生存论-存在论阐释。"①

在第 81 节的最后，海德格尔再次说明："黑格尔所给出的时间与精神之间的联系的明确理由，适合于间接弄清楚前面对此在的阐释，即把此在阐释为时间性并根据它来展示世界时间的起源。"② 继而在第 82 节的"引言"段落中，海德格尔表示："之所以首先要以黑格尔的时间概念来反衬那已经得到详细说明的时间性观念，是因为黑格尔的时间概念表现为流俗时间理解中最极端而又极少被注意到的概念塑形。"③

除了表明我们已经指出的解释意图，上述引文还提示了这里的黑格尔阐释的主要内容：黑格尔对时间与精神之关系的看法。海德格尔就此讨论了两个问题，即我们前面已经引述过的："1. 黑格尔如何界定时间的本质？2. 那属于精神之本质而使得精神'落入时间'的东西是什么？"④ 我们接下来依循海德格尔的解释步骤，先讨论他对黑格尔时间概念的解释，然后再进入"时间与精神之关系"。

3. 黑格尔的时间概念及其与精神之关系

黑格尔对时间的哲学思考至少可以追溯到"耶拿时期"，海德格尔在那个后来引发了德里达的专题"解构"⑤ 的长注中就曾指出，在《耶拿逻辑学》中，"《哲学全书》中的时间分析的所有本质性的部分都已经形成了"⑥。不过，到了 1930 年冬季学期关于黑格尔《精神现象学》的

---

① Heidegger，*Sein und Zeit*，S. 405；海德格尔：《存在与时间》，第 487 - 488 页。

② Heidegger，*Sein und Zeit*，S. 428；海德格尔：《存在与时间》，第 513 页。

③ Heidegger，*Sein und Zeit*，S. 428；海德格尔：《存在与时间》，第 514 页。

④ Heidegger，*Sein und Zeit*，S. 428；海德格尔：《存在与时间》，第 514 页。

⑤ 参见德里达：《Ousia 与 Grammè：对〈存在与时间〉里的一条注释的注释》，朱刚译，载德里达：《解构与思想的未来》，夏可君译，吉林人民出版社，2006，第 179 - 233 页。

⑥ Heidegger，*Sein und Zeit*，S. 432；海德格尔：《存在与时间》，第 518 页。关于黑格尔更早时期（1795—1802）的哲学中时间问题之"尚非根本性"以及对后来时间概念的"本质性的部分"之形成的"妨碍或推动"，可参见余玥：《无时间性的真无限：黑格尔哲学初期的一个关键问题》，《云南大学学报》（社会科学版）2017 年第 6 期。关于黑格尔不同时期哲学文本中时间概念的具体研究，可参见 Wilfried Grießer，*Geist zu seiner Zeit：Mit Hegel die Zeit denken*，Würzburg：Königshausen & Neumann，2005。

讲座中，海德格尔才在相关讨论中专门引证了《耶拿逻辑学》中的段落①，《存在与时间》关于黑格尔时间概念的讨论，则主要还是根据《哲学科学百科全书》的文本。②

　　海德格尔对黑格尔时间概念的讨论集中在《哲学科学百科全书》第二部分"自然哲学"第一篇"力学"开篇部分关于"空间与时间"的章节，特别是"B. 时间"的三个小节（第 257 - 259 节）。在海德格尔看来，"时间"在黑格尔哲学体系中所处的这一位置与在亚里士多德《物理学》中所处的关联一样，与"位置"和"运动"一起构成"自然存在论"的一个专题。就此而言，黑格尔的时间概念还和传统的时间理解保持一致。③ 不过，作为流俗时间理解的极端形态，绝不是单纯地与传统的时间观保持一致那么简单，而是在其对时间的具体规定中无以复加地敉平了现在-时间。

　　黑格尔在"空间与时间"的标题下讨论时间问题，更具体地说，是在"A. 空间"之后讨论"B. 时间"，但是，首先就要与通常对时间和空间的表象区别开来，时间与空间并非并列而立，不是有空间"也"有时间，"哲学要与'也'字作斗争"④。"也"属于知性的表象，而无论对于黑格尔还是对于海德格尔，"空间与时间"的"与"都不是表象的"也"。对于黑格尔来说，空间"与"时间意味着空间"是"时间，对于海德格尔则相反，时间"是"空间。这里"是"的意义诚然是不同的，把这里的差异聚集到一个句子中则是：时间是空间之"真理"。但是，如果哲学真的是要与"也"字作斗争，那么我们就不应满足于黑格尔认为时间是空间之真理，海德格尔"也"认为时间是空间之真理，因为这样我们只是收获了两种意见。但是真理不是老早就与意见划清了界限吗？即使我们对这两种"真理"做一番比较也无济于事。事情的关键在于进入一种"真理"的争执。不过，这是接下来的第 7 章的任务。眼下我们且按部就班，暂时满足于黑格尔对海德格尔的"反衬"。

　　空间"是"时间，时间是空间之"真理"。我们跟随海德格尔从这一

　　① 参见 Heidegger，*Hegels Phänomenologie des Geistes*，GA32，S. 110 - 111、177 - 178，海德格尔在讲座中一如既往地视黑格尔的时间概念为亚里士多德物理学的思辨阐释。

　　② 当然，除了《哲学科学百科全书》，海德格尔还引用或参考了黑格尔的《历史中的理性》《逻辑学》《耶拿逻辑学》《精神现象学》等著作。

　　③ 参见 Heidegger，*Sein und Zeit*，S. 428 - 429；海德格尔：《存在与时间》，第 514 - 515 页。《自然哲学》中"空间与时间"部分的三个小节是 A. 空间、B. 时间、C. 位置与运动。

　　④ Heidegger，*Sein und Zeit*，S. 429；海德格尔：《存在与时间》，第 515 页；黑格尔：《哲学科学百科全书 Ⅱ 自然哲学》，刘哲译，人民出版社，2021，第 257 节附释。

表述中来理解黑格尔的时间规定，于是有两个问题：空间是如何被思考的，以至于空间"是"时间？如果空间"是"时间，那么时间自身又是如何被规定的？

空间如何被思考？海德格尔甚至在提出问题之前已经给出了"形式上"的回答："空间在其所是中被辩证地思考。"① 空间如何在其所是中被辩证地思考？黑格尔论述"空间"的第 1 节即《哲学科学百科全书》第 254 节这样开头："自然最初的或直接的规定是它的己外存在的抽象普遍性——它的己外存在的欠中介的无差别性，即空间。"② 海德格尔间接引用破折号之后的内容说："空间是自然的己外存在的欠中介的无差别性。这要说的是：空间是在其中可区分的诸点之抽象的多。"③ 这里需要思考的是空间与点的关联。

点在空间中，这种"在之中"当然不是在此在生存论意义上的"在之中"，但也不是对两个现成存在者的一个在另一个之中，在黑格尔这里也就是说，不是点的表象在空间的表象之中。己外存在并非相对于"内部"的外在，而是单纯的外在性、抽象的普遍性。空间作为这样单纯的外在性，自身没有任何区分，或者说，空间的区分只是抽象的区分。如果说"在"空间"中"有什么东西存在，那么这些东西对于空间本身来说是无差别的，这些无差别的东西就是诸点，而空间即"诸点之抽象的多"。

诸点是可区分的，这是就空间的无区分来说的。空间作为无差别的己外存在，是"完全连续的"，"没有确定的区分"④。诸点的可区分是对空间的无区分的否定，尽管诸点的"可区分"也只是一种抽象的区分，但毕竟是在空间中的区分。点与空间的关联就在于否定。点对空间的否定是空间自身无区分的区分，海德格尔引黑格尔在附释中的话说，空间是"点性"，指出这就是黑格尔把空间思考为时间的基础。⑤ 黑格尔在说空间是

---

① Heidegger, *Sein und Zeit*, S. 429；海德格尔：《存在与时间》，第 515 页。海德格尔接着空间"是"时间的说法说道："如果空间在其所是中被辩证地思考，那么根据黑格尔，空间的这种存在就将自己揭露为时间。空间必须如何加以思考呢？"

② 黑格尔：《哲学科学百科全书 Ⅱ 自然哲学》，第 254 节。

③ Heidegger, *Sein und Zeit*, S. 429；海德格尔：《存在与时间》，第 515 页。

④ 黑格尔：《哲学科学百科全书 Ⅱ 自然哲学》，第 254 节。

⑤ 黑格尔：《哲学科学百科全书 Ⅱ 自然哲学》，第 254 节附释；Heidegger, *Sein und Zeit*, S. 429；海德格尔：《存在与时间》，第 515 页。张汝伦指出"点性"（Punktualität）一词兼具空间与时间两种含义，一般含义是时间的准点、准时，而词根 Punkt 则来自空间的点。张汝伦认为黑格尔这里只是在空间的点的延续性的意义上使用"点性"，海德格尔则利用了这个词的"词义与词根的暧昧"。参见张汝伦：《〈存在与时间〉释义》，第 1307 页。

"点性"的时候，说这种"点性"是"一种虚无的点性"①，一种"非-点性"，空间完全不因点的否定而产生区别，因此点的否定在空间中作为空间自身的否定还只是一种抽象的否定。

> 但是，否定性，它作为点使自身与空间相关联并且作为线和面在空间内部发展出自己的诸规定，在己外存在的领域中不仅是自为的，是它自己在己外存在领域中的规定性，而且同时在己外存在领域中设定着，尽管对于静止的相互并列显得漠不相关。否定性这样自为地设定，就是时间。②

这是黑格尔《哲学科学百科全书》的第 257 节 "B. 时间" 的第 1 节。海德格尔整段引用之后展开分析。对于表象来说，时间与空间只是简单地相互并列，而被表象的空间只是 "在它的区分的漠不相关的持存中直接地被观看"③。但是表象对空间的把握尚未思辨地思考空间，尚未把空间带进思想，尚未就空间的存在来思考空间。在表象中，诸否定只是被直接地给出，是漠不相关的。"只有当诸否定不是简单地在其漠不相关性中保持持存，而是被扬弃，也就是说自身被否定，空间才被思想并且因此在其存在中被把握。"④ 否定自身被否定，诸点的区分不再是无差别的区分，点把自己设定为这种区分，点既不是这个点，也不是那个点，因为这个点和那个点并无区分。海德格尔这样来陈述这种不是点的点："它不再是这个点并且尚不是那个点。"⑤ 在自为的设定中，诸点不是 "一个挨着一个"（Nebeneinander），而是 "一个接着一个"（Nacheinander），从 "一个挨着

---

　　① 黑格尔：《哲学科学百科全书 Ⅱ 自然哲学》，第 254 节附释；Hegel，*Enzyklopädie der philosophischen Wissenschaften Ⅱ*，TW9，Frankfurt am Main：Suhrkamp，1986，S. 43。

　　② 黑格尔：《哲学科学百科全书 Ⅱ 自然哲学》，第 257 节；Hegel，*Enzyklopädie der philosophischen Wissenschaften Ⅱ*，TW9，S. 47 - 48。海德格尔的引文见 Heidegger，*Sein und Zeit*，S. 429 - 430；海德格尔：《存在与时间》，第 515 - 516 页。

　　③ 参见 Heidegger，*Sein und Zeit*，S. 430；海德格尔：《存在与时间》，第 516 页。

　　④ Heidegger，*Sein und Zeit*，S. 430；海德格尔：《存在与时间》，第 516 页。柯小刚强调这里出现的是 "其存在"，即 "空间的存在"，指出海德格尔说的是空间在 "它的" 存在中被把握，而非空间在 "存在" 中被把握。柯小刚认为，黑格尔的 "存在本身作为最抽象最贫乏的最初环节，毋宁说是并不实际存在的"，"不妨说，黑格尔的存在本身是不存在的存在本身。""所以根据黑格尔对存在的规定"，"时间在其存在中被把握" 这样的说法 "在黑格尔的语言里是不通的"，"因为对于黑格尔来说，空间只不过是一种抽象、直接的存在，是 '己外存在'"。参见柯小刚：《海德格尔与黑格尔时间思想比较研究》，第 182 - 283 页。我们认为，这里所说的 "其存在" 实际上是指 "空间 '是' 时间" 这一陈述中说出的空间的 "是"。另外，海德格尔在这句话中也暗示了黑格尔那里思想与存在的同一。

　　⑤ Heidegger，*Sein und Zeit*，S. 430；海德格尔：《存在与时间》，第 516 页。

一个"到"一个接着一个",这种设定也是点对自己的己外存在的领域的设定。① 否定的点的自为设定就是时间。

时间自身如何被规定? 海德格尔继续整段引用《哲学科学百科全书》的第 258 节"B. 时间"的第 1 节,指出时间自身被揭示为"被直观的变易":

> 时间,作为己外存在的否定统一性,同样也是完全抽象的、观念的东西。——时间是那种**存在**的时候**不存在**、**不存在**的时候**存在**的存在:被直观的变易。这就是说,时间的各种确实完全瞬间的、直接自行扬弃的区分,被规定为外在的然而是对其自身外在的区分。②

海德格尔通过分析"变易"与"被直观"来说明黑格尔的时间概念对流俗时间理解的敉平。首先,按照黑格尔的《逻辑学》,变易是从存在到无,从无到存在的过渡,是存在中的无和无中的存在。存在与无最初是无区别的,存在就是无,无反过来就是存在。但这种"每一方直接消失于另一方中的运动",就是变易。③ 变易是存在与无的统一,更确切地说,是从无到存在与从存在到无的统一。从无到存在,即产生(Entstehen);从存在到无,即消逝(Vergehen)。④ 变易既是形成,又是消逝。对于时间,这意味着:时间作为"现在"存在,而就每一个现在都"不"再存在或者尚"不"存在而言,现在又"不存在"。⑤ 其次,时间作为"被直观的"变易,则意味着这一变易尚未进入思想,没有被思想,而是在直观中直接显露出来。"现在"可以在直观中被看到,然而只是作为抽象的东西被看到。如果说空间在自身扬弃时曾作为被思想的东西在其存在中被把握,那么作为空间之真理的时间,却丧失了被思想性与自身的存在。黑格尔的时间概念是一种现在-时间,因此黑格尔的时间概念是依循流俗的时间理解的。然而,黑格尔的"现在"不是像日常的时间理解那般肯定时间的产生和消逝,而是"抽象的、观念的东西"。于是,扬弃了空间的时间本身就在"否定之否定"中得到规定。"在这里,现在序列在

---

① 参见 Heidegger, *Sein und Zeit*, S. 430;海德格尔:《存在与时间》,第 516 页。

② 黑格尔:《哲学科学百科全书 II 自然哲学》,第 258 节。海德格尔的引文见 Heidegger, *Sein und Zeit*, S. 430;海德格尔:《存在与时间》,第 517 页。原文参见 Hegel, *Enzyklopädie der philosophischen Wissenschaften II*, TW9, S. 48。按照 TW9,这段话中"被直观的变易"前面是分号,后面是逗号,标点与海德格尔的引文略有不同。

③ Hegel, *Wissenschaft der Logik I*, TW5, Frankfurt am Main: Suhrkamp, 1986, S. 83.

④ 参见 Hegel, *Wissenschaft der Logik I*, TW5, S. 112。

⑤ 参见 Heidegger, *Sein und Zeit*, S. 431;海德格尔:《存在与时间》,第 517 页。

最极端的意义上被形式化了，并且被无以复加地耜平了。"① 海德格尔没有进行更详细的讨论，也没有再整段地引用"B. 时间"的第 3 节，即《哲学科学百科全书》的第 259 节②，而是在第 258 节的附释以及第 259 节的说明和附释中分别引了一句话，来"证明"黑格尔的时间解释所依循的时间理解是"被耜平了的现在"：

> 现在具有一种巨大的权利——它只"是"个别的现在而非其他，但这种在其自命不凡中排他的东西，在我说出它的时候却瓦解了、消散了、粉碎了。③

> 此外，在自然中，即在时间是现在的地方，它并没有达到那些维度（过去与将来）的"持存着的"区分。④

> 人们因而在时间的肯定的意义上可以说：只有当前存在，之前和之后都不存在；但具体的当前是过去的结果，并且孕育着将来。因此，真正的当前就是永恒。⑤

---

① Heidegger, *Sein und Zeit*, S. 432；海德格尔：《存在与时间》，第 518 页。

② Hegel, *Enzyklopädie der philosophischen Wissenschaften Ⅱ*, TW9, S. 51 - 52："当前、将来和过去这些时间维度，是外在性的变易本身，并且是这种变易之分解为向无过渡的存在和向存在过渡的无的区别。这种区别在个别性中的直接消失，就是作为现在的当前，现在作为个别性既排斥其他环节，同时又与其他环节完全连续，现在甚至只是从其存在到无和从无到其存在的这种消失。"

③ 黑格尔：《哲学科学百科全书 Ⅱ 自然哲学》，第 258 节附释；Hegel, *Enzyklopädie der philosophischen Wissenschaften Ⅱ*, TW9, S. 50。

④ 黑格尔：《哲学科学百科全书 Ⅱ 自然哲学》，第 259 节说明；Hegel, *Enzyklopädie der philosophischen Wissenschaften Ⅱ*, TW9, S. 52。柯小刚指出，海德格尔对这句话"隔断前后文联系的引用方式"导致中译本把这句话中的 es 翻译为"时间"，而实际上按照黑格尔原文的上下文，这里的 es 应该译为"存在"。不过，虽然这里的引用出现了具体意思上的偏差，但是柯小刚认为从黑格尔原文语境中的意思所得到的结果与海德格尔断章取义进行的解读并不冲突，也就是说，黑格尔的时间概念是耜平了的现在时间，这一点仍然是对的。柯小刚给出的理由是，黑格尔这里对"时间是现在"这种自然中的时间不满了，要让现在"伸展"出过去与将来，因而毋宁说是"加强"了海德格尔的判断。参见柯小刚：《海德格尔与黑格尔时间思想比较研究》，第 210 页。实际上，黑格尔原文中的 es 在上下文中指的就是"现在的存在"或者说"存在着的现在"，如果再考虑到海德格尔在"维度"之后加括号说明的"过去与将来"确实符合黑格尔在原文上下文中的意思，"那些维度"（jenen Dimensionen）指的就是前面提到的"过去与将来的抽象环节"（den abstrakten Momenten der Vergangenheit und Zukunft），那么这引文中的 es 仍然可以甚至必须翻译为"现在"、"现在的存在"或"存在着的现在"。我们猜测，海德格尔避免 es 的"存在"含义是因为他认为黑格尔的"现在"作为耜平了的现在并不真正"存在"。参见 Heidegger, *Sein und Zeit*, S. 431；海德格尔：《存在与时间》，第 518 页；Hegel, *Enzyklopädie der philosophischen Wissenschaften Ⅱ*, TW9, S. 52。

⑤ 黑格尔：《哲学科学百科全书 Ⅱ 自然哲学》，第 259 节附释；Hegel, *Enzyklopädie der philosophischen Wissenschaften Ⅱ*, TW9, S. 55。

从海德格尔的解释来看，黑格尔的时间概念之所以构成对流俗时间概念最极端的敉平，是因为一方面黑格尔仍然和流俗时间理解一样以"现在"为时间的优先维度，仍然处在亚里士多德以来的传统时间概念范围之内，而另一方面流俗时间理解中时间的"无限性"、"消逝性"和"不可逆性"都在极端的形式化中被敉平了。当时间被规定为"被直观的变易"，时间之流不再是"无限的"现在河流，而是现在河流干涸后龟裂破碎的现在河床；时间不是消逝的河流，而是"消逝的抽象"；而流俗时间理解中时间的不可逆性在消逝被理解为抽象之后在"当前的永恒"中也不可能了。"可逆"或"不可逆"是对作为现在序列的时间河流的规定，既然时间本身并非一条河流，而是"绝对的现在"，那么时间本身也就无所谓可逆不可逆了。

海德格尔指出，黑格尔的时间概念是对"点性"（空间的否定）的扬弃，处在"否定之否定"这一形式的-辩证的规定之中。基于这一规定性，时间与精神才在黑格尔那里显示出一种关系：精神落入时间。

我们在前面强调过，对《存在与时间》中黑格尔时间概念之解释的理解要在此在的生存论时间性分析中来理解，也就是说，要在世界时间与时间性的关系中来理解。流俗的时间理解已经敉平了世界时间的分期性、延展性和世界性，而退化为一条无限的、消逝的、不可逆的"现在河流"。黑格尔的时间概念则是对流俗时间理解的极端的敉平，是对"现在河流"的敉平，借用"否定之否定"的方式来表达，则可谓"敉平之敉平"。[1]但是，回到时间性分析的问题线索，何以对黑格尔时间概念的解释要与他的精神概念相联系呢？不是应该去探讨黑格尔那里的"世界时间"吗？海德格尔对此有一个简单的交代："尽管流俗的时间经验首先且通常仅仅识得'世界时间'，但这种时间经验却也同时总让世界时间与'灵魂'和'精神'有某种独特的关联。"[2] 他继而举了亚里士多德"没有灵魂就没有时间"和奥古斯丁"时间是心灵的延展"为例说明这种关联，并且由此提醒读者："即使是把此在解释为时间性原则上也不外在于流俗时间概念的境域。"[3] 时间性不是与流俗时间理解无关的"另一种时间"，关键在于澄清二者间的关系。黑格尔那里"精神"与"时间"的关系得到了明确的展

---

[1]　参见柯小刚：《海德格尔与黑格尔时间思想比较研究》，第 176 页。

[2]　Heidegger，*Sein und Zeit*，S. 427；海德格尔：《存在与时间》，第 513 页。

[3]　Heidegger，*Sein und Zeit*，S. 427；海德格尔：《存在与时间》，第 513 页。

示，因而适于用来反衬"此在"与"时间"的关系。①

　　在黑格尔那里，"精神"与"时间"的关系得到了明确展示，海德格尔在《存在与时间》第 82 节第二小节"b）黑格尔对时间与精神之间的联系的阐释"一开始就在对"精神"的发问中说出了这一联系："精神本身被如何理解，才能说它之随着它的现实化而落入被规定为否定之否定的时间中是合乎精神的？"② 精神"落入"时间，如果时间在形式上被规定为否定之否定，那么"落入"了时间的精神会被如何规定？

　　"精神的本质是概念。"③ 海德格尔指出，黑格尔所理解的概念不是作为被思物之形式的一种属类的被直观的普遍者，而是思想着的思想自身的形式："对自己——作为对非-我之把握（Erfassen）——的概念化（Begreifen）。"④ 概念不是现成物的普遍性，概念乃是思想自身的概念化。思想自身包含着对"非-我"的把握，因而包含着一种区分。所以，对思想自身的概念化就意味着对这种区分的区分，从形式上来看，这就是一种区分之区分："因此黑格尔能够把精神的本质在形式上-有所展示地规定为否定之否定。"⑤

　　在这种形式上的"绝对的否定"中得到展示的是绝对的自我，是概念的自身概念化。这种自身真正地如其自身可能的那样去存在，就是"自由的"。⑥ 在这里海德格尔又一次语焉不详地触及"自由"这一在后来对真理之本质的继续探索以及在此基础上与黑格尔展开的真正的争辩中才得到专题化的"概念"。在《存在与时间》的反衬中海德格尔仍然和前面讨论时间概念时一样，更多地引用黑格尔的句子来作为"证据"，点到为止，引而不发：

　　　　我是纯粹概念自身，它作为概念已经来到了**此在**。⑦
　　　　但我**首先**是这种纯粹的、自己与自己关联着的统一性，并且这种

---

① 参见 Heidegger，*Sein und Zeit*，S. 427；海德格尔：《存在与时间》，第 513 页。海德格尔还指出，康德虽然有"更彻底的时间理解"，但是在康德那里，"主观的"时间与"我思"之间没有"联系"。

② Heidegger，*Sein und Zeit*，S. 433；海德格尔：《存在与时间》，第 519 页。

③ Heidegger，*Sein und Zeit*，S. 433；海德格尔：《存在与时间》，第 519 页。

④ Heidegger，*Sein und Zeit*，S. 433；海德格尔：《存在与时间》，第 519–520 页。

⑤ Heidegger，*Sein und Zeit*，S. 433；海德格尔：《存在与时间》，第 520 页。

⑥ 参见 Heidegger，*Sein und Zeit*，S. 433；海德格尔：《存在与时间》，第 520 页。

⑦ Hegel，*Wissenschaft der Logik Ⅱ*，TW6，Frankfurt am Main：Suhrkamp，1986，S. 253. 黑格尔哲学中的 Dasein 通常被译为"限有""实有""实存""定在""特定存在"等，我们为了统一译名，把 Dasein 全部译为"此在"，应注意它在不同语境中含义的区别。

统一性不是直接的，而是通过抽象掉所有规定和内容并退回到无限制的与自身一致性的自由中。①

第一句引文中"此在"的着重强调是黑格尔自己加的，然而海德格尔并没有突出这一概念自身所到达的"此在"与《存在与时间》中生存着的此在的区别，而是在这两句引文之后简单地补充道："因此我是'普遍性'，但同样直接是'个别性'。"② 仅此一句，海德格尔紧接着转入了下一段对精神之"绝对的不安和自身显露"的讨论，于是很容易让读者以为这句话就是对两句引文的概括："普遍性"对应"统一性"，"个别性"对应"此在"。

实际上，加了引号的"普遍性"和"个别性"仍然是对黑格尔的引用，黑格尔在说完"我首先是这种纯粹的、自己与自己关联着的统一性"之后，还有一个海德格尔没有直接引用的"其次"：

其次，我同样直接地作为自己与自己关联着的否定性而是**个别性**，**绝对的特定存在**，这种特定存在把自己与他者对置，并且排除他者。③

黑格尔正是从这两方面来说明作为自身概念化的概念。海德格尔所引用的第一句话"我是纯粹概念自身，它作为概念已经来到了此在"④。与其说是针对概念的普遍性而表达作为概念的我的个别性，毋宁说仍然是在针对那种特定的实体性概念而表达自由的概念的绝对性。精神作为绝对的概念，实乃"概念的概念"。⑤ 然而，海德格尔何以故意略去"其次"而只引"首先"呢？抑或，虽然略去了"其次"的引文，但海德格尔并没有"略去"对概念的"个别性"的讨论？确实，海德格尔把对概念个别性的讨论从"逻辑学"转移到了"历史哲学"中，他没有引用黑格尔关于"个别性"的句子中的"特定存在把自己与他者对置，并且排除他者"，而是在历史中来看这种"排除"："在历史中实现着自己的精神之'进步'携带着一种'排除原则'。"⑥ 因此，当海德格尔另起一段

---

① Hegel, *Wissenschaft der Logik Ⅱ*, TW6, S. 253.

② Heidegger, *Sein und Zeit*, S. 434；海德格尔：《存在与时间》，第 520 页。

③ Hegel, *Wissenschaft der Logik Ⅱ*, TW6, S. 253.

④ Hegel, *Wissenschaft der Logik Ⅱ*, TW6, S. 253.

⑤ 参见 Hegel, *Wissenschaft der Logik Ⅱ*, TW6, S. 252.

⑥ Heidegger, *Sein und Zeit*, S. 434；海德格尔：《存在与时间》，第 520 页。黑格尔的原文是："Kein Prinzip des Ausschließens ist darin, es ist kein Ziel, kein bestimmter Endzweck gesetzt；es ist mehr die Veränderung, die das Residuum darin ist, was allein die Bestimmtheit ausmacht."参见 Hegel, *Philosophie der Weltgeschichte*, *erster Band*：*Die Vernunft in der Geschichte*, Leipzig：Felix Meiner, 1944, S. 130。

开始说这种否定之否定既是精神的"绝对不安",也是精神的自身显露时,恰恰是承接着"我"的"普遍性"和"个别性"来说的,加了着重号的"自身显露"恰恰对应着上一段没有引文证之因而也没有加着重号的"个别性"。

　　因此,精神在历史中的自身实现同时是向着"无限制的自身一致性"的"退步"和向着自己的"本真概念"的"进步"。在黑格尔那里,世界历史的"进步"的意思是,从不完善者进展到更完善者。但是,这种进步作为精神的进步绝不意味着弃不完善者不顾而单单拥抱更完善者。一方面,"不完善者"之不完善绝非一个单纯的抽象状态,而是处在与完善者的关联中,就此而言,不完善者作为不-完善者不可能被简单地排除于完善者之外,而是必须作为"尚不-完善者"在历史中被克服,向着"完善者"进展。① 用海德格尔的话来说,精神在历史中的"进步"所携带的排除"并不脱离被排除者,而是克服之"②。另一方面,"进一步"来看,不完善者与完善者的关联并非一种外在的关联,而是内在的关联,也就是说,它们的区别是精神自身的区别,因此对不完善者的克服是精神对自身的克服,反过来,对完善者的追求也是对精神自身概念的追求。海德格尔从质与量的区别指出进步不是量的,而是质的:"'进步'从不意味着一种仅仅在量上的更多,相反,它在本质上就是质的,而且是精神之质。"③总而言之,精神在历史中的进步是克服自身而达到自身,是精神之概念在形式上的否定之否定的现实化。

　　正如在海德格尔的生存论时间性分析中,"世界时间"处在时间性与流俗时间理解之间,构成理解流俗时间之起源的桥梁,在黑格尔这里,世界历史也处在"精神"与"时间"的中间,揭示着精神与时间的关系。正是因为精神在世界历史中"进步",而"历史的发展落入时间"④,海德格尔才把黑格尔那里时间与精神的关系刻画为"精神落入时间",以反衬此在的生存从本真的时间性那里的"坠落"。⑤

---

① 参见 Hegel, *Vorlesungen über die Philosophie der Geschichte*, TW12, Frankfurt am Main: Suhrkamp, 1986, S. 78。

② Heidegger, *Sein und Zeit*, S. 434; 海德格尔:《存在与时间》,第 520 页。

③ Heidegger, *Sein und Zeit*, S. 434; 海德格尔:《存在与时间》,第 520 页。

④ Heidegger, *Sein und Zeit*, S. 428; 海德格尔:《存在与时间》,第 513 - 514 页。

⑤ 参见 Heidegger, *Sein und Zeit*, S. 436。

4. "反衬"在否定性问题方面的局限性

以上我们着眼于《存在与时间》中的反衬方法，在明确指出海德格尔在第 82 节对黑格尔时间概念以及时间与精神之关系的分析所具有的特殊目标——反衬生存论分析中此在的时间性、世界时间与流俗时间的关联——之后，展示了海德格尔的具体分析，其结果是以"精神落入时间"（黑格尔）来反衬"此在从时间中落出"（海德格尔）。这里要进一步挑明的是此在的时间性与无蔽之思的关系，后者在《存在与时间》中尚以生存论上的真理学说①的面貌示人。在这一关系得到显明的基础上，《存在与时间》中的黑格尔阐释在无蔽之思道路上的准备性意义及其留下的问题当能得到澄清。

我们已经看到，精神自身的概念化是一种否定之否定，而时间概念也被规定为否定之否定，因此，"精神落入时间"是合乎精神自身的。海德格尔引用《精神现象学》来"作证"："时间是在此存在并且作为空洞的直观而呈现给意识的概念本身；因此精神必然显现在时间中，并且只要它还没有把握它的纯粹概念，也就是说，还没有消灭时间，它就一直显现在时间中。时间是外在的、被直观的、没有被自身把握的纯粹自身，仅仅被直观的概念。"② 在海德格尔看来，这段话不仅明确地说出"精神必然显现在时间中"，亦即精神要在时间中实现自己，而且表明了时间与精神之关系的不对等：时间是"抽象的""被直观的""在此存在的"——亦即现成的（海德格尔这次明确指出了"此"在黑格尔那里的不同含义）——概念，"作为现成的并且因此外在于精神的东西，时间不具有高于概念的力量，相反，概念'反而是支配时间的力量'"③。于是，时间概念在黑格尔

① 参见本书上篇第 1 章与第 2 章。

② Heidegger，*Sein und Zeit*，S. 434；海德格尔：《存在与时间》，第 521 页；Hegel，*Phänomenologie des Geistes*，TW3，S. 584；黑格尔：《精神现象学》，先刚译，人民出版社，2013，第 497 页。《精神现象学》引文的翻译参考了先刚的译本，或有改动，以下不再一一说明。

③ Heidegger，*Sein und Zeit*，S. 435；海德格尔：《存在与时间》，第 521 页。海德格尔在此引用了黑格尔《哲学科学百科全书》第 258 节说明中的半句话。参见 Hegel，*Enzyklopädie der philosophischen Wissenschaften Ⅱ*，TW9，S. 49："但是，概念在它的自由的与自己同一的自为的实存中，即我＝我，是自在自为的绝对否定性和自由，因而时间不是支配它的力量，它也不在时间中，不是时间性的东西，相反，就时间只是这种作为外在性的否定性而言，毋宁说概念是支配时间的力量。"

那里实际上不仅是被极端地敉平了的世界时间，而且现成地外在于精神，因而精神不得不"落入"时间。因此，海德格尔终于把黑格尔对时间与精神之关系的"明确展示"称为"形式的-辩证的建构"，并且认为《精神现象学》末章的一段话表明了黑格尔的建构动机来自"为了对精神的'具体化'进行概念化的努力和斗争"①：

> 因此，时间显现为并非在自己之内完成的精神的命运和必然性，这种必然性就是，精神必然扩大自身意识在意识那里的份额，必然使自在者的直接性——实体在意识中所处的形式——运动起来，或者反过来，必然实现或显露那被当作某种仅仅内在存在着的内在者的自在者，亦即必然要求自在者的自身确定性。②

这里可以看到的是，在精神的这种必然性中得到表达的正是在"精神现象学"中呈现出来的"真理"。自身意识是意识的真理；直接的实体就其真理而言是运动着的主体，自在者的实现和对其自身确定性的要求也就是把自在者提升为真理。换言之，精神的命运和必然性乃是去概念化地把握"真理"。由于海德格尔对黑格尔时间概念以及时间与精神之关系的解读有着明确的"反衬"目的，因此他并未直接论及真理问题。在展示了黑格尔"建构"时间与精神之关系的基础是二者形式的-辩证的否定之否定的同一，以及动机来自对精神之"具体化"的概念化把握的努力之后，海德格尔挑明了黑格尔的反衬意义："与之相反，前面的生存论上的此在分析则从实际被抛的生存本身的'具体化'开始，以便把时间性揭露为源始地使这种生存得以可能的东西。"③

在《存在与时间》中对黑格尔的时间概念进行分析时，海德格尔并未突出时间性与真理的关联，而是如我们已经多次强调指出的那样，仅仅把目光聚焦于时间与精神之关系对于时间性与此在之关系的反衬意义上。对黑格尔的时间与精神之关系的分析满足于二者共同的形式规定，即否定之否定，而对于否定性本身的存在论追问尚付诸阙如。

但是，否定性问题不是一个无关紧要的问题，而是一个对于海德格尔

---

① 参见 Heidegger, *Sein und Zeit*, S. 435；海德格尔：《存在与时间》，第 522 页。

② Hegel, *Phänomenologie des Geistes*, TW3, S. 584 - 585；黑格尔：《精神现象学》，第 497 - 498 页。

③ Heidegger, *Sein und Zeit*, S. 435；海德格尔：《存在与时间》，第 522 页。

的存在之思来说关键性的不可回避的问题。① 首先，对存在的理解离不开否定性的"不"或"无"。无论是在《存在与时间》中说"存在者的存在本身不'是'一种存在者"②，还是后来对"究竟为什么存在者存在而不是无？"这一经典形而上学问题的后半句"而不是无"的反复强调，都表明否定性问题不只是在存在问题之后有待追加或补充的一个环节，而是与存在问题共属一体的整体性问题。其次，《存在与时间》对此在的生存论分析之"中道而废"，根本的原因之一也正是本质性的否定性问题之悬而未决。在经由此在的生存论分析通达存在本身的道路上，无论是此在的本真性与非-本真性的区分，还是此在与非-此在式的存在者之间的关系，"非-"的存在论意义上的"晦暗不明"使得道路成为迷途。在接下来海德格尔与黑格尔的本质性争辩中，海德格尔穿过"精神现象学"的通道，借助自身意识的生命这个由黑格尔提出的存在概念，转向的正是对否定性及其根源的探寻。

　　在《存在与时间》中，虽然就时间性分析的结果而言，海德格尔与黑格尔有表面上的一致，但是二者的出发点却有本质上的不同，因此能以"同归"而"殊途"之势形成反衬。在《存在与时间》之后，海德格尔在其思想转向的道路上展开了与黑格尔的真正争辩，他穿过精神现象学的通道，从自身意识的"生命"中抓住黑格尔所提出的存在概念。由此，二者的殊途将不再是表面的同归，而是相交于一个"十字路口"——有限性与无限性的十字路口（第 7 章）。有限性与无限性是海德格尔与黑格尔的存在理解的分野，同时从这里出发的还有关于否定性及其根源的争辩（第 8 章）。

---

　　① 问题的急迫表现在，海德格尔不久之后就在他的教授就职演讲"形而上学是什么？"中专题探讨了否定性的形而上学问题——无之问题。在这个讲座的预告中，海德格尔曾提及无之问题与《存在与时间》的内在关联："本次讲座将对一道难题的构成过程给出一个初步的洞察，那就是在海德格尔更为宏大的著作《存在与时间》中隐隐地起作用的，而本身又未曾得到描述的难题。"（海德格尔：《面向思的事情》，第 137 页）

　　② Heidegger，*Sein und Zeit*，S. 6.

第 7 章　自身意识的生命

在 1930—1931 年冬季学期的"精神现象学讲座"中，海德格尔指出，黑格尔在《精神现象学》中发展了一种新的存在概念，即"自身意识"章中的生命概念。① 本章以"自身意识的生命"为题，尝试通过海德格尔对这一概念的解释深入到他与黑格尔的争辩中。从字面上看，标题中的"自身意识"和"生命"可以对应于上一章所讨论的"精神"与"时间"。这种对应不是毫无道理的，但其中发生的转变才是我们真正的关注点。"自身意识的生命"和"精神与时间"的区别在于，透过生命这个"新的存在概念"，海德格尔的目标已经不是用黑格尔那里精神与时间的关系来反衬此在与时间的关系，而是在存在与时间的关系问题中区分黑格尔那里无限性的存在与他自己的有限性的存在。

本章开始进入海德格尔与黑格尔的争辩。早在 1915 年，海德格尔就在其教职论文《邓斯·司各脱的范畴学说和意义理论》中引用黑格尔的话"就哲学的内在本质而言，既无先驱者，亦无后至者"② 作为导论的箴言③，并且在这部论文的结尾处宣称："要同黑格尔展开一场原则性的争辩。"④ 而如我们在第 6 章中的相关讨论所展示的那样，在《存在与时间》中，对黑格尔的时间概念及其与精神之关系的解释尚未构成一种真正的争

---

① Selbstbewußtsein 在黑格尔哲学中也经常被译为"自我意识"。这里采用"自身意识"这一译名，主要是为了应合现象学传统特别是海德格尔思想语境中关于"自身性"（Selbstheit）、"自身存在"（Selbstsein）等相关问题的讨论。

② Hegel, *Jenaer Schriften*，TW2, S. 17；黑格尔：《耶拿时期著作》，第 8 页。亦参见黑格尔：《费希特与谢林哲学体系的差别》，第 7 页。

③ 参见 Heidegger, *Frühe Schriften*, GA1, S. 193。

④ Heidegger, *Frühe Schriften*, GA1, S. 411. 关于海德格尔的教职论文对其黑格尔阐释乃至整个德国古典哲学阐释的开端性意义，参见张柯：《论海德格尔"德国古典哲学阐释"的开端》，《江苏社会科学》2017 年第 3 期。

辩，而只是起到了对生存论存在论的时间性分析的反衬作用。原则性的争辩在海德格尔从马堡回到弗赖堡之后开启：首先是在 1929 年夏季学期的讲座"德国观念论（费希特、谢林、黑格尔）与当前哲学问题"（GA28）中，其在与德国观念论的争辩中涉及"一种将来的与黑格尔的争辩"[①]；接着他于 1930 年 3 月在荷兰做了题为"黑格尔与形而上学难题"的报告，把与黑格尔进行争辩的战火烧到了整个西方形而上学的问题域[②]；随后，在这一年 9 月 20 日写给布洛赫曼的信中，海德格尔提道："主要的时间用来写作冬天的课程讲稿了：与黑格尔精神现象学的一场解释性的争辩。如何经受这场斗争，我还不知道；无论如何，这是一次学习本质事物的机会。"[③] 这场与黑格尔精神现象学的解释性争辩便是 1930—1931 年冬季学期的"精神现象学讲座"（GA32），与黑格尔的争辩在这里明确地定位到了"有限性与无限性的十字路口"[④]。经历了 20 世纪 30 年代中期的政治事件之后，1938 年到 1939 年，海德格尔在"否定性"（GA68）中寻找路径继续深入与黑格尔的争辩。[⑤]

《黑格尔的精神现象学》于 1980 年作为海德格尔全集第 32 卷出版，是海德格尔诸多黑格尔阐释文本中唯一单独成卷的。[⑥] 我们在绪论（第 2.1 节）中曾指出，海德格尔在《哲学论稿（从本有而来）》中特别提及这个讲座的重要用意，"对基础问题的排斥及其必然性是如何通过从存在论到存在-神学的发展（参见 1930—1931 年黑格尔讲座和其他）而被

---

① 参见 Heidegger, *Der Deutsche Idealismus（Fichte，Schelling，Hegel）und die Philoso-phische Problemlage der Gegenwart*, GA28, S. 208。

② 参见 Heidegger, *Vorträge Teil Ⅰ：1915 - 1932*, GA80. 1, S. 283 - 325。

③ Heidegger, Elisabeth Blochmann, *Briefwechsel* 1918 - 1969, Hg. Joachim W. Storck, Marbach am Neckar：Deutsche Schillergesellschaft, 1989, S. 38；约阿西姆 · 斯托克编《海德格尔与布洛赫曼通信集》，李乾坤、李逸超译，南京大学出版社，2017，第 68 页。

④ Heidegger, *Hegels Phänomenologie des Geistes*, GA32, S. 92；海德格尔：《黑格尔的精神现象学》，第 82 页。

⑤ 参见 Heidegger, *Hegel*, GA68，第一部分"否定性"。另外，值得注意的是，在短暂出任弗赖堡大学校长之后不久，海德格尔于 1934—1935 年冬季学期开设了"黑格尔法哲学"讨论班，参见 Heidegger, *Seminare Hegel-Schelling*, GA86, Frankfurt am Main：Vittorio Kloster-mann, 2011, S. 59 - 184. 相应的讨论班笔记和记录见上书 S. 549 - 655. 这里限于篇幅无法对此展开专题分析，相关研究可参见周维明：《法和政治的存在论——海德格尔对黑格尔〈法哲学原理〉的现象学阐释》，《中山大学法律评论》2013 年第 2 期。

⑥ 海德格尔全集诸卷中完全以黑格尔阐释为内容的，除了第 32 卷，还有第 68 卷《黑格尔》，其中包括《否定性》手稿（1938—1939，1941）和《对黑格尔的〈精神现象学〉导论的阐释》（1942）两个文本。

确认的"①。不仅如此，在写于 1937—1938 年的一份"道路回顾"中，海德格尔再次提及这个讲座："对于自《存在与时间》以来问题之展开的理解来说，最重要的是从 1930—1931 年（黑格尔的精神现象学）到尼采-系列讲座的那些讲座。"② 可以看到，1930—1931 年冬季学期的"精神现象学讲座"不仅在海德格尔的诸多黑格尔阐释文本中独树一帜，而且对于理解海德格尔的形而上学批判以及海德格尔转向时期自身思想的开展都具有开端性的意义。本章的讨论围绕这个讲座展开，着眼于海德格尔与黑格尔的争辩，我们不可能也不必事无巨细地重复这个讲座涉及的所有内容，而是努力在作为通道的自我意识那里逗留一番，在有限性与无限性的十字路口辨清方向。

1. 精神现象学的双重位置

在"精神现象学讲座"中，海德格尔对《精神现象学》的解释"跳过长篇的序言以及导论"，从"事情本身开始的地方"③ 即"意识"部分的"感性确定性"章开始，止于"自身意识"部分的导论，没有刻意地给出完整的解释，"一切都应保持开放"④。讲座的主体部分按照其所解释的《精神现象学》的章节结构分为两部分，即"意识"和"自身意识"。第一部分"意识"包含 3 章（"感性确定性""知觉""力与知性"），从第 6 节到第 11 节；第二部分"自身意识"篇幅较短，没有分章，包括第 12 节和第 13 节两节内容。⑤

---

① Heidegger, *Beiträge zur Philosophie（vom Ereignis）*，GA65，S. 206；海德格尔：《哲学论稿（从本有而来）》，第 243 页。

② Heidegger，*Besinnung*，GA66，Frankfurt am Main：Vittorio Klostermann，1997，S. 422.

③ Heidegger，*Hegels Phänomenologie des Geistes*，GA32，S. 1；海德格尔：《黑格尔的精神现象学》，第 3 页。

④ Heidegger，*Hegels Phänomenologie des Geistes*，GA32，S. 215；海德格尔：《黑格尔的精神现象学》，第 183 页。

⑤ 全集第 32 卷的目录由编者英格特劳德·古兰特（Ingtraud Görland）按照海德格尔讲座过程中所涉主题拟定，而讲座稿本身在导论之后出现了一个标题"精神现象学"，其下内容即"预先考察"，之后便完全沿用《精神现象学》的章节标题，从"Ⅰ. 感性确定性，或这一个与意谓"一直到"B. 自身意识，Ⅳ. 自身确定性的真理"。参见 Heidegger，*Hegels Phänomenologie des Geistes*，GA32，S. 217 以下；海德格尔：《黑格尔的精神现象学》，第 185 页以下，"编者后记"。

对"感性确定性"的解释开始之前有一个"导论"(第 1 节至第 4 节)和"先行考察"(第 5 节)。在"导论"中,海德格尔围绕《精神现象学》这部著作的标题及其变迁讨论了"作为科学体系第一部分的《精神现象学》的任务"。在准备性的"先行考察"中,海德格尔概观了《精神现象学》的结构,对《精神现象学》的绝对开端进行了一番预告式的讨论。

后来以《精神现象学》(*Phänomenologie des Geistes*)之名而为人所熟知的这部著作,在 1807 年最初出版时的书名是《科学体系·第一部分,精神现象学》(*System der Wissenschaft. Erster Theil*,*Die Phänomenologie des Geistes*),"精神现象学"只是《科学体系》的第一部分的标题。在最后写就的长篇大论的"序言"和最初的"导论"之间有一个第一部分的标题页,这里第一部分的标题写作"Ⅰ. 精神现象学的科学"(Ⅰ. WISSEN-SCHAFT DER PHÄNOMENOLOGIE DES GEISTES)。[1]而实际上,黑格尔最初为这个"第一部分"拟定的标题乃是"第一部分·意识经验的科学"(ERSTER THEIL. WISSENSCHAFT DER ERFAHRUNG DES BE-WUSSTSEYNS),这个标题直到正式出版之前才被换掉。[2]按照黑格尔的计划,《科学体系》的第二部分将包括逻辑学、自然哲学和精神哲学。[3]然而,1812 年出版的《逻辑学》并未冠以"科学体系"之名。黑格尔在《逻辑学》第一版序言中做出过说明:

> 关于外在的编排,包含了现象学的《科学体系》第一部分原定将继之以第二部分,它应该包括逻辑学和哲学的两种实在科学,即自然哲学和精神哲学,而科学体系也就可以完备了。但是逻辑学本身不得不有必要的扩充,促使我让这一部分单独面世;它因此在一个扩大了的计划中构成了《精神现象学》的第一个续编。以后我将继续完成上述哲学的两种实在科学的著作。[4]

但是,"科学体系"这一标题最终被放弃了。在《逻辑学》第二版(1832)中,黑格尔为上面那段话中出现的"《科学体系》"加了一个注释,

---

① 参见 Hegel,*Phänomenologie des Geistes*,GW9,Hamburg:Meiner,1980,S. 51。

② 参见 Hegel,*Phänomenologie des Geistes*,GW9,S. 444。关于《精神现象学》的书名问题,可参见 Otto Pöggeler,*Hegels Idee einer Phänomenologie des Geistes*,Freiburg/München:Verlag Karl Alber,1993,S. 195‑196。

③ 参见黑格尔为《精神现象学》自拟的图书广告,见 Hegel,*Phänomenologie des Geistes*,GW9,S. 446‑447。

④ Hegel,*Wissenschaft der Logik* Ⅰ,TW5,S. 18。

表示《精神现象学》的第二版将不再使用这一名称："下个复活节就会出版的第二版将不再带上这个标题。——至于接下来提到的应该包括全部其他哲学科学的那两个部分的计划，我后来已经出了《哲学科学百科全书》，去年是第三版。"① 实际上，不仅后来的体系著作被改头换面命名为《哲学科学百科全书纲要》（*Encyclopädie der Philosophischen Wissenschaften im Grundrisse*），而且其中"精神哲学"的"主观精神"部分在"人类学"和"心理学"之间又出现了一个名为"精神现象学"的章节，这三个标题下分别有一个标识内容的小标题："灵魂""意识""精神"。"精神现象学"这一节在内容上包括"意识本身"、"自身意识"和"理性"三个小节，大致对应于《精神现象学》的前五章，即"A. 意识"（第 1、2、3 章）、"B. 自身意识"（第 4 章）、"C.（AA）理性"（第 5 章）。《精神现象学》的第 6 章"精神"在"百科全书"体系中落到了"客观精神"部分，而第 7 章"宗教"和第 8 章"绝对知识"则可在"绝对精神"部分找到相应的内容。于是，原先作为科学体系第一部分的《精神现象学》后来似乎被吸收到"百科全书"体系的第三部分"精神哲学"中去了。

另外可以注意到的是，《精神现象学》的第二版标题不仅去掉了"科学体系·第一部分"，而且去掉了"现象学"的定冠词"die"，留下的书名便是我们今天看到的《精神现象学》。这是任意之举，抑或是出于某种必然性的指示？

《精神现象学》在黑格尔哲学中的位置，特别是它与《哲学科学百科全书》的关系，始终是一个众说纷纭的问题。② 通过对《精神现象学》书名变迁的回顾以及"现象学"体系和"百科全书"体系在结构上的简单对照，海德格尔呈现给我们的并不是对这一问题的某种解决，而是对这一问题的本质性张力的承认："精神现象学在百科全书体系中有双重位置：它以某种方式来看是为体系奠基的部分，而本身又是体系内的从属的部分。"③ 在海德格尔看来，"精神现象学"之所以处在这样一种双重位置上，并不是由于黑格尔本人缺乏对"精神现象学"及其功能的清晰认识，

① Hegel, *Wissenschaft der Logik* I，TW5，S. 18.

② 可参见邓晓芒：《关于黑格尔〈精神现象学〉的几个问题》，《中国高校社会科学》2013年第 2 期，特别是第 46 - 47 页。

③ Heidegger, *Hegels Phänomenologie des Geistes*，GA32，S. 12；海德格尔：《黑格尔的精神现象学》，第 12 页。关于海德格尔对《精神现象学》的名称及其双重位置的讨论，还可参见 Heidegger, *Hegel*，GA68，S. 65 - 73；海德格尔：《黑格尔》，第 57 - 62 页。

相反，这种双重位置乃是体系的结果。① 海德格尔因此提出三个问题：

1. 精神现象学的双重位置如何得到体系性的奠基？

2. 黑格尔在他的基础上究竟能把这种奠基完成到什么程度？

3. 在精神现象学的双重位置中显露出哲学的何种原则性的难题？②

对这三个问题的回答要求一种对"精神现象学"的基本特征的把握，而对基本特征的把握又必须从这部著作整体的内在任务出发才能得到确定。如果著作最初的完整标题即"科学体系·第一部分，意识经验的科学"或者"科学体系·第一部分，精神现象学的科学"已经指示出这部著作的内在任务，那么我们就可以通过海德格尔对标题的讨论获得关于问题的一丝光亮。

于是，第一个问题可以更明确地表达为："科学体系在何种程度上要求意识经验的科学或精神现象学的科学作为它的第一部分？"③ 海德格尔通过解释"科学体系"、"意识经验的科学"、"精神现象学"以及"第一部分"这一系列占据标题位置的词语来澄清这个问题。④

我们不去逐个考察海德格尔对这些词语的解释，而是把目光集中在著作主标题"科学体系"上，关注在对科学之为绝对知识的先行说明中揭示出的自身意识的中间位置，即在意识与理性之间，在相对知识与绝对知识之间的位置。

黑格尔把自己的哲学叫作"科学体系"，这意味着什么？从表面上看，这无疑是说黑格尔认为哲学就是科学，或者说，哲学应该是科学。黑格尔自己在《精神现象学》的前言中是这样表达的："真理在其中存在的真正形态只能是真理的科学体系。我要做的就是，通过我的一份努力，使哲学接近科学的形式——达到这一目的，哲学就不再叫作对知识的爱，而就是现实的知识。"⑤ 海德格尔提醒我们注意，主标题中的"科学体系"并非"诸科学的体系"，因此所指的并非诸科学（如自然、历史……）的划分和排

---

① 参见 Heidegger, *Hegels Phänomenologie des Geistes*, GA32, S. 12。

② Heidegger, *Hegels Phänomenologie des Geistes*, GA32, S. 12 - 13；海德格尔：《黑格尔的精神现象学》，第 12 页。

③ Heidegger, *Hegels Phänomenologie des Geistes*, GA32, S. 13；海德格尔：《黑格尔的精神现象学》，第 13 页。

④ 这是"精神现象学讲座"导论部分的主要内容，参见 Heidegger, *Hegels Phänomenologie des Geistes*, GA32, S. 1 - 46。

⑤ Hegel, *Phänomenologie des Geistes*, TW3, S. 14；黑格尔：《精神现象学》，第 3 页。

列，相反，与体系相关涉的那个单数的"科学"意味着"最高的和真正的知识之整体"①。因此，为了理解黑格尔的作为"科学体系"的哲学，就需要避免现代西方哲学史上的那种常见的关于哲学与科学之关系的理解。

自笛卡尔以来，哲学（特别是形而上学）为科学奠基的任务被明确地提出了，而随着这一任务的提出，作为科学之基础的哲学也就被要求成为科学的哲学，也就必须足以被称为科学。这种哲学之为科学的观念从 19 世纪到 20 世纪越来越占据统治地位，到了胡塞尔那里，终于得到了"肯定的、独立的和彻底的形式"②。

然而，黑格尔尽管从笛卡尔和康德那里继承了现代哲学的主体性思想，但他对哲学与科学之关系的理解却没有局限于上述这种现代观念。黑格尔和费希特、谢林一样，当他们认为哲学是科学的时候，不是因为要以哲学为科学乃至一切知识进行奠基，而是"意在——出于一种比知识之奠基更为彻底的动机——通过获得无限的知识来克服有限的知识"③。哲学自身展开为无限的知识，亦即绝对知识，这乃是德国观念论本己的问题，这一问题并不必然引向知识的奠基问题。相反，由于哲学之为科学的问题乃是从西方哲学的主导问题（"存在者是什么"）中生出的，"使哲学接近科学的形式"并非要以哲学为科学奠基，而是要"把古代哲学和西方哲学的主导难题带到其完成形态"④。与在绝对知识中解决主导问题相比，科学的奠基问题不仅只具有次要的地位，而且会阻碍在与主导问题的争辩中向基础问题的返回。

因此，关于黑格尔的"科学体系"，从消极意义上看，它并不是一种以哲学为科学奠基的工作，而从积极意义上看，"科学体系"意味着"绝对知识的体系"⑤。诚然，如黑格尔自己所说，我们必须在绝对者本身的

---

① Heidegger，*Hegels Phänomenologie des Geistes*，GA32，S. 14；海德格尔：《黑格尔的精神现象学》，第 13 页。海德格尔强调"科学体系"之"科学"是 die Wissenschaft，是最高的和真正的知识（Wissen）。中文难以直接表现对定冠词 die 的强调以及 Wissenschaft（科学）与 Wissen（知识）在字面上的关联。

② 参见 Heidegger，*Hegels Phänomenologie des Geistes*，GA32，S. 14 - 15；海德格尔：《黑格尔的精神现象学》，第 14 页。

③ Heidegger，*Hegels Phänomenologie des Geistes*，GA32，S. 15 - 16；海德格尔：《黑格尔的精神现象学》，第 15 页。

④ Heidegger，*Hegels Phänomenologie des Geistes*，GA32，S. 17；海德格尔：《黑格尔的精神现象学》，第 15 - 16 页。

⑤ 参见 Heidegger，*Hegels Phänomenologie des Geistes*，GA32，S. 19；海德格尔：《黑格尔的精神现象学》，第 17 - 18 页。

展开中去认识绝对知识的体系，但是，海德格尔仍然先行提供了对"绝对知识"的预先说明，并且认为这不仅是可能的，而且是必要的。①

预先说明的必要性来自我们进入一部著作时总是已经身处其中的解释学循环的处境，而海德格尔之所以事实上能够在课堂上提供某种预先说明，则与他对"第一遍阅读"的预设不无关系。在讲座"导论"之后的"先行考察"中，讲到"只有已经抵达终点才能够开始真正理解"时，海德格尔表现出一位老师在教学中的苦口婆心：

> 我在这里的讲座中预设了对整部著作的第一遍阅读。如果还没有读过第一遍，或者说，在接下来几周时间里没有读过第一遍，那么坐在这里就是完全没有意义的；诸位欺骗的不仅是我，而且是自己。②

这里对"第一遍阅读"的要求毋宁说是对"再次阅读"或者说"重读"的要求。海德格尔接着补充道，第一遍阅读并不能保证第二遍阅读的真正理解，而第一遍阅读之所以必不可少，是因为"这种阅读方式是任何一部哲学著作所要求的，并且是在一种基本的意义上要求的，这种基本的意义乃是基于一切哲学从始到终不过是在展开其预设"③。我们可以看到，海德格尔在这里对哲学著作的阅读方式的要求实际上仍然是紧扣着讲座的目标文本《精神现象学》。《精神现象学》的"预设"正是其开端的绝对性——作为终端的绝对知识在其开端处诚然"尚未-绝对"，但这绝不是说它的开端只是某种相对于"绝对"的"相对知识"。

绝对知识何以是绝对的？绝对首先且通常意味着"不是相对的"，海德格尔指出，对于黑格尔来说，知识之绝对与相对不是量的概念，而是质

---

① 参见 Heidegger，*Hegels Phänomenologie des Geistes*，GA32，S. 20；海德格尔：《黑格尔的精神现象学》，第 18 页。

② Heidegger，*Hegels Phänomenologie des Geistes*，GA32，S. 52；海德格尔：《黑格尔的精神现象学》，第 47 页。

③ Heidegger，*Hegels Phänomenologie des Geistes*，GA32，S. 52 - 53；海德格尔：《黑格尔的精神现象学》，第 47 页。对"第一遍阅读"的预设实际上意味着真正的阅读必定是"重读"。"重读"不是对第一遍阅读的单调重复，即使如此，也表明了第一遍阅读的不可避免。"也许我们不得不经常重复第一遍阅读，但这只不过是说，第一遍阅读根本不可缺少。"（Heidegger，*Hegels Phänomenologie des Geistes*，GA32，S. 52）罗兰·巴特在对小说文本的阅读中也提出"重读"的要求："阅读文本如其已被读过。"（Roland Bartes，S/Z，translated by Richard Miller，Blackwell，1990，p. 15）"这里一开始就提出重读，因为唯有重读可使文本免于重复（那些未能重读的人只好到处去读相同的故事）……仿佛阅读有一个开始似的，仿佛一切都曾未被阅读似的：没有什么第一遍阅读……我们直接重读文本……"（S/Z，p. 16）罗兰·巴特不存在第一遍阅读的说法看上去和海德格尔对第一遍阅读的预设相反，实则以"重读"为真正的阅读。

的概念，因此我们需要在质上而非量上来理解绝对知识与相对知识的区别。二者的区别并不在于所知的多少，比如说，相对知识只是对某些东西的知识，而绝对知识是对所有东西的知识。量上的绝对知识是所有知识，但是，从质上来看，所有知识仍然可能是相对的。绝对与相对与其说是知识的"什么"的区别，不如说是知识的"如何"的区别。

相对知识又何以是相对的呢？相对的知识不是局部的或片面的知识，正如总体的或全面的知识也并不就是绝对的知识。相对的知识的"相对性"不在于它所知的对象域，而在于它的知识方式。换言之，知识总是"关于什么的知识"，知识的"相对"从其知识的质来看不是由于所关于的"什么"的有限，而是由于知识在"关于"什么之际保持在了所知的"什么"那里。"黑格尔把这种相对知识——执着于并且被束缚于所知者的知识——称为'意识'。"① 不难看出，在柏拉图洞穴比喻第一阶段所描述的那些被束缚在洞穴中的人获得的正是黑格尔称之为意识的这种相对知识。（见上篇第 4 章第 2 节）

于是，如果说绝对知识是"不相对的"是就知识的质而言的，那么问题就不仅仅在于一种与相对知识不同的"不相对知识"是否可能，而是在于，相对知识本身在质上是否允许某种不同的知识，说得更直接些，相对知识本身是否有"不相对"的可能，是否能够成为一种质上不同的知识，这种知识的质"不是保持在束缚中，而是自行解脱，自行分-离于它的所知，并且作为分离了的——绝对的——质仍然是一种知识"②。这样的知识并没有因其自行分离而抛弃自己的所知物，相反，它对于它的所知物离而不弃，即"保存着的扬弃"。③ 所知物在知识的自行分离中被扬弃了。

---

① Heidegger, *Hegels Phänomenologie des Geistes*，GA32, S. 21；海德格尔：《黑格尔的精神现象学》，第 19 页。海德格尔在第 5 节更明确地在对《精神现象学》一书结构的概观中勾勒了意识经过自身意识到理性的过程，参见 Heidegger, *Hegels Phänomenologie des Geistes*，GA32, S. 48 - 50；海德格尔：《黑格尔的精神现象学》，第 44 - 45 页。

② Heidegger, *Hegels Phänomenologie des Geistes*，GA32, S. 21；海德格尔：《黑格尔的精神现象学》，第 19 页。

③ Heidegger, *Hegels Phänomenologie des Geistes*，GA32, S. 21；海德格尔：《黑格尔的精神现象学》，第 20 页。海德格尔在讲到自行脱离所知物并非"离弃"而是"保存着的扬弃"时引证了《哲学科学百科全书》第三部分"精神哲学"导论的一处文本，在那里黑格尔在指明精神的本性只能通过哲学来证明之后，就"非哲学思想"方面需要的说明提供了基督教神学的例子："基督教神学也是把神，即真理，理解为精神的，并且不是把精神当作某种静止的东西、在空洞的千篇一律中保持着的东西，而是当作这样的东西，它必然进入把自己和自身相区别、设定它的他者的过程，而且只有通过这个他者和对这个他者的保存着的扬弃——而非离弃——才达到自身。"（Hegel, *Enzyklopädie der philosophischen Wissenschaften Ⅲ*，TW10, Frankfurt am Main：Suhrkamp, 1986，S. 22 - 23）

知识现在把自己从所知物那里分离出来，不再束缚于所知物，相应于保持在所知物那里的"意识"，这种自行分离于所知物从而对自己有所知的知识就是"自身意识"。①

可是，自身意识虽然分离于所知者，但却还没有达到真正的绝对知识。海德格尔继续追问道：

> 在相对知识的本质中有一种分离的可能性，而现在的问题是——这是黑格尔在与他的时代的哲学以及康德的哲学进行争辩的决定性问题之一——在这种知识中，这种分离是否真正地实行了，或者说，这种知识虽然是**自身意识**，但是否仍是**意识**。②

后面我们将会看到，黑格尔与康德及同时代哲学家进行争辩的焦点即自身意识问题，也正是海德格尔在"精神现象学讲座"中与黑格尔展开争辩的位置。在自身意识这个中间位置③上，诸多哲学家前赴后继，却各自抵达不同的地方。

自身意识并没有抛弃所知的现成物，而是扬弃之。所知物不再是知识束缚于其中的东西，而是变成知识自身。这就是说，自身意识是对意识自身的意识，因而自身意识仍然是一种意识，这种意识不再单纯地束缚于所知物，而是在分离之际对知识自身有所知，并且因此保持在作为所知物的"我"那里。自我意识呈现出分离和束缚的双重性：分离于现成的所知物而束缚于"我"。"所以，虽然有一种分离在发挥作用，但自身意识仍然是相对的。"④ 当然，自身意识的双重性也呈现出这样一种解放的可能，这种解放不仅是把自身从所知的现成物那里解脱出来，而且是"认知着的自行解脱"，因此不是简单地在分离之际又束缚于"我"，而是对这种双重性中的束缚亦有所知。简言之，自身意识不仅意识到"自身"，而且是对自身的"意识"，自身意识不仅从所知的现成物那里解放，而且是自行解放。但是，正如在柏拉图洞穴比喻的第二阶段，被束缚者的解放尚不是真正的

---

① 参见 Heidegger，*Hegels Phänomenologie des Geistes*，GA32，S. 22；海德格尔：《黑格尔的精神现象学》，第 20 页。

② Heidegger，*Hegels Phänomenologie des Geistes*，GA32，S. 22；海德格尔：《黑格尔的精神现象学》，第 20 页。

③ 关于自身意识的中间位置，可参见 A. Sell，*Martin Heideggers Gang Durch Hegels „ Phänomenologie des Geistes "*，Bonn：Bouvier Verlag，1998，S. 87 - 88。

④ Heidegger，*Hegels Phänomenologie des Geistes*，GA32，S. 22；海德格尔：《黑格尔的精神现象学》，第 20 页。

自由（参见上篇第 4 章第 2 节），"意识的这种有自身意识的知识仿佛是一种自由的相对知识，但作为相对知识就意味着不是绝对知识，这就是说，不是真正自由的知识"①。

从对所知的现成物那里脱离出来，回到对自身的意识，还不是真正的绝对知识。真正的绝对知识还要知道，这种自行脱离而回到自身意识不是与作为相对知识的"意识"并列的另一种意识，不仅是"自身"的意识，而且是"意识的自身意识"。这种"自知""是纯粹不受约束的、纯粹分离了的知识，绝对知识"，在先行的讨论中就被称为"理性"。②

从意识经过自身意识到理性，实行了相对知识到绝对知识的转变。在准备性的先行说明中，这种转变只能是一种形式上的表达，而在体系中，转变的具体实行将会表明一开始的相对知识也是绝对知识。而这一点——用黑格尔在《精神现象学》前言中的那个著名的表述来说——"必须只通过体系本身的呈现得到辩护"③。这句话中的"只"（nur）是黑格尔在第二版的修订中增加的。这个小品词的补充绝非仅仅是语气上的补足，我们也不能简单地将之理解为一种"限制性"的要求，而是必须看到它的肯定性意义。科学之为绝对知识之所以"只"通过体系的呈现得到辩护，不是因为体系是一种恰当的论证方式，而是因为科学本身就是体系。

相对知识自身束缚于所知的现成物中，绝对知识不仅自行分离于所知者，而且以自知的方式分离，自知自己的分离。因此绝对知识的"不相对"不是抽象的无所相对，而是以知识的方式重新把握自己总是已经被束缚在其中的那相对的所知者，"真正地占有和保存之"④。前面已经提到过，"科学体系"这一标题中单数的"科学"意味着体系不是诸科学的排列组合，现在，如果说诸科学就其各自限制于某个存在者领域而言都是相对知识，那么科学体系作为绝对知识体系正是要把诸存在者领域的有限制

---

① Heidegger, *Hegels Phänomenologie des Geistes*，GA32，S. 23；海德格尔：《黑格尔的精神现象学》，第 21 页。"直接的自身意识还不是以'我＝我'为对象，而是仅仅以'我'为对象，因此只是对于我们而非对于它自己是自由的——还不知道它的自由，并且只是在自己中有它的自由的基础，但还没有真正的现实的自由。"参见 Hegel, *Enzyklopädie der philosophischen Wissenschaften Ⅲ*，TW10，S. 424。

② 参见 Heidegger, *Hegels Phänomenologie des Geistes*，GA32，S. 23；海德格尔：《黑格尔的精神现象学》，第 21 页。

③ Hegel, *Phänomenologie des Geistes*，TW3，S. 22；黑格尔：《精神现象学》，第 11 页。

④ Heidegger, *Hegels Phänomenologie des Geistes*，GA32，S. 23；海德格尔：《黑格尔的精神现象学》，第 21 页。

的知识关联起来。"科学体系"既不是诸科学的排列，也不是最高科学的某种外在结构。"作为绝对知识的科学本身根据其最内在的本质就是体系。体系不是随意的框架，不是事后才追加给绝对知识的秩序，相反，只有当绝对知识在体系中并且作为体系展开和呈现时，它才得以被把握，才知道它自己。"① 这就是说，在黑格尔那里，"科学体系"毋宁说是一个同义反复的标题，科学是体系中的科学，是作为体系的科学。

　　现在我们可以尝试回答第一个问题，即"精神现象学"的双重位置如何得到体系性的奠基？或者更具体地说，科学体系在何种程度上要求"精神现象学"作为它的第一部分？答案就是：精神现象学作为绝对知识返回自身的过程。②

　　下面我们在体系的具体展开中来看自身意识如何作为通道而占据中间位置。

2. 自身意识作为通道

　　海德格尔在进入对"自身意识"章的解读时一上来仍然是围绕章节标题做文章。海德格尔讲道："《精神现象学》第一个主要部分的标题是'A. 意识'。我们要注意：这个标题没有进一步规定。与之相反，现在：'B. 自身意识：自身确定性的真理'以及同样地：'C. 理性：确定性与理性之真理'。"③ 实际上，我们可以看到，"自身确定性的真理"和"确定性与理性之真理"这两个标题分别是第 4 章和第 5 章的标题，而非对"B. 自身意识"和"C. 理性"这两个标题的"进一步规定"。在"A. 意识"这一部分下面包括了前三章："I. 感性确定性；或这一个与意谓""II. 知觉；或物与错觉""III. 力与知性，现象与超感性世界"。因此，如果说"B. 自身意识"和"C. 理性"在标题上有进一步规定，那么可以说，"A. 意识"也不缺乏这样的规定，甚至更多。另外，"理性"部分在标题上更准确的

---

　　① Heidegger，*Hegels Phänomenologie des Geistes*，GA32，S. 24；海德格尔：《黑格尔的精神现象学》，第 22 页。

　　② 参见 Heidegger，*Hegels Phänomenologie des Geistes*，GA32，S. 37 – 40；海德格尔：《黑格尔的精神现象学》，第 34 – 36 页。

　　③ Heidegger，*Hegels Phänomenologie des Geistes*，GA32，S. 185；海德格尔：《黑格尔的精神现象学》，第 159 页。

表达是"C（AA）理性"，与"（BB）精神"和"（CC）宗教"构成第三个"三一式"。

《精神现象学》的整体结构和诸章节的关联相当复杂，从目录上看，大的框架构成一个逐次展开的"三一式"，而在一些章节内部甚至可以细分到第七级标题。① 海德格尔所指出的"B. 自身意识"和"A. 意识"两个标题之间的差异也许是一个误会，但是他所给出的理由却是值得肯定的："这（按：标题的差异）并非偶然。在 A 部分我们根本还不具有真理，因此也就没有什么可命名的。"② 之所以如此，当然不是因为 A 部分不真，而是因为"真理预先在整体上被建构为绝对知识的真理"③，真理乃是知识之真理，而"在 A 部分，知识还不是真者，而只有作为知识之陌异他者的对象是真者"④。对此，黑格尔在"自身意识"章"导论"开头说得十分明确：

> 在确定性迄今为止的各种形态中，对于意识来说，真者都是某种不同于意识自身的东西。但是，这种真者的概念在关于它的经验中消失了；对象曾经如何直接地**自在存在**，感性确定性的存在者、知觉的具体物、知性的力，它就如何证明自己并未在真理中存在，反倒是这种自在表明自己为对象仅仅为一个他者而存在的一种方式；对象的概念在一个现实的对象那里扬弃自身，或者说，最初的直接的表象在经验中消失了，确定性在真理中消失了。但从现在开

① 关于《精神现象学》诸章节结构上的关联，参见 Hans Friedrich Fulda，*G. W. F. Hegel*，München：Verlag C. H. Beck，2003，S. 89 - 93。

② Heidegger，*Hegels Phänomenologie des Geistes*，GA32，S. 185；海德格尔：《黑格尔的精神现象学》，第 159 页。或许海德格尔所说的对标题的进一步规定并不是体现在标题中，而是在于"B. 自身意识"和"C. 理性"各自章节开篇部分都进行了具有概述性质的"导论"，在"A. 意识"标题下则是径直开始了对"感性确定性"的分析，而没有针对整个"意识"部分的"导论"。

③ Heidegger，*Hegels Phänomenologie des Geistes*，GA32，S. 185；海德格尔：《黑格尔的精神现象学》，第 159 页。

④ Heidegger，*Hegels Phänomenologie des Geistes*，GA32，S. 185；海德格尔：《黑格尔的精神现象学》，第 159 页。关于《精神现象学》中 die Wahrheit（真理）与 das Wahre（真者）的区别，可参见先刚：《黑格尔〈精神现象学〉中的"真相"和"真理"概念》，《云南大学学报》（社会科学版）2016 年第 6 期。先刚把 die Wahrheit 译为"真理"，把 das Wahre 译为"真相"，认为前者是认识论范畴而后者是本体论范畴，并且基于具体文本的分析阐释了二者的辩证关系，提出黑格尔的"真相"（das Wahre）概念已经预示了海德格尔对"无蔽"的理解。王路在《真、真理与真相》一文中针对先刚的文章对这两个词语的翻译和理解做出了批评性的讨论，参见王路：《真、真理与真相》，《湖北大学学报》（哲学社会科学版）2018 年第 5 期。

始，产生了那在过去的关系里未曾出现的某种东西，即一种与它的真理一致的确定性，因为确定性本身就是自己的对象，而意识自身对于自己来说就是真者。①

"自身意识"章开头的这段话具有一种开启性的力量，表达了一种转变：从意识一开始沉浸在其中的真者转变到与确定性自身相一致的真理。这与上一小节所讲的从相对知识到绝对知识的转变是一回事，或者更准确地说，是从相对知识到绝对知识的第一步。"随着自身意识，我们就进入了真理的自家王国。"② 一方面，进入真理之领域的第一步还不是对真理之领域的完全占有；另一方面，只有当第一步已经切实地迈出，占领全部真理之领域才是可能的。因此，"对于一切进一步的东西——无论是形式还是内容上的丰富——来说，决定性的是对从意识到自身意识之过渡的源初本己本质的理解"③。于是，海德格尔首先把解读的重心放在了从意识到自身意识的过渡问题上④。

在正面解释《精神现象学》从意识到自身意识的"过渡"之前，海德格尔首先回应了关于这一过渡的"流俗表象"。这里所说的"流俗表象"指的不仅是非哲学的或前哲学的表象，而且也是甚至首先就是哲学的表象。海德格尔指出，实证主义在 19 世纪的后黑格尔时代重新占据统治地位，其后果是人的精神与生存被当作现成的东西在生物学和机械论的意义上得到自然主义的解释。而与这种自然主义相反的也不是对实证主义的消除，而是实证主义的心理主义形态。在海德格尔看来，正是对尼采的心理主义解释阻碍了人们对哲学的本质认识。⑤

对自身意识的理解同样受到这种心理主义的影响，而从对意识的经验

---

① Hegel，*Phänomenologie des Geistes*，TW3，S. 137；黑格尔：《精神现象学》，第 111 页。海德格尔后来专门解读《精神现象学》导论的文章《黑格尔的经验概念》正是结束于对这段话的引用。参见 Heidegger，*Holzwege*，GA5，Frankfurt am Main：Vittorio Klostermann，1977，S. 208；海德格尔：《林中路》，第 238 - 239 页。

② Hegel，*Phänomenologie des Geistes*，TW3，S. 138；黑格尔：《精神现象学》，第 111 页。另参见 Heidegger，*Hegels Phänomenologie des Geistes*，GA32，S. 186。

③ Heidegger，*Hegels Phänomenologie des Geistes*，GA32，S. 189；海德格尔：《黑格尔的精神现象学》，第 162 页。

④ 对于阅读和理解《精神现象学》来说，从意识到自身意识的过渡是一个难点，可参见邓晓芒：《黑格尔精神现象学中的自我意识溯源》，《哲学研究》2011 年第 8 期。

⑤ 参见 Heidegger，*Hegels Phänomenologie des Geistes*，GA32，S. 190；海德格尔：《黑格尔的精神现象学》，第 163 页。

出发去反对黑格尔的过渡："黑格尔向自身意识的过渡想得太过复杂而且矫揉造作。"① 换句话说，黑格尔那里的思辨和辩证的过渡与我们的"清楚明白并且合乎现实的经验"不符。因为，我们的意识同时就是自身意识，一个基本的事实是，"总有一个关于我们之内的诸事件的意识伴随着关于我们之外的诸物的意识"②。从意识与自身意识的共同存在出发来看，黑格尔那里的过渡就是由于没有认清事实而多此一举了。

　　但是，黑格尔的过渡的"本己特征和本己意图"③ 既不是要证明意识同时是自身意识，也不是要否认之。"关键之处既非对意识与自身意识的共同现成存在的证明，亦非对二者之不同的论证，而是要揭示自身意识是意识的真理。"④ 先把意识理解为对象意识，再把朝向对象的目光转回到意识自身，这样的自身意识与其说是从意识过渡而来，不如说是被拖回了意识的领域。⑤ 这种做法实际上把自身意识当成意识的一种独特形态，然而，黑格尔的过渡所表达的不是"自身意识是意识"，而是"意识是自身意识"⑥。

　　该如何理解"意识是自身意识"这一陈述呢？经过上面的讨论，现在清楚的是，这句话绝不是说意识也可以是自身意识，或者说意识总是伴随着自身意识，相反，这里的"是"在思辨的意义上说出了"本质"：意识的本质是自身意识，意识本质化为自身意识。⑦ 也就是说，从意识到自身意识的过渡不是把自身意识拖回到意识，而是把意识带回到它的本质。从意识的这一本质出发，意识与自身意识的伴随或共同存在才是可能的和必

　　① Heidegger, *Hegels Phänomenologie des Geistes*，GA32，S. 190；海德格尔：《黑格尔的精神现象学》，第 163 页。

　　② Heidegger, *Hegels Phänomenologie des Geistes*，GA32，S. 192；海德格尔：《黑格尔的精神现象学》，第 163 页。

　　③ Heidegger, *Hegels Phänomenologie des Geistes*，GA32，S. 192；海德格尔：《黑格尔的精神现象学》，第 164 页。

　　④ Heidegger, *Hegels Phänomenologie des Geistes*，GA32，S. 193；海德格尔：《黑格尔的精神现象学》，第 165 页。另参见 Hegel, *Phänomenologie des Geistes*，TW3，S. 135；黑格尔：《精神现象学》，第 106－107 页。

　　⑤ 参见 Heidegger, *Hegels Phänomenologie des Geistes*，GA32，S. 192－193；海德格尔：《黑格尔的精神现象学》，第 164－165 页。

　　⑥ 参见 Heidegger, *Hegels Phänomenologie des Geistes*，GA32，S. 193－194；海德格尔：《黑格尔的精神现象学》，第 165 页；Hegel, *Phänomenologie des Geistes*，TW3，S. 134；黑格尔：《精神现象学》，第 106 页。

　　⑦ 参见 Heidegger, *Hegels Phänomenologie des Geistes*，GA32，S. 193；海德格尔：《黑格尔的精神现象学》，第 165 页。

然的。

　　然而，当黑格尔把意识带回到作为它的本质的自身意识那里的时候，他不是也走在笛卡尔-康德的道路上了吗？确实，在康德那里，"先验统觉的源始综合统一性被把握为一切对象性的可能性的条件"，黑格尔的进路就可以理解为对康德的转化和扩展。① 可是，如果只是抛开自然主义心理学的立场而转向对意识的先验本质的寻求，我们就仍然"没有触及黑格尔问题的本己特性"。海德格尔特别提到这种理解在他的同时代人那里容易造成的印象："仿佛要处理的虽然不是一种意识向其自身的在存在状态中有知觉的回转，但却是通向作为纯粹的我的领域的纯粹意识体验的本质领域的道路。"②

　　在黑格尔那里，从意识到自身意识的过渡的本己意图既不是揭示某种现成的意识状态，也不是通达纯粹意识的本质领域。之所以如此，并不是因为黑格尔发现了另一种与众不同的自身意识领域，而是因为黑格尔在向着自身意识的过渡中根本没有把自身意识把握为一个如此这般的领域。作为意识与理性的"中间"，"自身意识只是一个通道"③。海德格尔由此做出总结："因此，决定性的还是这件事：对于黑格尔，自身意识从一开始就没有呈现为在可能的研究工作领域的意义上的一个诸体验现成可见的本质关联的区域，而是事关精神的现实性。简言之：关键不在于作为反思的可知者的**自身-意识-存在**（Selbst-*bewußt*-sein），而是在于作为一种现实性的**自身-意识-存在**（*Selbst*-bewußt-*sein*），这种现实性高于对现成对象的意识的现实性。需要把自身之存在，把自身存在带向绝对的理解。"④ 至此，关于自我意识的讨论还处在防御性阶段，而从自身意识中读出的"自身存在"则提示着海德格尔接下来的挖掘工作：自身意识的存在。

---

　　① Heidegger，*Hegels Phänomenologie des Geistes*，GA32，S. 194；海德格尔：《黑格尔的精神现象学》，第 166 页。

　　② Heidegger，*Hegels Phänomenologie des Geistes*，GA32，S. 195；海德格尔：《黑格尔的精神现象学》，第 167 页。

　　③ Heidegger，*Hegels Phänomenologie des Geistes*，GA32，S. 195；海德格尔：《黑格尔的精神现象学》，第 167 页。

　　④ Heidegger，*Hegels Phänomenologie des Geistes*，GA32，S. 195 - 196；海德格尔：《黑格尔的精神现象学》，第 167 页。

3. 生命："存在与时间"

海德格尔针对黑格尔展开的争辩是在形而上学方面的争辩，涉及从形而上学的主导问题向形而上学的基础问题的转变。[①] 前者问的是"存在者是什么"，而后者问的是"存在是什么"。此间呈现出的差异是存在者与存在之间的差异，亦即存在论差异。

基于争辩已然预设的存在论差异，海德格尔在讲座第 5 节的"先行考察"中预先提示了他和黑格尔关于"存在"和"存在者"这两个术语在用法上的区别。首先是他自己的用法："根据对存在一词含义的宽泛刻画，我们用这个词不仅指某物是什么，而且指它如何是的类型和方式，它的现实性的类型。"[②] 然后是黑格尔的用法："与此相反，黑格尔用词语'存在者'和'存在'在术语上仅仅指在我们意义上的存在者的一个特定领域，仅仅指在我们意义上存在的一个特定模式。黑格尔称之为存在者和存在的东西，我们用这样的词语称呼：'现成者'和它的'现成性'。"[③] 在这里，如同海德格尔在其他地方针对别的哲学家所做出的关于"存在"、"存在者"以及"此在"这些词语的含义的断言一样，区别首先都只是形式上的，并非具体的实质领域的区别，进而必须在积极的意义上把区别实行为存在论上的差异，最后则需要在存在历史的意义上来重演这种差异。

从形而上学的主导问题的历史演变来看，作为现代哲学基本问题的自身意识问题的"开端性"就会大打折扣，反倒是其"完成性"会凸显出来。海德格尔就此提醒道："笛卡尔以来的现代哲学朝向意识的新方向相对于古代哲学并非彻底的新开端，而只是古代进路在其动机和目标不明的情况下向着主体的扩展和转变，其结果是，在自身的领域内，关于自身存在的问题逐渐并且最终被关于意识与知识的问题淹没。"[④] 黑格尔诚然也是从自身意识出发来把握自身存在的，但是对于海德格尔来说，任务恰恰

---

① Heidegger, *Vorträge Teil Ⅰ：1915 - 1932*，GA80.1，S. 284，S. 296 - 299.

② Heidegger, *Hegels Phänomenologie des Geistes*，GA32，S. 59；海德格尔：《黑格尔的精神现象学》，第 53 页。

③ Heidegger, *Hegels Phänomenologie des Geistes*，GA32，S. 59；海德格尔：《黑格尔的精神现象学》，第 53 页。

④ Heidegger, *Hegels Phänomenologie des Geistes*，GA32，S. 196；海德格尔：《黑格尔的精神现象学》，第 168 页。

是从自身存在问题来理解《精神现象学》中的自身意识。

在"精神现象学讲座"的最后阶段，海德格尔把注意力集中在了"自身意识"章的导论，认为黑格尔在那里发展了一种新的存在概念。[①]更准确地说，发展了新的存在概念的段落是导论的第二大段——海德格尔把导论的前两个自然段划为第一大段，把之后的十一个自然段划为第二大段，进而把第二大段又分为两个部分：第一部分从"Der Gegenstand"开始[②]，包括六个自然段；第二部分从"Dieser andere Leben aber"开始[③]，到导论结束为止，包括五个自然段。实际上，海德格尔明确解读了的文本只是第二大段的第一部分，这部分恰好处在导论的中间位置。

> 但是，那对于自身意识来说是否定物的对象，在它这一方面，**对于我们**或者**自在地**返回自身之内了，正如意识在它那一方面也返回到自身之内了。对象通过这种自-内-反射就成了**生命**。[④]

黑格尔在这一段开头提到的"生命"正是对新的存在概念的展开。但是在"自身意识"章做出的这一新的展开实际上只是"意识"部分的结果，"对这种新的、本己的绝对存在概念的展开，无非是对从意识的辩证法中产生的'结果'的明确"[⑤]。直接地看，这一结果在意识部分"知性"章的结尾已经出现了，在那里，黑格尔已经说出："绝对概念是生命的单纯本质。"[⑥] 而把目光投到整个意识部分来看，黑格尔关于绝对概念之生命本质的陈述，便是对意识对象从最初的直接当前存在经过知觉的中介而把自身确定为"无条件的普遍者"（力）、"内在的区分"（规律）、"绝对的

---

① 参见 Heidegger, *Hegels Phänomenologie des Geistes*, GA32, S. 198、203；海德格尔：《黑格尔的精神现象学》，第 169、173-174 页。

② Hegel, *Phänomenologie des Geistes*, TW3, S. 139；黑格尔：《精神现象学》，第 113 页。

③ Hegel, *Phänomenologie des Geistes*, TW3, S. 143；黑格尔：《精神现象学》，第 116 页。

④ Hegel, *Phänomenologie des Geistes*, TW3, S. 139；黑格尔：《精神现象学》，第 113 页。

⑤ Heidegger, *Hegels Phänomenologie des Geistes*, GA32, S. 205；海德格尔：《黑格尔的精神现象学》，第 175 页。

⑥ Heidegger, *Hegels Phänomenologie des Geistes*, GA32, S. 206；海德格尔：《黑格尔的精神现象学》，第 175 页。黑格尔的原文参见 Hegel, *Phänomenologie des Geistes*, TW3, S. 132："这种单纯的无限性或绝对概念可以被称为生命的单纯本质、世界的灵魂、普遍血液，这种血液无论在哪里都不会因任何区别而变得混浊或被中断，它本身毋宁说就是一切区别，也是对一切区别的扬弃，因而在自身内脉动而不运动，在自身内颤动而没有不安。"（黑格尔：《精神现象学》，第 104 页）海德格尔截取了 "der absolute Begriff ist das einfache Wesen des Lebens" 而略去了 "zu nennen"，有断章取义之嫌。

概念"（无限性）这一过程的确认。①

不仅如此，从形而上学历史这一更宽广的视野来看，这里的新的存在概念作为结果无非是对形而上学开端的本己内容的展开，亦即作为存在-自我-神-逻辑学的形而上学的完成。也就是说，所谓新的存在概念之新并不在于与某种旧的存在概念的告别，而是相反，"新的存在概念是在其最极端的和整体的完成中的旧的、古代的存在概念"②。通过对意识部分"感性确定性""知觉""知性"这三章的解读，海德格尔在"意识经验的科学"中读出的正是感性确定性的直接对象（存在）③ 通过知觉的中介④而成为知性的无限性⑤的过程，其结果首先就可以表达为"存在是无限性"⑥。

那么何以在形而上学"完成"的地方、在精神现象学"开始"的地方出现了"生命"这一存在概念呢？海德格尔回溯到亚里士多德《论灵魂》（De anima）中的一句话（"生命是一种存在方式。"⑦）表明在存在概念展

---

①　参见 Heidegger, *Hegels Phänomenologie des Geistes*, GA32, S. 205 - 206；海德格尔：《黑格尔的精神现象学》，第 175 页。"对意识而言，听和看等行为已经消逝在感性确定性的辩证运动中，意识作为知觉获得了一些思想，尽管它只有通过 个无条件的普遍者才能把这些思想合并起来。"（Hegel, *Phänomenologie des Geistes*, TW3, S. 107；黑格尔：《精神现象学》，第 84页）"之前得出的结果，亦即那个无条件的普遍者，最初仅仅具有一种否定的和抽象的意义。"（Hegel, *Phänomenologie des Geistes*, S. 108；黑格尔：《精神现象学》，第 85 页）"但实际上，力就是一个无条件的普遍者，这个普遍者既是一种为他存在，也是一种自在存在。"（Hegel, *Phänomenologie des Geistes*, TW3, S. 110；黑格尔：《精神现象学》，第 86 页）"由于规律是一个单纯的力，或者换句话说，由于规律作为区分的概念等于一种概念上的区分，所以上述区分是一个内在的区分。"（Hegel, *Phänomenologie des Geistes*, TW3, S. 125；黑格尔：《精神现象学》，第 98 页）"实际上，只有通过这个规定，即自身一致者与自身不一致，自身不一致者又与自身一致，区分才成为一个内在的区分，亦即一个自在的区分。"（Hegel, *Phänomenologie des Geistes*, TW3, S. 128；黑格尔：《精神现象学》，第 100 页）

②　Heidegger, *Hegels Phänomenologie des Geistes*, GA32, S. 204；海德格尔：《黑格尔的精神现象学》，第 174 页。

③　"感性确定性说出了现成存在者的现成性，用黑格尔的术语来说，就是存在。因此黑格尔说：'感性确定性的真理所包含的只是事情的存在。'"（Heidegger, *Hegels Phänomenologie des Geistes*, GA32, S. 78；海德格尔：《黑格尔的精神现象学》，第 70 页）

④　"作为中间，知觉恰恰是通向……的通道。"（Heidegger, *Hegels Phänomenologie des Geistes*, GA32, S. 106）"在知觉中根本没有真理，不是一般的没有，而是彻底的没有，以至于知觉时而以这一个，时而以另一个作为它的真理。"（Heidegger, *Hegels Phänomenologie des Geistes*, GA32, S. 138）

⑤　"'规律的单纯性'，知性对象的真理，'是无限性'。"（Heidegger, *Hegels Phänomenologie des Geistes*, GA32, S. 180）

⑥　参见 Heidegger, *Hegels Phänomenologie des Geistes*, GA32, S. 145。

⑦　Heidegger, *Hegels Phänomenologie des Geistes*, GA32, S. 206；海德格尔：《黑格尔的精神现象学》，第 176 页。参见 Aristoteles, *Über die Seele, De anima, übersetzt von Klaus Corcilius*, Hamburg：Felix Meiner, 2017, B4, 415b13.

开的地方出现"生命"并不是新鲜事。他紧接着提到黑格尔在其早期神学
著作中已经直接说出"纯粹的生命是存在"这样的句子，表明黑格尔也不
是临时起意偶然为之，然后再次回到亚里士多德的《论灵魂》来为理解
"生命"概念寻求帮助。亚里士多德这样规定生命："自身通过自己保存自
己生长和衰落。"① 海德格尔由此对"生命"这个概念做出解释："生
命——这指的是自己从自己生成着并且在活动中自己在自己内保持着的存
在。"② 在《精神现象学》从意识到自身意识的过渡中，从自己生成并且
在自己内保持的生命概念意味着"无条件的普遍性"和"内在的区分"不
是单纯地被取消，而是"被扬弃、被保存、被保留在其起源中"，"存在被
把握为自己在自己内保持着的自立性"③。

　　海德格尔接着在黑格尔对生命诸环节的展示中敏锐地看到存在与时间
的关联。黑格尔这样写道：

> 生命的圆圈包含以下环节。**本质**是作为一切区分的**被扬弃存在**的
> 无限性，是纯粹的绕轴旋转运动，这种运动本身的静止乃是绝对不静
> 止的无限性；**自立性**本身，运动的诸区分消解于其中；时间的单纯本
> 质，它在这种自身一致性中具有空间的纯正形态。④

　　海德格尔首先抓住这最后一个环节大做文章，在他看来，黑格尔这里
"完全直接地，就像是自明的，在存在概念之阐明的中间"插入了这个
"同位语"。⑤ 而之所以如此，是因为这个句子和《精神现象学》中的许多
句子一样，是对黑格尔耶拿时期思想的重演。在《存在与时间》中海德格
尔就曾指出，黑格尔在《哲学科学百科全书》中对时间的思考可以追溯到
耶拿时期⑥，现在，海德格尔再次强调黑格尔时间思想的一贯性以及与传

---

① 参见 Aristoteles, *Über die Seele*, *De anima*, *übersetzt von Klaus Corcilius*, B1,
412a14。

② Heidegger, *Hegels Phänomenologie des Geistes*, GA32, S. 207；海德格尔：《黑格尔的
精神现象学》，第 176 页。海德格尔曾在 1926 年马堡夏季学期的讲座"古代哲学的基本概念"中
讲授过亚里士多德的生命概念，参见 Heidegger, *Die Grundbegriffe der Antiken Philosophie*,
GA22, Frankfurt am Main：Vittorio Klostermann, 1993, S. 182 - 188，第三部分第 5 章"生命的
存在论与此在的存在论"。

③ Heidegger, *Hegels Phänomenologie des Geistes*, GA32, S. 207；海德格尔：《黑格尔的
精神现象学》，第 176 - 177 页。

④ Hegel, *Phänomenologie des Geistes*, TW3, S. 140；黑格尔：《精神现象学》，第 113 页。

⑤ Heidegger, *Hegels Phänomenologie des Geistes*, GA32, S. 207；海德格尔：《黑格尔的
精神现象学》，第 177 页。

⑥ 参见 Heidegger, *Sein und Zeit*, S. 432；海德格尔：《存在与时间》，第 518 页。

统的一致性："时间与空间一开始对于黑格尔——并且一直在他的整个哲学中——就是自然哲学的首要问题；这完全合乎传统。"① 这里所说的传统无疑仍然是肇端于亚里士多德《物理学》的那个传统。

从"自然哲学"出发来思考时间的结果就是，在精神或历史的领域内，时间只是从自然那里扩展或转化而来的，而由于时间并不首先从精神那里展开自身，"精神"就只好"落入时间"，而不是自行到时。这是海德格尔在《存在与时间》中对黑格尔"时间与精神之关系"的分析已经从形式上显明了的。这一关系将在与黑格尔的争辩中得到进一步的解释。

现在，在与黑格尔的争辩中，问题不再是"时间与精神"或"时间与此在"，而是"时间与存在"。海德格尔在驳斥那种把他的"存在与时间"回溯到黑格尔的做法时暗示了这一区别："最近有人反复尝试——在我本人以前已经指出黑格尔那里时间与自我的值得注意的关联之后——证明，黑格尔那里已经有'存在与时间'的难题。"② 外部的声音固然是海德格尔做出回应的直接因素，但从"时间与此在"到"时间与存在"的转变本身也是海德格尔思想道路自身的轨迹。后者才是海德格尔能够在指出人们对于"存在与时间"问题在哲学史上穿凿附会之荒谬的同时，与黑格尔那里的"存在与时间"问题展开争辩的根本原因。

回到上面的《精神现象学》引文，作为新的存在概念，生命不仅包括"时间的单纯本质"这个环节，而且第一个环节说的就是"本质是作为一切区分的被扬弃存在的无限性"。黑格尔在这里以强调的方式所表达的"本质"被海德格尔解释为"真正的存在"，从而这两个共属一体的环节所说的就是"存在的本质是时间的本质"③。海德格尔由此得出了黑格尔关于"存在与时间"的论题："存在是时间的本质。"其中的"存在"是无限性。而海德格尔自己的论题则表述为"存在的本质是时间"，其中的"存在"是有限性。④ 于是，我们来到了海德格尔与黑格尔进行争

---

① Heidegger, *Hegels Phänomenologie des Geistes*，GA32，S. 208；海德格尔：《黑格尔的精神现象学》，第 177 页。

② Heidegger, *Hegels Phänomenologie des Geistes*，GA32，S. 208；海德格尔：《黑格尔的精神现象学》，第 177 - 178 页。

③ Heidegger, *Hegels Phänomenologie des Geistes*，GA32，S. 209；海德格尔：《黑格尔的精神现象学》，第 178 页。

④ 参见 Heidegger, *Hegels Phänomenologie des Geistes*，GA32，S. 209；海德格尔：《黑格尔的精神现象学》，第 178 页。

辩的十字路口。①

4. 有限性与无限性的十字路口

本章跟随海德格尔的"精神现象学讲座",基于对黑格尔"精神现象学"双重位置的考察,确定了作为通道的自身意识所处的中间位置,进而展示了海德格尔对"自身意识"章的生命概念的详细分析。在对这一被海德格尔称为"新的存在概念"的生命概念的分析中,存在与时间的问题浮出水面。海德格尔以一组针锋相对的命题呈现黑格尔与他的差异:

> 存在是时间的本质(黑格尔);
> 存在的本质是时间(海德格尔)。

这一组命题显示出对于存在的两种理解:存在是无限性,抑或存在是有限性。在存在之有限性与无限性的十字路口,海德格尔不再仅仅以黑格尔为反衬来标明自己的进路,而是通过这两个形式上相反的论题指明争辩的方向。在"精神现象学讲座"进行到中段的时候,准确地说是在解释进行到"知性"章开始的地方,海德格尔就已经挑明了"存在与时间"——"时间,而非 logos"——指示着他与黑格尔相遇的道路的方向。② 在那里,"存在是无限性"这一命题表达的是思辨意义上的存在的被设定性,而"存在是有限性"这一命题中的存在则意味着作为绽出的时间境域的存在,海德格尔特别对此做出补充说明:

> 借此我要说的只是,不仅在内容上存在解释与黑格尔的存在解释相比是不同的,而且,解释本身的根本方向——logos 与时间是根本不同的。因此,这不是一个简单的形式上的"非此即彼",一种哲学的争辩根本不能被带到这样的"非此即彼"上。我们希望借此指出的只是,当我们在存在问题中遇到黑格尔时,我们是从哪个维度来的。③

---

① 参见 Heidegger, *Hegels Phänomenologie des Geistes*, GA32, S. 92、106;海德格尔:《黑格尔的精神现象学》,第 82、94 页。

② 参见 Heidegger, *Hegels Phänomenologie des Geistes*, GA32, S. 143;海德格尔:《黑格尔的精神现象学》,第 123 - 124 页。

③ Heidegger, *Hegels Phänomenologie des Geistes*, GA32, S. 145;海德格尔:《黑格尔的精神现象学》,第 125 页。

在黑格尔对生命圆圈诸环节的描述中可以再次确认存在-自我-神-逻辑学的形而上学：生命的"自身一致性"是存在在存在-逻辑学上的规定；区分只是"内在的区分"，"我是我"，因而与他物的关系并非真正的关系，这是存在在自我-逻辑学上的规定；而作为绝对的概念，"无限性"则是存在在神-逻辑学上的规定。而时间之所以具有"空间的纯正形态"，乃是因为"在这种存在-自我-神-逻辑学上的作为无限性的存在概念的光照下，时间显示为存在的一种显象，而且属于自然，'与绝对实在的精神相对的'自然"①。与精神相对的自然作为精神自身的外化或异化是欠精神者（das Geistlose）的领域，因此时间是一种欠精神者。海德格尔由此回顾了"时间与精神"的关系，解释了精神何以"落入时间"："只要欠精神者在其本质上也是由精神来规定，时间也就能够而且必须在绝对存在的形式化了的概念中被把握。由此也就同时能够理解，在何种程度上，精神自身——如果不得不存在的话——会落入时间。"② 于是，在《存在与时间》中仅仅通过"否定之否定"的形式结构而得到说明的"时间与精神之关系"得到了实质上的理解。

海德格尔的"精神现象学讲座"止于对生命诸环节的解释，本章的探讨也随之停在"存在是时间的本质"（黑格尔）与"时间是存在的本质"（海德格尔）这两个命题所形成的争辩地带。下一章我们将接着讨论"自身意识"章的"自立性"和"自由"，并且力图将解释保持在海德格尔与黑格尔的争辩中，从我们对整个问题的主题化来看，这也就意味着必须深入真理之本质的维度。

---

① Heidegger，*Hegels Phänomenologie des Geistes*，GA32，S. 209；海德格尔：《黑格尔的精神现象学》，第 178–179 页。海德格尔在这里再次引证"耶拿逻辑学"，表明黑格尔从自然出发思考时间，而自然是与精神相对的。

② Heidegger，*Hegels Phänomenologie des Geistes*，GA32，S. 210；海德格尔：《黑格尔的精神现象学》，第 179 页。

第8章　自立、自由与否定性

按照海德格尔的阐释，黑格尔在"自身意识"章的导论部分展开了一种新的存在概念，黑格尔通过生命圆圈的诸环节来规定这个存在，海德格尔一言以蔽之："存在被把握为自己在自己内保持着的自立性。"①

海德格尔在黑格尔对生命诸环节的规定中截取"存在切片"，提取黑格尔的论题：存在是时间的本质。然而，这样做的时候他却恰恰略去了中间的环节，即自立性本身。② 这或许是因为前后两个环节已经足够把读者引到与黑格尔展开争辩的地方，抑或是由于作为生命的存在本身已经被界定为自立性，但是我们不应忘记，不仅对从意识到自身意识的过渡以及自身意识的双重化结构的理解要以自立性为主导问题③，而且过渡本身就意味着"赢获在其自立性中的自身存在"，相应的对新的存在概念的发展则"关涉到对自身的自立性的思辨表达的可能性"④。

另外，虽然没有展开具体的解释，但海德格尔也提到了"自身意识"章所包含的两节的标题："自身意识的自立性与非自立性，主人与奴隶"和"自身意识的自由；斯多亚主义、怀疑主义与不幸意识"，并且提醒读

---

① Heidegger，*Hegels Phänomenologie des Geistes*，GA32，S. 207；海德格尔：《黑格尔的精神现象学》，第 177 页。

② 黑格尔对生命诸环节的规定参见 Hegel，*Phänomenologie des Geistes*，TW3，S. 140；黑格尔：《精神现象学》，第 113 页。海德格尔的解释参见 Heidegger，*Hegels Phänomenologie des Geistes*，GA32，S. 209；海德格尔：《黑格尔的精神现象学》，第 178 页。

③ "只有自身存在、自身的自立性作为主导问题被保持在视野中，从'A. 意识'到'B. 自身意识'的过渡才会失去其陌异性。"（Heidegger，*Hegels Phänomenologie des Geistes*，GA32，S. 197；海德格尔：《黑格尔的精神现象学》，第 169 页）"不仅就我们从意识及其对象出发而言从其最容易想到的方面来看，而且基于自立性的主导问题来看，这一双重化对于自身意识的思辨结构来说都是决定性的现象。"（Heidegger，*Hegels Phänomenologie des Geistes*，GA32，S. 199 - 200；海德格尔：《黑格尔的精神现象学》，第 170 - 171 页）

④ Heidegger，*Hegels Phänomenologie des Geistes*，GA32，S. 200；海德格尔：《黑格尔的精神现象学》，第 171 页。这也是编者为这一小节选定的标题。

者，"如果我们注意到在《精神现象学》中，在整个 A 部分，处理的都不是'认识理论'，而是唯独处理精神的真正的现实性，那么我们就不应该奇怪，在向自身存在的过渡中，我们遭遇了自由的不同形态"①。

如果我们尝试沿着海德格尔的阐释往前走一两步，或者说，如果我们尝试在继续阅读《精神现象学》时保持在海德格尔对"自身意识"章的解读中，那么，正如海德格尔所说，"意识"部分处理的并非认识理论，需要避免的是在处理自身意识中的主奴关系乃至自身意识的诸种"自由"形态时走上一条"实践哲学"的阐释道路。我们需要把自立性作为主导问题保持在视野之内，而一旦这样做，我们就会发现，在"自身意识"章的 a 小节，黑格尔讨论的不仅仅是自身意识的自立性，而是"自身意识的自立性与非自立性"。自在自为的自身意识在承认的双重化经验中，从单纯的统一体分化为两个环节："一个是自立的意识，以自为存在为本质，另一个是不自立的意识，以生命或为他存在为本质。前者是主人，后者是奴隶。"② 我们首先来看奴隶意识如何从不自立的意识转变为自立的意识，以及在这　转变中发生了什么。

1. 从不自立到自立

在刻画了主人对奴隶的承认之后，黑格尔转而从奴隶的角度来看他如何成为一种自在自为的存在。

> 开始时，对于奴隶来说，主人是本质；因此自立的、自为存在着的意识对于奴隶来说是真理，尽管关于他的真理还不在他那里。不过，通过在他自己那里的行为，奴隶获得了纯粹否定性的和自为存在的真理；因为他在他那里经验到了那个本质。③

这段话为我们的解释提供了线索。首先，奴隶意识的转变涉及的是真理，是从为他的真理到自为的真理的转变；其次，奴隶获得的不仅是自为

---

① Heidegger，*Hegels Phänomenologie des Geistes*，GA32，S. 198；海德格尔：《黑格尔的精神现象学》，第 169 页。

② Hegel，*Phänomenologie des Geistes*，TW3，S. 150；黑格尔：《精神现象学》，第 122 页。

③ Hegel，*Phänomenologie des Geistes*，TW3，S. 152 – 153；黑格尔：《精神现象学》，第 124 页。

存在的真理，而且是纯粹否定性的真理；最后，双重的真理有双重的来源，一个是行为，即劳动，或者更具体地说，是塑造（bilden），另一个是对本质的经验，即对死亡的畏惧。

奴隶意识的不自立性，首先在对死亡的绝对否定性的经验中被动摇。原先被视为自立存在的对象，在奴隶感受到"死亡"这个"绝对的主人"之际分崩离析，"一切稳固的东西都被动摇了"①。这种一切皆流、无物常驻的运动作为绝对的否定性恰恰是自身意识的单纯本质，意识从它所依赖的自立物那里抽身，将之视为非本质的。奴隶意识经验到了纯粹的自为存在，开始摆脱原先的不自立性，但这并不意味着它自己就是自为存在。

奴隶意识单凭死亡的否定性还不足以把自己带到自立性中。② 在恐惧的同时，奴隶还需要劳动。"通过劳动，意识返回到自身。"③ 在主人那里，其与物的关系是通过奴隶的中介完成的，物的自立性被交给奴隶，而主人则在物的不自立性中获得欲望的满足，亦即对物的享受。但是这种满足由于否定了物的自立性，因而"缺乏对象性的方面，或者说，缺乏持存"，从而"只是一种转瞬即逝的东西"④。与之相反，在奴隶那里，欲望不是被满足，而是被限制，物不是用来享受，而是用来劳动。"劳动是被抑制的欲望，是被阻止的消逝，或者说，劳动进行塑造。"⑤ 如果说奴隶的劳动作为主人与物之间的中介，使主人与物的间接关联转变为物消失在其中的直接关联，那么在他的塑造着的劳动中，奴隶与物之间的否定的关联恰恰转变为肯定的关联。否定的关联是说在奴隶意识那里，具有自立性的是物；肯定的关联在于，塑造活动赋予物形式，因而物不是在享受中灰飞烟灭，而是在劳动中成为一个持久者，与此同时，塑造活动作为意识的自为存在也走出自己而进入了持久者。"劳动着的意识就直观到自立的存在就是它自己。"⑥ 这样，奴隶意识才真正成为自在自为的存在。

可见，塑造意味着奴隶意识的一种转变，不仅是奴隶意识"由一个纯

---

①　Hegel, *Phänomenologie des Geistes*，TW3，S. 153；黑格尔：《精神现象学》，第 124 页。

②　"如果说生命是对于意识的一种自然的肯定，是一种不包含着绝对否定性的自立性，那么死亡就是对于意识的一种自然的否定，是一种不包含自立性的否定。"（Hegel, *Phänomenologie des Geistes*，TW3，S. 149；黑格尔：《精神现象学》，第 121 页）

③　Hegel, *Phänomenologie des Geistes*，TW3，S. 153；黑格尔：《精神现象学》，第 125 页。

④　参见 Hegel, *Phänomenologie des Geistes*，TW3，S. 153；黑格尔：《精神现象学》，第 125 页。

⑤　Hegel, *Phänomenologie des Geistes*，TW3，S. 153；黑格尔：《精神现象学》，第 125 页。

⑥　Hegel, *Phänomenologie des Geistes*，TW3，S. 154；黑格尔：《精神现象学》，第 125 页。

粹的自为存在转变为一个存在者"，而且是从对否定性的畏惧转变为对否定性的克服，被塑造的物的"固有的否定性、它的自为存在成为一个对象"①。通过塑造活动，奴隶获得了纯粹否定性的和自为存在的真理，也就是说，奴隶回到了自家真理的王国。正如在主人意识那里主人最后会承认"自立意识的真理是奴隶意识"②，现在奴隶意识由于在塑造活动中赋予物形式，它不仅认识到它自己而非那个处在否定性关联中的物是自为存在的，而且认识到在那被设定的形式中自为存在是它自己的，"自为存在对奴隶意识而言成为真理"③。

　　黑格尔在这里呈现出了塑造与真理之转变之间的某种关联，而在海德格尔的《柏拉图的真理学说》中，我们看到了柏拉图洞穴比喻那里出现的"造型"（παιδεία，Bildung）与无蔽的关联（见上篇第 4 章第 1 节）。造型说的是从无造型到造型的过渡，这种过渡涉及人从一个存在者区域向另一个存在者区域转移时的熟悉和适应，也就是涉及那自行显示自身的东西或者说无蔽的转变。④ 如果说海德格尔已经揭示了柏拉图洞穴比喻中真理之本质从无蔽到正确性的转变，那么我们在黑格尔的"主奴比喻"中可以看到何种转变呢？

　　奴隶意识通过劳动赢获自为的真理，从真理之本质的方面来看，奴隶意识这种从不自立到自立的转变就是此前我们已经引述过的"自身意识"章开头那段话就已经表达出的转变：从真者到真理的转变。在那里，我们还只是踏出了走上真理之自家领土的第一步："真者的概念在关于它的经验中消失了；［……］确定性在真理中消失了。但从现在开始，产生了那在过去的关系里未曾出现的某种东西，即一种与它的真理一致的确定性。"⑤ 当意识已经在这块土地上真正地立足之后，那一开始就被说出的转变已经得到实行，在奴隶意识的塑造活动中，消失与产生不再是互不相关的此消彼长，而是作为否定性的真理和自为存在的真理共同归属于自立的自身意识。我们将会看到，正如"自身意识"章的标题所显示的，自身意识的真理乃是自身确定性的真理。

---

① 参见 Hegel, *Phänomenologie des Geistes*，TW3，S. 154；黑格尔：《精神现象学》，第 125 页。

② Hegel, *Phänomenologie des Geistes*，TW3，S. 152；黑格尔：《精神现象学》，第 124 页。

③ Hegel, *Phänomenologie des Geistes*，TW3，S. 154；黑格尔：《精神现象学》，第 125 页。

④ 参见 Heidegger, *Wegmarken*，GA9，S. 217。

⑤ Hegel, *Phänomenologie des Geistes*，TW3，S. 137；黑格尔：《精神现象学》，第 111 页。

2. 自由与确定性

在讨论作为生命的存在概念时，海德格尔把与黑格尔的争辩表达在这样两个命题中："存在的本质是时间"（海德格尔），"存在是时间的本质"（黑格尔）。这两个命题意味着两种存在概念："存在是有限性"（海德格尔），"存在是无限性"（黑格尔）。生命是就自身意识的对象而言的，而自身意识的意识作为面对着这个自立的生命的"另一个生命"，则是欲望。在相互承认的主奴关系中，对于奴隶意识来说，欲望不是像在主人意识那里那样被满足而呈现为稍纵即逝的享受，而是在劳动中被抑制，在塑造活动中转化为持久不变的东西。自身意识由此获得自在自为的真理，成为自由的自身意识。相应于"存在是无限性"这个命题在自身意识的对象即生命那里被具体表达为"存在是时间的本质"，现在，就自身意识的真理而言，我们也将之表达为"真理之本质是自由"，以使与海德格尔的命题"真理之本质是自由"形成争辩之势。为此我们眼下需要考虑的是，黑格尔是从何而来思考真理与自由的本质关联的。

通过主奴关系中奴隶的塑造活动，自身意识确认了自立之物并非自己之外的自为存在，同时也获得了自身的自立存在。对于奴隶意识来说，那通过塑造而统一在形式中的"自己的自立存在"和"自立之物的为我存在"是分裂的，但就自立意识的概念来看，"这个意识是一种无限性，或者说是意识的一个纯粹运动，它把自己当作本质。它思想，换言之，它是一个自由的自身意识"①。"自身意识"章第 2 节的标题是"B. 自身意识的自由；斯多亚主义、怀疑主义与不幸意识"。

斯多亚主义是自立意识的概念在精神历史中的表现，它以一种单纯否定的态度一开始就摆脱了主奴关系，"退缩为一种单纯的思想本质"②。但是，正如前面多次讲到过的，逃避的自由还不是真正的自由，"思想中的自由仅仅把纯粹的思想当作自己的真理，这种真理没有得到生命的充实，所以只是自由的概念，不是活的自由本身"③。如果说自由的概念只是一

① Hegel, *Phänomenologie des Geistes*，TW3，S. 156；黑格尔：《精神现象学》，第 127 页。

② 参见 Hegel, *Phänomenologie des Geistes*，TW3，S. 157；黑格尔：《精神现象学》，第 128 页。

③ Hegel, *Phänomenologie des Geistes*，TW3，S. 158；黑格尔：《精神现象学》，第 128 - 129 页。

个单纯的否定，而自由的实现需要的是现实的否定，对于实存的否定，那么这种实现了的自由正是在怀疑主义那里得到表达的。"斯多亚主义仅仅表达出自立意识的概念，而怀疑主义则是自立意识的实现，因为它已经现实地经验到什么是思想自由。"① 斯多亚主义的自由是抽象的自由，"仅仅以一种不完满的方式否定了他者"，"没有成为一种对于实存的绝对否定"，而怀疑主义所持续不断地否定的正是"一个独立的实存，或者说一个持久不变的规定性"，"而自由的自身意识的否定性在生命的那些复杂的形态分化那里变成一种实在的否定性"②。但怀疑主义将会在对一切实存的否定中意识到自己的矛盾，不仅自己总是在两个极端之间来回奔忙，而且由于要以实在的否定去否定实在的东西，它自己的言行也总是处在矛盾之中。③ 作为一个自身意识而处在这样双重化的自身矛盾中的意识就是不幸意识。④

在自身意识的自由的三个环节中，我们把目光聚集在作为中间环节的怀疑主义上，来看自由的概念如何达到自由的实现，在这一实现过程中自由又是如何被理解的。

斯多亚主义的自由作为单纯否定的逃避式的自由是从主奴关系中退回到自身，也从对于自立之物的依赖中退回到纯粹的思想。⑤ 这种自由因而只是自由的概念。如果说斯多亚主义的这种自由针对的是主奴关系，那么怀疑主义的自由作为自身意识的自由之实现则是相应于欲望和劳动来说的。⑥ 欲望和劳动都包含着否定的环节，但是都没有能够实现之。主人对物的享受作为欲望的满足是对物的纯粹否定，但这种否定是稍纵即逝的；奴隶的劳动作为对欲望的抑制伴随着对死亡的畏惧，在其中一切稳固的东西都烟消云散了。但是，一方面，如果仅仅陷于这种一无所有的畏惧，奴隶意识纵然摆脱了外物，却也还不能获得自己的自立存在；另一方面，如

---

① Hegel，*Phänomenologie des Geistes*，TW3，S. 159；黑格尔：《精神现象学》，第 129 页。

② Hegel，*Phänomenologie des Geistes*，TW3，S. 159；黑格尔：《精神现象学》，第 129 - 130 页。

③ 参见 Hegel，*Phänomenologie des Geistes*，TW3，S. 162；黑格尔：《精神现象学》，第 132 页。

④ 参见 Hegel，*Phänomenologie des Geistes*，TW3，S. 163 - 164；黑格尔：《精神现象学》，第 133 页。

⑤ 参见 Hegel，*Phänomenologie des Geistes*，TW3，S. 157；黑格尔：《精神现象学》，第 128 页。

⑥ 参见 Hegel，*Phänomenologie des Geistes*，TW3，S. 159；黑格尔：《精神现象学》，第 129 - 130 页。

果奴隶意识不陷于空洞的否定而在塑造活动中把自己投入到一个持久不变的形式中，它就把自己作为自为存在的对象，而摧毁了使他恐惧的否定事物。① 因此，奴隶意识虽然获得了自己的自立存在，但和主人意识一样，没有把否定的环节作为实存保留下来。

到了怀疑主义这里，从自由方面来看，它不再如斯多亚主义那样画地为牢、掩耳盗铃般地用自由的概念抽象地否定他者，而是在对纷繁复杂的现实世界的否定中表明自己的自由本质；从自立方面来看，它不是像奴隶意识那样需要在塑造活动中借助否定的中项来发现自己，毋宁说它自己就是那个进行否定的中项。"如果说欲望与劳动都没能为自身意识实施否定，那么与之相反，（怀疑主义）这种对于事物之多样的自立性的敌对态度将会取得成功，因为这种态度是作为一个在自己内预先完成的、自由的自身意识转而反对这些事物的。"② 这也就是说，怀疑主义把自立与自由熔否定性于一炉，是否定的运动，因而是对自由的实现。

对于意识来说，否定的运动还只是在对象侧消逝着的显象，还不是意识自己的自为存在。③ 作为怀疑主义的否定运动则是自身意识的环节，"在自身意识那里发生的不是它的真者和实在者在它不知道怎么回事的情况下就消失了，而是它在它的自由的确定性中让那些别的自行表现为实在者的东西自己消失"④。在对作为真理之本质的自由的讨论中曾看到，自由是让存在者存在的自由，但不是对存在者弃之不顾，而是对存在者之存在的参与。怀疑主义对自由的实现却是让存在者消失，而且不仅是在退回到纯粹思想的意义上让存在者消失，而且是在自由的确定性之中让存在者消失。"通过这样一个有自身意识的否定，怀疑主义的自身意识把自由的确定性当作自己的对象，去经验这个确定性，从而将之提升为真理。"⑤ 由此可见，怀疑主义诚然是对此前在作为意识的感性确定性、知觉、知性

①　参见 Hegel, *Phänomenologie des Geistes*，TW3，S. 154 - 155；黑格尔：《精神现象学》，第 125 - 126 页。

②　Hegel, *Phänomenologie des Geistes*，TW3，S. 159 - 160；黑格尔：《精神现象学》，第 130 页。

③　参见 Hegel, *Phänomenologie des Geistes*，TW3，S. 160；黑格尔：《精神现象学》，第 130 页。亦见 Hegel, *Phänomenologie des Geistes*，TW3，S. 117；黑格尔：《精神现象学》，第 92 页。

④　Hegel, *Phänomenologie des Geistes*，TW3，S. 160；黑格尔：《精神现象学》，第 130 - 131 页。

⑤　Hegel, *Phänomenologie des Geistes*，TW3，S. 161；黑格尔：《精神现象学》，第 131 页。

那里出现的一系列真者的否定，并且表明在主奴关系中、在纯粹思想中也不存在本质性的东西①，但在它的否定性本质中仍然存在着其自身确定性的真理。怀疑主义的自由之实现就在于它的自由的确定性，而黑格尔正是从这种确定性来理解真理的，这便是"自身意识"章标题中所说的"自身确定性的真理"②。

于是，我们看到，即使在怀疑主义的否定运动中，黑格尔也是从确定性来思考真理的。③ 因此，对于此前提出的与"真理之本质是自由"处在争辩之中的同一命题"真理之本质是自由"，现在可以进一步展开了。

在海德格尔那里，"真理之本质是自由"这个命题说的是，使作为正确性的真理得以可能的敞立性（Offenständigkeit）的根据在于朝向敞开域的自由。④

与之相应，在黑格尔那里，"真理之本质是自由"这个命题说出的则是，使得作为自身确定性的真理得以可能的自立性（Selbstständigkeit）的根据在于作为否定之运动的自由。

我们以海德格尔"本质之问"的方式展开黑格尔的命题并且以并列的方式呈现双方的命题，这并不是某种可供比较的结果，相反，这是为了展开原则性的争辩。或许我们的陈列方式本身也还需要在争辩中得到澄清，因为这里涉及的基本词语还是有待深思的。正是在海德格尔自己摆出他与黑格尔各自的论题的地方，他没有忘记提醒读者注意其中的根本区别："以论题的方式总结，我们可以说：黑格尔——存在（无限性）也是时间的本质。我们——时间是存在的源始本质。这并非单纯对照彼此竞争的命题。相反，在这里，'本质'每次说的都是某种根本不同的东西，恰恰因为存在被不同地领会。"⑤ 同样，在我们给出二者的论题"真理之本质是

---

① 参见 Hegel, *Phänomenologie des Geistes*，TW3，S. 160；黑格尔：《精神现象学》，第130 页。

② Hegel, *Phänomenologie des Geistes*，TW3，S. 137；黑格尔：《精神现象学》，第 110 - 111 页。在 1942 年夏季学期黑格尔《精神现象学》讨论班的笔记中，海德格尔在"自身意识"章部分提及"真"时以插入语的方式提示："——不是 ἀλήθεια——而是'确定性'。"（Heidegger, *Seminare Hegel-Schelling*，GA86，S. 303）

③ 海德格尔在《哲学论稿（从本有而来）》中说得更直接："在这里（按：指德国观念论），真理成为自行展到一种对精神的无条件的信赖中并且因而首先作为在其绝对性中的精神展开自身的确定性。"参见 Heidegger, *Beiträge zur Philosophie（vom Ereignis）*，GA65，S. 203；海德格尔：《哲学论稿（从本有而来）》，第 239 页。

④ 参见 Heidegger, *Wegmarken*，GA9，S. 186. 具体讨论见上篇第 3 章。

⑤ Heidegger, *Hegels Phänomenologie des Geistes*，GA32，S. 211；海德格尔：《黑格尔的精神现象学》，第 180 页。

自由"的时候，对"本质"的理解也是根本不同的，而这也是相应地由于对"真理"有不同的理解。

上述对黑格尔的论题"真理之本质是自由"的展开包含三个环节：（1）作为自身确定性的真理；（2）作为存在概念的自立性；（3）作为否定运动的自由。这三个环节呈现的是一个思辨的结构，自立性在其否定的运动中把自由的确定性提升为真理。真理之本质在这个意义上是着眼于精神的现实性而得到理解的。作为进入真理之自家园地的通道，自身意识已然是精神的概念，在"自身意识"章导论的结尾处，黑格尔已经预告道："意识在作为精神之概念的自身意识那里才获得其转折点，在这一转折点上，意识才离开感性世界眼花缭乱的假象和超感性世界的空洞黑夜，迈入当前的精神的白昼。"① 在《逻辑学》最后的"绝对理念"部分，黑格尔更加直接地指出否定性"构成概念运动的转折点"②。

我们对前两个环节的展开，即本小节对怀疑主义的自身确定性的讨论和上一小节对奴隶意识从不自立到自立的过渡的呈现，实际上在跟随黑格尔的过程中一直与黑格尔一样不断地用到否定性，但还没有专题地思考否定性。接下来的小节我们将专题处理否定性问题，这不仅是为了眼下所讨论的关于"真理之本质是自由"这个论题的完整性，而且是为了更加深入地呈现海德格尔与黑格尔的争辩。在 20 世纪 30 年代末 40 年代初，海德格尔正是围绕"否定性"而继续展开与黑格尔的争辩，这便是后来收入全集第 68 卷的手稿《否定性：从否定性出发与黑格尔的一场争辩》（1938—1939，1941）。

3. 否定性及其根源

在《存在与时间》中，我们已经看到，海德格尔对黑格尔时间与精神概念之关系的分析正是抓住了二者共同的形式结构——否定之否定。但是他的分析在其任务范围内也仅止于此，没有对否定性概念本身做出进一步的解释。在对此在的罪欠存在的生存论分析涉及此在之无性的时候，海德格尔也承认，"这种生存论上的无性之不性的存在论意义仍然还处在晦暗

---

① Hegel，*Phänomenologie des Geistes*，TW3，S. 145；黑格尔：《精神现象学》，第 117 页。
② Hegel，*Wissenschaft der Logik II*，TW6，S. 563.

之中"，但他同时指出，"一般的不在存在论上的本质也同样如此"，并且一并提出了在存在论上对"不"进行奠基的问题：

> 存在论和逻辑学固然向来对不寄予厚望，并由此断断续续地使不的种种可能性变得可见，但没有在存在论上揭露不本身。存在论发现了不并将之加以利用。但每一种不在某种欠缺的意义上意味着某种否定的东西真的如此不言而喻吗？不的肯定性难道仅仅在于构建起"过渡"吗？为何所有的辩证法都求助于否定却没有辩证地为之进行奠基，哪怕只是将之作为难题加以确定？人们究竟可曾使不性在存在论上的本源成为难题，或者哪怕只是在此之前寻找不和不之不性及其可能性这些难题所基于的诸条件？除了在对一般存在的意义的专题性澄清那里，又该在其他什么地方找到这些条件呢？①

在 1929 年夏季学期的讲座"德国观念论（费希特、谢林、黑格尔）与当前哲学问题"中，海德格尔已经针对黑格尔提出了后来在《否定性》手稿中才得到真正发挥的论断："黑格尔哲思的最大的和隐藏的秘密是他真正地认识了、赞许了和要求了否定性事物的积极的源初作用，但是——只是为了扬弃这种作用，并且把它吸收到绝对者的内在生活中去。"② 到了《哲学论稿（从本有而来）》，海德格尔仍然感叹道："能够理解'否定'的人是多么少，而这些理解者中能够把握'否定'的人又是多么稀罕。"③写下这句话的时候他一定想到了黑格尔。我们知道，《哲学论稿（从本有而来）》作于 1936—1938 年，而《否定性》手稿则作于 1938—1939 年，于 1941 年有所修订，后来收入全集第 68 卷。不仅《否定性》手稿的写作时间与《哲学论稿（从本有而来）》紧紧衔接，而且在后来的全集出版工作中，第 68 卷也是在《哲学论稿（从本有而来）》之后，成为全集第三部分正式出版的第 2 卷著作。④

海德格尔在《否定性》手稿的一开始就挑明了这次与黑格尔的争辩涉

---

① Heidegger, *Sein und Zeit*, S. 285 - 286；海德格尔：《存在与时间》，第 351 页。

② Heidegger, *Der Deutsche Idealismus（Fichte, Schelling, Hegel）und die Philosophische Problemlage der Gegenwart*, GA28, S. 260. 柯小刚格外看重海德格尔所指出的这一"秘密"，在其著作《海德格尔与黑格尔时间思想比较研究》中多次在不同的问题语境下引证这段话，参见该书第 85 页、第 108 - 109 页、第 203 页和第 222 页以下。

③ Heidegger, *Beiträge zur Philosophie（vom Ereignis）*, GA65, S. 178；海德格尔：《哲学论稿（从本有而来）》，第 207 页。

④ 参见 Heidegger, *Hegel*, GA68, S. 153；海德格尔：《黑格尔》，第 128 - 129 页，"编者后记"。

及的是《逻辑学》："我们用谈论的方式尝试进行的这一探讨不应妨碍诸位对黑格尔《逻辑学》的解释工作的进程。"① 手稿所涉及的《逻辑学》章节主要集中在"存在论"的开始部分，仅仅从"存在""无""变易"到"某物"与"他物"。但是这部看上去是在对《逻辑学》进行解释的手稿也并非全然无涉于《精神现象学》。例如，在手稿第一部分第 1 节，海德格尔指出黑格尔哲学的独一无二不仅在于其至高的立场，而且在于其体系的普遍性时，就引证了《精神现象学》序言中的一段话来表明这种普遍性。② 又如，在第 1 节对黑格尔哲学的原则进行先行刻画时诉诸了黑格尔的著名论题"实体即主体"，这同样出自《精神现象学》的序言。③ 再如，在第 12 节，海德格尔再次借助《精神现象学》序言中的说法指出"否定性事物是（绝对的）思想的'活力'（Energie）"④。

此外，更加引人注目的是，海德格尔还在手稿中两次提到《精神现象学》的同一处关于否定性的表述——我们在此前讨论奴隶意识的塑造活动时也曾涉及这个表述——"死亡，绝对的主人"⑤。一次是在第一部分第 10 节最后以星号隔开的段落中："否定性作为分裂与分离是'死亡'——绝对的主人。"⑥ 另一次是在第 12 节："否定性因而同时就是扬弃。绝对

---

① Heidegger，*Hegel*，GA68，S. 3. 从手稿开篇这句话可以看出，这份手稿是为关于黑格尔《逻辑学》的讲座或座谈而准备的，但是没有记录表明这样的讲座或座谈的公开进行。参见马琳：《海德格尔与黑格尔关于非性概念的交涉》，《学术月刊》2017 年第 10 期。

② 参见 Heidegger，*Hegel*，GA68，S. 5；海德格尔：《黑格尔》，第 4 - 5 页。海德格尔所引《精神现象学》段落为："真实的思想和科学的洞见只能在概念的劳作中获得。唯有概念能产生知识的普遍性，这种普遍性不是通常人类知性的那种无规定性和贫乏性，而是经过教化的、完整的认识，也不是被天才的懒惰和自大败坏了的理性那种不寻常的普遍性，而是已经成长为其自家形式的真理——这种真理可以为全部有自身意识的理性所有。"（Hegel，*Phänomenologie des Geistes*，TW3，S. 65；黑格尔：《精神现象学》，第 45 页）

③ 参见 Heidegger，*Hegel*，GA68，S. 12；海德格尔：《黑格尔》，第 10 页。"实体即主体"的说法见 Hegel，*Phänomenologie des Geistes*，TW3，S. 22 - 23："依我之见——这个见解必定只能通过体系本身的呈现而表明其正确——一切的关键在于，不仅把真者理解和表述为实体，而且同样理解和表述为主体。"（参见黑格尔：《精神现象学》，第 11 页）

④ Heidegger，*Hegel*，GA68，S. 27；海德格尔：《黑格尔》，第 24 页。"活力"之说见 Hegel，*Phänomenologie des Geistes*，TW3，S. 36："但是，那些脱离其范围的偶然事物作为这样一种受到其他现实事物约束并且只处在与其他现实事物的关系中的东西而获得一个独特的此在和孤立的自由，这是否定性事物的巨大力量；它是思想的即纯粹自我的活力。"（参见黑格尔：《精神现象学》，第 21 页）另参见 Hegel，*Phänomenologie des Geistes*，GW9，S. 27。

⑤ 参见 Hegel，*Phänomenologie des Geistes*，TW3，S. 153："这种意识（按：奴隶意识）不是为这个或那个东西、也不是在这个或那个瞬间感到畏惧，而是为了它的整个本质；因为，它感受到对于死亡这个绝对的主人的恐惧。"（参见黑格尔：《精神现象学》，第 124 页）

⑥ Heidegger，*Hegel*，GA68，S. 24；海德格尔：《黑格尔》，第 21 页。

的振动——对一切的绝对提振。死亡是'绝对的主人'。"①

　　虽然两次诉诸同一处文本，但严格来说，海德格尔这两次引证并非单纯的重复，而是各有侧重。从引号的位置来看，前一次强调的是"死亡"，而后一次强调的是"绝对的主人"。死亡是就否定性之为"分裂与分离"亦即区分而言，"绝对的主人"则是就否定性的绝对性而言。由此可以看出海德格尔对黑格尔否定性概念在形式上的基本把握：否定性是绝对的区分。

　　如果我们把视线范围稍加扩大，把这两次引证的上下文纳入视野，就会发现这两次论及"死亡这个绝对的主人"的地方实际上同时说出的恰恰是生命。

　　一方面是死亡与生命的关联："否定性作为分裂与分离是'死亡'——绝对的主人；而'绝对精神的生命'说的无非是忍受死亡和承受死亡。"②

　　另一方面是绝对与生命的关联："分离是'绝对的''分裂'，只要分裂被忍受并且绝对精神在分裂中保持自身（不是无中介的和不-中介的互抛）。绝对知识是在分裂中的绝对的自身保持，这就是'生命'。否定性因而同时就是扬弃。绝对的震动——对一切的绝对提振。死亡是'绝对的主人'。"③

　　结合这两段话来看，生命不但承担着死亡的分裂，置之死地而后生，而且通过在这种分裂中保持自身而使死亡获得了绝对性。在"精神现象学讲座"中海德格尔已经在生命概念中读出了黑格尔对存在的无限性的理解。因此，当海德格尔指出生命与否定性的关联时，他并没有停留在某种关于生死的辩证法上面，而是揭示了黑格尔的否定性概念是在何种存在理解中提出的。

　　在这个意义上，我们才有可能理解，海德格尔何以认为，黑格尔的哲学"作为绝-对的哲学，作为无-条件的哲学，必定以某种特有的方式在自身内包含否定性，但这也就是说，必定在根本上没有严肃地对待否定性"④。所谓"以某种特有的方式在自身内包含否定性"，不是以什么随随便便的方式，而是如海德格尔在第1节交代争辩的着手处时所说的，否定性乃是"黑格尔哲学的基础规定"⑤。这里的"基础规定"意味着，通过

———————————

　　①　Heidegger, *Hegel*, GA68, S. 28；海德格尔：《黑格尔》，第 24 页。
　　②　Heidegger, *Hegel*, GA68, S. 24；海德格尔：《黑格尔》，第 21 页。
　　③　Heidegger, *Hegel*, GA68, S. 28；海德格尔：《黑格尔》，第 24 页。
　　④　Heidegger, *Hegel*, GA68, S. 24；海德格尔：《黑格尔》，第 21 页。
　　⑤　Heidegger, *Hegel*, GA68, S. 6；海德格尔：《黑格尔》，第 10 页。

就否定性概念展开争辩，我们在恰当地保持在黑格尔哲学中的同时，也能够从黑格尔哲学内部"获得一种源初的立场"，并且"在原则性事物的规定性和规定力量中源初地把握之"①。所谓"在根本上没有严肃地对待否定性"，就是在于黑格尔哲学本身没有从"源初的立场"出发来理解和把握否定性。更直接地说，否定性对于黑格尔来说不是问题，黑格尔没有追问否定性的本源。② 可见，海德格尔上述论断的张力在于，就黑格尔哲学而言，作为思想之活力的否定性是其哲学的基础规定，但却不是从基础规定之本源出发来得到把握的，而就海德格尔与黑格尔的争辩而言，否定性概念恰恰成为一个转折点，由此可以在黑格尔哲学的立场上转向源初的立场。

　　具体来看，在《否定性》手稿中，海德格尔与黑格尔的争辩可以展开为三个层次。首先，黑格尔的否定性的标志是意识的区分③，而海德格尔则尝试从存在论差异来思考存在之无。④ 其次，从意识的区分出发，黑格尔的否定性呈现为三重区分（直接的区分、间接的区分、无条件的区分），并且在某物与他物的关系中呈现为两种否定性（抽象的、片面的否定性和具体的、绝对的否定性）；而从存在论差异出发，海德格尔那里的存在之无则标识着一个问题领域。⑤ 最后，黑格尔哲学没有思考否定性的本源，

---

　　① 参见 Heidegger，*Hegel*，GA68，S. 6；海德格尔：《黑格尔》，第 6 页。

　　② 参见 Heidegger，*Hegel*，GA68，S. 14，S. 21，S. 37 - 38；海德格尔：《黑格尔》，第 12、19、33 页。早在马堡时期的讲座"柏拉图的《智者》"（1924—1925 年冬季学期）中海德格尔就指出过黑格尔逻辑学中否定性的暧昧地位："在黑格尔的逻辑学中，否定性这个概念——依据亚里士多德——显然具有一种积极的意义，但这仅仅在于，否定性是一条通道，因为辩证法的总体定位对准的是本质上与古希腊人的单纯展开的辩证法不同的结构。"（Platon：*Sophistes*，GA19，Frankfurt am Main：Vittorio Klostermann，1992，S. 561；海德格尔：《柏拉图的〈智者〉》，第 737 页）

　　③ 参见 Heidegger，*Hegel*，GA68，S. 13。

　　④ 参见 Heidegger，*Hegel*，GA68，S. 15。

　　⑤ 参见 Heidegger，*Hegel*，GA68，S. 37。丹尼尔·达尔斯特伦认为海德格尔在《否定性》手稿中区分了黑格尔那里的四种否定性概念：一是存在者的无，即脱离于一切存在者的纯粹否定性，纯粹的无；二是存在的无，即对纯粹存在的否定，非存在；三是有条件的抽象的否定，在主体-客体-关系中交替出现的最初的区分和对这一区分的否定；四是无条件的具体的否定性，作为自身否定的否定之否定。参见 Daniel Dahlstrom，"Thinking of Nothing：Heidegger's Criticism of Hegel's Concept of Negativity"，in *A Companion to Heidegger*，edited by Stephen Houlgate and Michael Baur，West Sussex：Wiley-Blackwell，2011，pp. 519 - 536。达尔斯特伦没有注意到无与否定性在《否定性》手稿中的含义并不完全一致，不能混为一谈。海德格尔在小标题为"否定性与无"的第 4 小节中恰恰提出，虽然看上去否定性在其最纯粹的形式中就遇到了无，但问题仍然是如何理解无。实际上，由于在黑格尔那里纯粹的存在与纯粹的无是无区别的，因此在无那里否定性并未被照亮，但也正是由于纯粹的无与纯粹的有是同一的，否定性的本质或许可以显露出来。参见 Heidegger，*Hegel*，GA68，S. 14，S. 17。马琳对达尔斯特伦所提出的"四种否定性"给出了一种批评性理解，特别指出了达尔斯特伦没有区分"无"与"非性"（否定性），参见马琳：《海德格尔与黑格尔关于非性概念的交涉》，《学术月刊》2017 年第 10 期。

海德格尔则力图将我们引向无之无化的发生场域——澄明。①

(1) 意识的区分

黑格尔是从意识的区分而来思考否定性的。何谓意识的区分？"在意识中发生的我与作为我的对象的实体之间的不一致就是它们的区分，是一般的否定性事物。"② "意识把某种东西区分于自己，同时又与之关联。"③ "意识区分出这样一个东西，它对于意识来说同时是一个没有区别的东西。"④ 这就是说，意识本身是一种区分活动，意识作为关于对象的意识，把对象与自己相区分，又在这种区分中建立了与对象的联系。

但意识的区分中的不一致不仅是我与作为对象的实体之间的不一致，"它同样也是实体与自己的不一致"⑤，因为这个区分实际上也是实体自身的活动。换言之，意识的区分不仅是作为自我的主体的活动，同时也是作为对象的实体的活动，实体由此表明自己实际上也是主体。因此，自身意识的区分作为否定性的标志所标明的是否定性的主体性。

主体性在这里不是某种片面地从自我出发的唯我性，而是主体在自行反射的主体-客体-关系中的存在。⑥ 因此，对于否定性之被标识为意识的区分，海德格尔提出的问题是："是区分取自作为本质的意识，还是作为区分的标志被用于对意识（主体-客体-关系）的规定，抑或二者是二而一的以及何以如此？"⑦ 前两个问题无疑只是虚晃一枪，因为第三个问题实际上已经消解了前两个非此即彼的问题的可能性；这两个问题不得不预设一个没有意识的区分和一个没有区分的意识，而如果意识与区分是一回事，那么这种预设就是不可能的。对第三个问题的回答是肯定的，但海德格尔更关心的乃是何以如此，何以意识与区分在黑格尔那里是一回事，这又意味着什么。在《否定性》手稿中海德格尔一再地提出类似的问题：

---

① 与我们这里提出的三个层次类似，克里斯托弗·布顿（Christophe Bouton）指出海德格尔在《否定性》手稿中从三个方面批评了黑格尔的否定性理解：一是黑格尔没有严肃地对待否定性；二是黑格尔把否定性主体化了；三是黑格尔没有追问否定性的本源。他指出第三个方面是《否定性》手稿的主要动机。参见 Christophe Bouton, „ Die helle Nacht des Nichts：Zeit und Negativität bei Hegel und Heidegger ", in *Hegel-Studien*，Band45，Hamburg：Felix Meiner Verlag，2011，S. 103 – 124。

② Hegel, *Phänomenologie des Geistes*，TW3，S. 39；黑格尔：《精神现象学》，第 23 页。

③ Hegel, *Phänomenologie des Geistes*，TW3，S. 76；黑格尔：《精神现象学》，第 53 页。

④ Hegel, *Phänomenologie des Geistes*，TW3，S. 137；黑格尔：《精神现象学》，第 111 页。

⑤ Hegel, *Phänomenologie des Geistes*，TW3，S. 39；黑格尔：《精神现象学》，第 23 页。

⑥ 参见 Heidegger, *Holzwege*，GA5，S. 146；海德格尔：《林中路》，第 164 – 165 页。

⑦ Heidegger, *Hegel*，GA68，S. 13；海德格尔：《黑格尔》，第 11 页。

"意识与区分的共同发生说的是什么?"① "对于黑格尔来说,意识与区分已经完全相提并论了吗? 那么这意味着什么?"② "否定,即区分,比意识'更早'——还是相反? 抑或二者是同一回事?"③ 而我们将会看到,海德格尔与黑格尔的争辩在这些问题上变得白热化。

(2) 某物与他物

基于"意识"的"我表象某物"这种主-客-关系结构,海德格尔把黑格尔的否定性归结为三重区分:直接的意识之区分、间接的意识之区分、无条件的意识之区分。④ 这三重区分可以说是"我-表象-某物"的意识结构从"某物"经过"表象"回到"我"的过程:首先,在直接的意识中出现的"某物"已经包含一个区分,但这个区分还不是现实的;其次,在间接的意识中,"我"和"某物"的区分在表象活动中作为中介出现,我是表象着某物的我,某物是被我表象着的某物;最后,在无条件的意识中,即绝对的自身意识中,不仅作为单纯对象的某物,而且作为中介的表象活动,以及意识自身,都呈现为无区分的区分。第三种区分作为否定之否定,是具体的、无条件的、绝对的否定性,前两种区分则是抽象的、有条件的、相对的否定性。⑤

在海德格尔看来,正是由于被理解为意识的区分,黑格尔的否定性不是从"无"出发得到规定,而是在"某物和他物"的关系中以"他在"(Anderssein) 的形式得到说明。⑥ 在《逻辑学》中,纯粹的无本身还不构成否定性事物,只是"在其自身内的无区分性"⑦。无与存在之间的差异似是而非,只是"意谓的区分"⑧。区分只有在某物与他物的关系中才构成否定性,因为某物与他物不再是纯粹的无规定的存在,而是"此在"。

---

① Heidegger, *Hegel*, GA68, S. 22;海德格尔:《黑格尔》,第 19 页。

② Heidegger, *Hegel*, GA68, S. 23;海德格尔:《黑格尔》,第 20 页。

③ Heidegger, *Hegel*, GA68, S. 29;海德格尔:《黑格尔》,第 25 页。

④ 参见 Heidegger, *Hegel*, GA68, S. 37。

⑤ 参见 Heidegger, *Hegel*, GA68, S. 17 - 18。

⑥ 参见 Heidegger, *Hegel*, GA68, S. 18。

⑦ Hegel, *Wissenschaft der Logik* I, TW5, S. 83. 参见 Heidegger, *Hegel*, GA68, S. 17。

⑧ Hegel, *Wissenschaft der Logik* I, TW5, S. 90. 在《哲学科学百科全书》中也有类似的表述:"存在与无的区分只是一个意谓而已。"(Hegel, *Enzyklopädie der philosophischen Wissenschaften* I, TW8, Frankfurt am Main: Suhrkamp, 1986, S. 186) "这二者(按: 存在与无)的区分只是一种意谓的区分,完全抽象的区分,这种区分同时不是区分。"(Hegel, *Enzyklopädie der philosophischen Wissenschaften* I, TW8, S. 187)

"此在才包含存在与无的真实的区分，亦即包含一个某物与一个他物。"① 此在作为变易的结果，既不是退回到空洞的虚无，也不是某种脱离了无的存在，而是扬弃了存在与无的区分，成为一个有规定的东西。这样的规定性就是质。就此在作为一个存在的规定性而言，这个质就是实在性；就此在作为一个扬弃了无的非存在而言，或者说，就无也被扬弃为一个有规定的东西而言，质就是否定。② 在质这里呈现出来的区分实际上已经扬弃在此在中。实在性和否定都是此在的质，都作为此在的规定性而不与此在分离。但这样一来，此在也就不是一个无区分的东西了，而是自身包含着扬弃了的区分。作为这样的在其自身内的存在，此在就是在此存在的东西，就是某物——黑格尔强调指出，作为单纯的存在着的自身关系，某物就是第一个否定之否定。③

这里已经出现了两种否定，即作为质的否定与作为某物的否定之否定。"但在这里，否定作为第一次否定，作为否定一般，当然要区别于第二次否定即否定之否定，这是具体的、绝对的否定性，而第一次否定与之相反，只是抽象的否定性。"④ 但这两种否定的区分恰恰需要在对否定之否定的展开中才能得到具体的规定，而作为某物的否定之否定是在某物与他物的关系中被进一步规定的。

某物和他物首先都是某物，同时也就都是他物，或者说，哪一个是某物，哪一个是他物，还没有区别。"二者都既被规定为某物，也被规定为他物，因此是同样的，还没有出现区分。"⑤ 在这种情况下，某物与他物的关系还是抽象的关系，也就是说，他物只是抽象的他物，只是一个外在的自身关系。他在因此就是此在之外的他在，这样的他在毋宁说是非此在。但这个非此在又是被包含在某物之内的，是某物的非此在。

某物于是处在双重的自身关系中，一面是他在，即在他物的非此在中保持着自己的为他存在，一面是自在，即与在他物那里的自身不一致相对的自身一致的自在存在。最初某物和他物彼此外在的漠不相关现在被设定为为他存在和自为存在的相互区分的关系。为他存在是对此在和某物的单

① Hegel, *Wissenschaft der Logik* I, TW5, S. 90.
② 参见 Hegel, *Wissenschaft der Logik* I, TW5, S. 118。
③ 参见 Hegel, *Wissenschaft der Logik* I, TW5, S. 123。
④ Hegel, *Wissenschaft der Logik* I, TW5, S. 124.
⑤ Hegel, *Wissenschaft der Logik* I, TW5, S. 126.

纯自身关系的否定，而自在存在则是在非此在和他物那里的否定关系。①

实际上已经可以看到，为他存在和自在存在共同规定着某物。"某物是自在的，这是就其从为他存在那里返回到自己而言的。但某物也自在地或者说在它那里有某种规定或环境，而这是就这种环境在它那里是外在的、是一种为他存在而言的。"② 为他存在和自在存在各自的区分以及二者之间的区分都统一在某物中，作为否定之否定的某物才得到真正的规定。

否定之否定作为绝对的否定是具体的、无条件的、绝对的否定性，而第一次否定或者说单纯的否定则是抽象的、有条件的否定性。无论是着眼于意识的区分即主客关系的区分，还是从某物与他物的区分来看，海德格尔都是从上述两种否定的关系出发来针对绝对的否定性提出问题的："1. 第一次抽象的否定性的上升，抑或其基础？2. 如果是基础，那么从何而来？"③ 虽然第二个问题已然是针对第一个问题中的一种回答的追问，从而使第一个问题显得是一种明知故问的设问，但实际上并非如此简单。第一个问题中提供的两个答案选项并不是非此即彼的，而是可以同时成立的，甚至应该说绝对的否定性正是通过对抽象的否定性进行提升的方式而成为其基础的，或者反过来说，抽象的否定性的上升不是凭空而起，而是已经在绝对否定性之基础上的上升。因此绝对的否定性不是抽象的否定性的"升级版"，而毋宁说是使其升级得以可能的"平台"，在某物和他物的关系中的第一次否定也好，具体的否定之否定也罢，都是绝对否定性平台上的自行操作。

如果说第一个问题还是在暗示黑格尔的否定性是从某物与他物的关系来得到说明的，那么第二个问题已经是在直接向黑格尔的否定性发难了。如果说第一个问题黑格尔那里还可以给出两全其美的回答，那么第二个问题恰恰在对第一个问题两全其美的回答中不成问题了。如果说第一个问题的提问还处在黑格尔哲学的范围之内，那么第二个问题就已经超出了黑格尔否定性概念的范围，而把我们引向了海德格尔的问题领域。

（3）否定性的根源

海德格尔与黑格尔就否定性展开的争辩的根本朝向就在于否定性的

---

① 参见 Hegel，*Wissenschaft der Logik* Ⅰ，TW5，S. 128 - 129。

② Hegel，*Wissenschaft der Logik* Ⅰ，TW5，S. 129.

③ Heidegger，*Hegel*，GA68，S. 18；海德格尔：《黑格尔》，第 16 页。

"从何而来"，亦即否定性的本源。绝对的否定性不是对第一次否定的单纯提升，也就是说，不是简单的第二次否定。在第一次否定上叠加的第二次否定仍然是相对的否定，而真正的否定之否定乃是绝对思想之"活力"。海德格尔追问道：

> 如果真正的否定性——绝对的否定性——不是从一种抽象的否定性到另一种否定性的单纯的增加和丰富，而是作为绝对现实者本身的"活力"的本质性的否定性，那么反过来，抽象的否定性必定从无条件的否定性"起源"。但无条件的否定性从何而来？诚然不可能有位于绝对理念之外的"来处"；因而更加必然地追问绝对理念之内的"来处"。①

绝对理念之内的情形如何？我们已经看到，否定性是意识的区分，而意识的区分意味着意识与区分的共同发生，意识的区分乃是进行区别的意识。因此，"在绝对理念之内也悬而不决的是，在这里什么是第一者：（简言之）作为'我表象某物'的意识——抑或把这种表象关系标识为区分的'区别'"②。在意识的区分中又存在着三重区分的否定性，于是进一步的"基础问题"就是："1. 这里的不性事物意义上的否定性，只是用来刻画绝对知识的本质性的三重区分的一种形式上的辅助手段［……］2. 抑或，绝对的我思和它的确定性的那种区分性是否定之可能性的自明基础？"③海德格尔指出，黑格尔正是在后一种意义上理解否定性的，接着前面关于"死亡这个绝对的主人"的讨论来说，也就是从绝对的生命来理解死亡之否定性。而海德格尔接着提出的第三个问题就不仅仅是黑格尔的问题，同时更是他自己的问题："3. 问题1或者问题2中的不和否定性（不性和否定性事物）与无之关系如何，无与存在之关系如何？"④

很明显，问题3又分为两个方面：一方面是针对黑格尔的否定性与无的关系发问，我们前面的讨论中已经给出过预先的回答，黑格尔把无理解为纯粹的无区分，因而没有从无出发来思考否定性，而是在某物和他物的区分中才出现第一个绝对的否定性；另一方面是关于无与存在的关系，这一问题意在把关于否定性的讨论引回到否定性之基础或者说否定性之来

---

① Heidegger, *Hegel*, GA68, S. 22；海德格尔：《黑格尔》，第 19 - 20 页。
② Heidegger, *Hegel*, GA68, S. 22；海德格尔：《黑格尔》，第 20 页。
③ Heidegger, *Hegel*, GA68, S. 26；海德格尔：《黑格尔》，第 23 页。
④ Heidegger, *Hegel*, GA68, S. 27；海德格尔：《黑格尔》，第 24 页。

源，这是争辩的要害。

　　讨论存在与无的关系时，海德格尔不止一次引用黑格尔《逻辑学》中关于存在与无的句子："纯粹的存在与纯粹的无是同一回事。"① 尽管海德格尔也会认同黑格尔这个句子的表述，但双方的"根据"是根本不同的。在海德格尔那里，存在与无的同一说的都是二者的相互共属性；而在黑格尔那里，存在与无的同一在于二者的无区分性。而这其中的"不同"又意味着两种"区分"：存在论差异和意识的区分。"存在者的存在本身不'是'一种存在者"，存在与存在者之间的存在论差异说出了存在的"不"，而意识的区分则在"存在与无是同一回事"的表达中无-言（Ab-sage）于根本性的区分。②

　　"纯粹的存在与纯粹的无是同一回事"这一表述无言于区分，这种无言来自对区分的遗忘③，其本质后果是"拆-建"（Ab-bau）——《逻辑学》开端的"存在"概念所源自的一种与绝对现实性有极端区别者。④ 海德格尔用"无-言"和"拆-建"来标识黑格尔的绝对开端中已经"预设"了对他构不成问题的"否定性"："拆建与无言是绝对者的'开端'。"⑤ 也就是说，在绝对理念之内也没有为绝对否定性的来源留下位置，更严格地说，没有为否定性之本源的问题留下位置。

　　否定性是黑格尔哲学的基本概念，是绝对思想的"活力"，可是黑格尔却没有严肃地对待否定性，对否定性的来源不闻不问，这意味着什么呢？作为基本概念和"活力"的否定性的不成问题意味着思想本身的不成问题。而思想作为人的本质能力而把握存在者之存在，于是思想的不成问题又意味着人之本质的不成问题和存在本身的不成问题，进而言之，这意味着人与存在之关联的不成问题。⑥ 海德格尔自问自答道：

　　　　否定性在形而上学上的无疑问性作为思想之本质与角色的无疑问性意味着什么？意味着仍然悬而未决的是：1. 人与存在的联系；2. 存

---

　　① Hegel, *Wissenschaft der Logik* Ⅰ, TW5, S. 83. 海德格尔的引用和相关讨论可参见 Heidegger, *Wegmarken*, GA9, S. 120；Heidegger, *Seminare*, GA15, S. 347；Heidegger, *Beiträge zur Philosophie（vom Ereignis）*, GA65, S. 266；Heidegger, *Besinnung*, GA66, S. 313；Heidegger, *Seminare Hegel-Schelling*, GA86, S. 729。

　　② 参见 Heidegger, *Hegel*, GA68, S. 20。

　　③ Heidegger, *Hegel*, GA68, S. 14；海德格尔：《黑格尔》，第 11 页。

　　④ 参见 Heidegger, *Hegel*, GA68, S. 14、33。

　　⑤ Heidegger, *Hegel*, GA68, S. 24；海德格尔：《黑格尔》，第 21 页。

　　⑥ 参见 Heidegger, *Hegel*, GA68, S. 14 - 15、39 - 40。

在与存在者之间的区分。这种双重的区分共属一体，统一于唯一的问题：如果绝非从存在者而来，存在该从何处有其真理而存在之真理又建基于何处？①

这就是说，人与存在之关联藏而不显，和存在与存在者之间的区分隐而不彰，实则系于同一个问题，即存在之真理的问题。

绪论部分对争辩的先行讨论曾指出争辩乃是入于急难的决断（第 2.1 节）。现在，在围绕"否定性"展开的争辩中，我们再次看到对于决断的要求：

> 追问那作为无条件的形而上学思想之"活力"的否定性意味着，把那未被区分者置入决-断。首先做出一次这样的决断，可见地、可经验地做出，也就是说，使之成为急难，是一种问出存在问题的思想的唯一所思。②

> 决-断——在这里是从先行给出者的单纯分离和区分来做出的决断。③

就存在与存在者之区分而言，所需要的是这样一种决-断。而对于人与存在之关联，海德格尔提出的是人之本质所处的位置：澄明。意识在"我表象某物"的结构中对"某物作为某物"的表象是在存在（在此亦即存在者性）之光中进行的，"这种在……之光中对某物作为某物的表象已经是那种在其自身内统一地使'对'、'作为'和'在光中'可联结的东西的一种集结（Gefüge）；就是表象者（人）站立其中的被澄明者的'澄明'，就是说，这种'站立'必定预先已经一般地规定人之本质并且主导和支撑着本质的特征"④。

对于否定性之本源的源始区分，黑格尔无-言以对，而海德格尔则做出决-断。相应地，无言的本质后果乃是对存在的拆-建，而决断抵达的则

---

① Heidegger，*Hegel*，GA68，S. 41；海德格尔：《黑格尔》，第 36 页。
② Heidegger，*Hegel*，GA68，S. 41；海德格尔：《黑格尔》，第 36 页。
③ Heidegger，*Hegel*，GA68，S. 43；海德格尔：《黑格尔》，第 38 页。
④ Heidegger，*Hegel*，GA68，S. 45；海德格尔：《黑格尔》，第 40 页。在《哲学的终结与思的任务》中，海德格尔讲到显现者在其中得以显现的光亮本身又源于某个自由的敞开域时指出："即便在像黑格尔所认为的一个在场者思辨地在另一个在场者中反映自身的地方，都已有敞开性在起支配作用，都已有自由的区域在游戏。也只有这一敞开性才允诺思辨思想的道路通达它所思的东西。"（Heidegger，*Zur Sache der Denkens*，GA14，S. 79 - 80；海德格尔：《面向思的事情》，第 92 页）

是存在之澄明。

4. 从本质性的争辩转向历史性的对话

本章从"存在与时间"问题域的十字路口出发，通过分析《精神现象学》"自身意识"章中奴隶意识从不自立到自立的转变以及怀疑主义对否定性的自由的实现，明确地转向真理之本质的问题域，海德格尔与黑格尔之间进行争辩的地带也随之从存在与时间的本质关系变成真理与自由的关联，争辩的命题则表达为"真理之本质是自由"。围绕这一命题中蕴含的否定性和否定性之根源的问题，海德格尔与黑格尔的本质性争辩最终落脚在作为无蔽的澄明。

何谓澄明？这里只能给出某种临时性的预先回答。之为预先回答，不是因为后面还有更细致的解答，而是因为澄明作为思想的实事尚未到来，而所谓回答也只能是一种先行的应合。

作为否定性之根源，澄明是真正的"他者"，"在存在者整体中有一个敞开的处所，有一种澄明。从存在者方面来思考，这种澄明比存在者更具存在者特性。因此，这个敞开的中心并非由存在者包围着，而不如说，这个光亮中心本身就像我们所不认识的无一样，围绕着一切存在者运行"①。绽出地生存着的人就处在存在之澄明中，海德格尔在其向着存在之真理回行的道路上以无蔽之名所道说的正是澄明。②

澄明是黑格尔思想未经思索的否定性之根源，这一根源的被遮蔽与被遗忘不仅是西方形而上学的命运，而且是海德格尔《存在与时间》的生存论解释学道路受阻、中断的原因。就此而言，《存在与时间》在抗争形而上学命运的同时又受缚于这一命运，触及了形而上学的边界但仍处于形而上学的领域之内。而海德格尔在《存在与时间》之后的转向之思，既是从此在的生存论诠释学向着存在历史之思的转向，同时也是从形而上学的领域向其根源的转向。海德格尔与黑格尔围绕否定性展开的本质性争辩在这种双重转向中发挥着重要的作用。

基于上述讨论，我们现在可以尝试进一步明确此前在对"争辩"的先

---

① Heidegger, *Holzwege*, GA5, S. 40；海德格尔：《林中路》，第 43 页。
② 参见 Heidegger, *Wegmarken*, GA9, S. 201、323、330。

行规定中从形式上确定下来的接纳-拒斥的双重紧张关系（见绪论第 2.1节）。海德格尔对黑格尔的接纳在于，围绕否定性概念展开的争辩首先跟随黑格尔的步伐进入黑格尔的"立场"，而非径直地以与之不同的立场形成相互对峙。但是，抵达黑格尔的"立场"也不是为了与黑格尔同立共处，而是意在深入这一"立场"的地基，把否定性问题带到其根源处。就黑格尔的立场无法把握它所出自的这一源初领域而言，争辩所朝向的根源性恰恰意味着对黑格尔的拒斥。

不过，原则性的争辩并不止步于此，而是由此打开了与黑格尔的历史性对话的可能空间。如果海德格尔在与黑格尔的争辩中回到了问题的根源处，那么他必定不得不由此根源出发来重新确定黑格尔的位置。对一个位置的确定要求在与该位置拉开距离的同时保持与该位置的距离。这就是说，在拒斥黑格尔的同时又保持着对他的某种接纳。

第 9 章 形而上学的开端与历史

与黑格尔展开的本质性争辩把海德格尔带向了本质性的地带，即澄明之域。这既是海德格尔在争辩中赢得的更源初的立场，也为接下来他与黑格尔的历史性对话开辟了空间。从争辩到对话，是一种转向，这一转向从本源而来，又向本源而去。

正如本质性的争辩不在于观点之间的分歧，而是在于围绕同一者深入问题的根源，对话的历史性也绝不意味着以历史学的方式构造不同时期的对话者的共同传统，从而把对话双方带到某种一致性中，而是意味着从语言本身的道说之发生而来，把单一者和同一者带入到持存者的光亮中，使诸神与终有一死者、世界与诸物各自得到命名。早在 1928 年最后一次马堡讲座中，海德格尔就曾讲道：

> 我们在哲学的思想中是与从前的思想家对话。这样一种对话的意思不同于通过历史学地呈现一种体系性哲学的历史发生而对之做出的补充。但是这种对话也不能与那种独特的同一性相比，即黑格尔为了思想其所思想者和思想的历史而进入的那种同一性。[1]

这段话谈到了三种对待思想史的态度：对话的（海德格尔的）、历史学的、同一性的（黑格尔的）。海德格尔首先把自己"与从前思想家的对话"和"历史学"对哲学体系之历史发生的呈现和补充区别开来，紧接着又要避免历史性的对话与黑格尔的哲学史所进入的同一性的混淆。按照海德格尔的用词更严格地来看，对话与历史学之间还可以说"不同"，而与黑格尔的"同一性"则完全"不能相比"。

下面会展开对黑格尔对待思想史的态度的考察，这种考察不可避免地会形成某种可供比较的东西，但也正是因此，我们更需要在考察过程中牢

---

[1] Heidegger, *Wegmarken*, GA9, S. 79；海德格尔：《路标》，第 88 - 89 页。

牢记住这里所说的"不能相比"。本章我们将从对于黑格尔与海德格尔来说都是开端性思想家的赫拉克利特入手，借助这位晦暗者的桥梁作用来展开关于形而上学之开端的对话。与形而上学之开端相应的形而上学之完成以及形而上学之克服，将是下面的最后一章的内容。

1. 辩证法与赫拉克利特

说到黑格尔与赫拉克利特，熟悉哲学史的读者都会意识到，这并不是随随便便并列在一起的两位思想家，他们之所以被相提并论乃是因为他们思想中的一个共同因素：辩证法。这一共同因素常常被单纯地理解为两位思想家的不同思想中的某种共同特征，并且因而太过轻易地在赫拉克利特的残篇中举出一些例子来说明赫拉克利特那里的"朴素的辩证法"。面对黑格尔与赫拉克利特的并列，人们首先会在赫拉克利特那里寻找辩证法的踪迹，不仅因为赫拉克利特流传下来的是一些需要进一步解释的残篇，似乎需要格外费一番力气才能确认他所处的位置，而且因为在这里与赫拉克利特并列的黑格尔的思想无须被解释为辩证法，而是直接就被当成辩证法。但无论理由是什么，在黑格尔与赫拉克利特并列之际，以辩证法为二者思想的共同因素并且发现出一条发展线索的这种做法，实际上正是海德格尔想要把自己的历史性对话与之相区别的"历史学呈现"。

在黑格尔的《哲学史讲演录》中，我们可以看到黑格尔自己也在赫拉克利特那里看到了一种辩证法因素，但这并非黑格尔哲学史在赫拉克利特那里的历史学发现，而是黑格尔哲学史对赫拉克利特的哲学规定。用海德格尔的话来说，辩证法这一共同因素乃是黑格尔"为了思其所思想者和思想的历史而进入的那种同一性"。

在进入赫拉克利特之前，黑格尔已经讲了伊奥尼亚哲学、毕达哥拉斯及其学派、爱利亚学派。与通常的哲学史一样，黑格尔也是从泰勒斯讲起。但与通常的哲学史不同的是，黑格尔明确地把"哲学之本己历史"的开端确定在巴门尼德那里。在《逻辑学》和《哲学科学百科全书》中，确定这一开端的理由是逻辑学的开端与哲学史的开端的同一，作为逻辑学之开端的纯粹存在正是由巴门尼德首次提出的。[①] 而在《哲学史讲演录》

---

① 参见 Hegel, *Wissenschaft der Logik Ⅰ*, TW5, S. 84；Hegel, *Enzyklopädie der philosophischen Wissenschaften*, TW8, S. 183、185。

中，巴门尼德之为哲学史的真正开端，还在于黑格尔在爱利亚学派这里看到了"辩证法的开端"，亦即"思想在概念里的纯粹运动的开端"。① 在此开端处，只有永恒不变的纯粹存在是真实的，而变易者是不真的，"因为当人们把这种规定当作有效的规定时，他们就会遇到矛盾"②。这种辩证法被黑格尔称为"外在的辩证法"，"否定一切有限关系的辩证法"，"推来推去而没有溶入事物本身的灵魂"③；相应地，芝诺的辩证法则被称为"主观的辩证法"，这种辩证法是"对象的内在的辩证法"，但却"落在主观的观察中"④。与爱利亚学派的辩证法不同，赫拉克利特的辩证法乃是客观的，这就是说，"辩证法本身被理解为原则"⑤。正如黑格尔"逻辑学"的第一个真正具体的概念即"变易"，在哲学史上由赫拉克利特所道出，这种道说同时就意味着，"在赫拉克利特那里，哲学的理念第一次以它的思辨形式出现了"⑥。这样的辩证法既不停留于对事物之有限关系的外在否定，也不满足于主观的观察，而是作为原则内在地溶入事物的无限性与客观性。

　　在展示了辩证法的上述三重内容之后，黑格尔讲道："在这里我们看到陆地；没有哪个赫拉克利特的命题是我不曾纳入我的逻辑学的。"⑦ 分号后面这句话现在常常被人们引用，来表明黑格尔对赫拉克利特的重视。而分号前面那句话则说出了黑格尔后来讲到笛卡尔时再次用到的"陆地比喻"。在笛卡尔那里，黑格尔以陆地指的乃是作为"我思"的主体性⑧，

──────────

　　① Hegel, *Vorlesungen über die Geschichte der Philosophie Ⅰ*, TW18, Frankfurt am Main：Suhrkamp, 1986, S. 275；黑格尔：《哲学史讲演录》第一卷，贺麟、王太庆等译，商务印书馆，1959，第 253 页。

　　② Hegel, *Vorlesungen über die Geschichte der Philosophie Ⅰ*, TW18, S. 290；黑格尔：《哲学史讲演录》第一卷，第 267 页。

　　③ Hegel, *Vorlesungen über die Geschichte der Philosophie Ⅰ*, TW18, S. 319；黑格尔：《哲学史讲演录》第一卷，第 295 页。

　　④ Hegel, *Vorlesungen über die Geschichte der Philosophie Ⅰ*, TW18, S. 319 - 320；黑格尔：《哲学史讲演录》第一卷，第 295 页。

　　⑤ Hegel, *Vorlesungen über die Geschichte der Philosophie Ⅰ*, TW18, S. 320；黑格尔：《哲学史讲演录》第一卷，第 295 页。

　　⑥ Hegel, *Vorlesungen über die Geschichte der Philosophie Ⅰ*, TW18, S. 320；黑格尔：《哲学史讲演录》第一卷，第 295 页。

　　⑦ Hegel, *Vorlesungen über die Geschichte der Philosophie Ⅰ*, TW18, S. 320；黑格尔：《哲学史讲演录》第一卷，第 295 页。

　　⑧ 参见 Hegel, *Vorlesungen über die Geschichte der Philosophie Ⅲ*, TW20, Frankfurt am Main：Suhrkamp, 1986, S. 120："随着笛卡尔，我们才真正踏进了一种自立的哲学。……在这里，我们才可以说到了自己的家园，才可以像一个在惊涛骇浪中长期漂泊之后的船夫一样高呼'陆地'。"（参见黑格尔：《哲学史讲演录》第四卷，贺麟、王太庆译，商务印书馆，1978，第 59 页）海德格尔不止一次论及黑格尔在讲到笛卡尔时所用的"陆地比喻"，可参见 Heidegger, *Holzwege*, GA5, S. 128 - 129；Heidegger, *Wegmarken*, GA9, S. 429。

而在赫拉克利特这里，黑格尔以陆地指的是作为原则的辩证法。这两次比喻用到同一个"喻体"，这当然不是黑格尔词穷之后的随意之举，而是透露出两次比喻中的"本体"（主体性与辩证法）的某种本质性的关联。

黑格尔对希腊早期思想中开端性的辩证法的三重意义进行了区分，从中可以看到，黑格尔是从主体性来思考辩证法的。这一思考本身是辩证的，因此反过来说也成立，亦即黑格尔是从辩证法来思考主体性的。而这样的思考在哲学史的开端处展开也就意味着，黑格尔是从主体性-辩证法而来思考哲学之历史的。

辩证法、主体性以及历史性，这三者如何得到统一的规定呢？通过运动。三者都通过辩证的运动得到规定，而就运动本身即是辩证地来看，亦可以说主体性与历史性是通过辩证法而统一。

巴门尼德的存在学说是"外在的辩证法"，这是就其否认运动的真实性而言的；芝诺悖论从内容上直接关乎运动，但这种运动被归属于进行观察的主体方面，而存在的一则是不运动的，因此芝诺的辩证法被称为"主观的辩证法"；赫拉克利特则把运动本身理解为真实的东西，按照黑格尔的说法，达到了"变易"这第一个具体的范畴，是"客观的辩证法"。在哲学史开端处对辩证法三重意义的区分正是就运动的不同归属做出的，而这时运动的意思是变易、变化。

辩证法是运动的辩证法，这种运动不仅是客观事物的运动，同时也是主体的运动。辩证法的陆地与主体性的陆地是同一片陆地，即绝对的陆地。在《精神现象学》的导论中，黑格尔讲到"意识实行于其自身的辩证运动"并称之为"经验"。① "精神现象学"作为"意识经验的科学"，呈现的正是这种运动的道路。② 绪论部分曾讲到作为应合的对话乃是野路（绪论第 2.2 节）。我们知道，辩证法（Dialektik）一词正是来自"对话"（διαλέγειν）。那么，作为辩证法的对话是一条什么样的道路呢？古希腊语单词 δια 有"在……之间""穿越""贯通"等含义，而 λέγειν 则有言谈、采集、聚集等含义。因此对话就是在一方与另一方之间的言谈。

就意识作为绝对的意识而言，其对话乃是意识自己与自己的对话，"在这种对话中，意识向自己说出它的真理"③。但意识并不在对话中停

① Hegel, *Phänomenologie des Geistes*，TW3，S. 78；黑格尔：《精神现象学》，第 55 页。

② 参见 Hegel, *Phänomenologie des Geistes*，TW3，S. 38；黑格尔：《精神现象学》，第 22 - 23 页。

③ Heidegger, *Holzwege*，GA5，S. 183；海德格尔：《林中路》，第 210 页。

留于意识的某一形态，而是穿越（δια）意识诸形态的领域，并在这种穿越中把自身聚集（λέγειν）于它的本质之真理，因而是一种自行聚集（διαλέγεσθαι）。[1]

就意识作为对象的意识而言，意识的自行聚集是把意识的对象与进行表象的意识在意识自身之中聚集起来。换言之，辩证法作为 διαλέγεσθαι 乃是贯通（δια）那被表象的某物而把某物聚集于自身，主体就在这样的过程中并且作为这种过程而获得它的主体性。[2]

作为穿越意识诸形态并且贯通意识之对象的自行聚集，意识的辩证运动就是一种过程，"自己生产自己、自己传送自己并且自己返回到自己的过程"[3]。简言之，对于主体性来说，运动意味着过程。

除了变化和过程，辩证的运动的另一重意义乃是发生，历史性的发生。"辩证法的历史性发生"具有双重意义：一方面是说，辩证法支配着哲学的历史发生，由此哲学史才就其本身而言从一开始就是"哲学的"；另一方面是说，辩证法本身具有历史性，有其自身的历史发生，换言之，辩证法是一个历史性的事件。辩证法作为穿越的、贯通的自行聚集是在一个已经被开启的"之间"（δια）进行的。[4] 这个辩证法在其中发生的"之间"却在辩证法的"穿越"和"贯通"中被遮蔽了。

从辩证法、主体性与历史性的统一来看，辩证法在主体性与历史性"之间"的"穿越"和"贯通"把主体建立主体性的过程和哲学史的发生统一起来，由此不仅主体性的过程所活动于其中的"之间"和历史性的发生所生长的"之间"被遮蔽，主体性与历史性"之间"的源初裂隙也被辩证地弥合了。

2. 赫拉克利特与开端

对于海德格尔和黑格尔来说，赫拉克利特可谓开端性的哲学家，因而可以说，赫拉克利特在海德格尔与黑格尔"之间"为对话提供了一个"位置"或"中介"。在赫拉克利特讨论班的第十一次讨论中，海德格尔就曾

---

[1]　参见 Heidegger, *Holzwege*, GA5, S. 183 - 184。

[2]　参见 Heidegger, *Wegmarken*, GA9, S. 430。

[3]　Hegel, *Phänomenologie des Geistes*, TW3, S. 61；黑格尔：《精神现象学》，第 41 页。

[4]　参见 Heidegger, *Holzwege*, GA5, S. 192 - 193。

提到要"澄清我们在讨论赫拉克利特时把黑格尔与我们分离开来的那个裂隙（die Kluft）"①。这一要求的起因是海德格尔对前一次讨论班关于黑格尔的"逻辑"的三个环节的讨论的回顾，海德格尔发现讨论遗漏了一点，即对"逻辑"诸环节的共属一体性的澄清。

在第十次讨论班中，赫拉克利特与黑格尔的关系被提及，海德格尔引导参与者说出了黑格尔《哲学史讲演录》中关于赫拉克利特的那句著名的话："没有哪个赫拉克利特的命题是我不曾纳入我的逻辑学的。"② 海德格尔从这个句子引出了关于黑格尔逻辑的三个环节的讨论。"逻辑"的三个环节是：（1）抽象的或知性的环节；（2）辩证的或否定-理性的环节；（3）思辨的或肯定-理性的环节。③ 在讨论中海德格尔提醒大家注意的是，辩证的环节被黑格尔规定为逻辑的第二个环节，而不是第三个环节。但是，对于当时的讨论来说，区分黑格尔逻辑的三个环节是为了看到，在把赫拉克利特纳入逻辑学之际，黑格尔是如何理解赫拉克利特乃至全部古希腊哲学的。海德格尔的回答是："他是从直接性阶段出发来理解全部古希腊哲学的，而且是从逻辑学的维度来看待一切。"④ 所谓直接性的阶段即抽象的或知性的阶段，在这个阶段表象直接地作为客体呈现而既没有返回到主体，也没有关联于某种中介。赫拉克利特那里的"客观的辩证法"就处在这样的直接性的阶段。

如前所述，在接下来的第十一次讨论班中海德格尔对前一次所讨论的黑格尔逻辑的三个环节做了进一步的追问，追问这三个环节的共属一体性，亦即追问逻辑在黑格尔那里究竟意味着什么。答案的线索在《哲学科学百科全书》第 19 节——"第一部分·逻辑学"的绪论的第 1 节——出现："逻辑学是纯粹理念的科学，即思想的抽象要素中的理念的科学。"⑤ 于是问题便是："黑格尔那里'纯粹理念的科学'是什么意思？对黑格尔

① Heidegger, *Seminare*, GA15, S. 200；海德格尔：《讨论班》，第 239 页。

② Hegel, *Vorlesungen über die Geschichte der Philosophie* Ⅰ，TW18, S. 320；黑格尔：《哲学史讲演录》第一卷，第 295 页。另参见 Heidegger, *Seminare*, GA15, S. 183 - 184。

③ 参见 Heidegger, *Seminare*, GA15, S. 185。讨论班所提出的这三个环节是黑格尔在《哲学科学百科全书》第 79 节给出的，参见 Hegel, *Enzyklopädie der philosophischen Wissenschaften* Ⅰ，TW8, S. 168。

④ Heidegger, *Seminare*, GA15, S. 187；海德格尔：《讨论班》，第 225 页。

⑤ Hegel, *Enzyklopädie der philosophischen Wissenschaften* Ⅰ，TW8, S. 67；海德格尔的引用参见 Heidegger, *Seminare*, GA15, S. 199。

来说理念是什么?"① 而也正是在《哲学科学百科全书》第 19 节的说明中,关于逻辑学的用处,黑格尔讲道:"就逻辑是真理之绝对形式而言,尤其是就逻辑是纯粹的真理本身而言,它就是某种完全不同于单纯有用之物的东西。"② 因此,在问及理念的同时,还要追问的是黑格尔这里真理的意义。

说到理念,海德格尔提示讨论班参与者回忆柏拉图的 ιδέα,并且注意在柏拉图的理念和黑格尔的理念之间发生了什么。海德格尔曾在《柏拉图的真理学说》中看到真理之本质从无蔽到正确性的转变(上篇第 4 章),也曾在与黑格尔的争辩中看到黑格尔那里作为自身确定性的真理(下篇第 8 章)。此间发生了什么? 此间发生的是笛卡尔对"自我"陆地的发现。"理念在笛卡尔那里成了 perceptio(知觉)。"③ 黑格尔的绝对理念就意味着"绝对主体的完全自知",而这就是海德格尔想要补充的前一次讨论课的遗漏之处,也是黑格尔逻辑三环节的统一性之所在,即"绝对精神自行显现自身的过程特征中三环节的内在联系"④。在笛卡尔那里,与清楚明白的知觉相关联的是确定性,在黑格尔那里作为确定性的真理被定位于绝对的自知。

这里对柏拉图和笛卡尔的回顾不是简单的对历史材料的补充,而是根据他们在黑格尔哲学史中的位置引出的提示性的线索,目的不是要表明黑格尔的观念论是何种历史演变的结果,而是显示黑格尔的思辨的辩证法如何以完成的态势规定整个哲学史。在这种哲学史的规定中,包括赫拉克利特在内的古希腊哲学就处在一开始的直接性的阶段中。

当海德格尔以"黑格尔与古希腊人"作为一个演讲题目的时候,这个题目所暗示的恰恰就是"哲学的完成"与"哲学的开端",也就是说,通过这样一个题目得到表达的乃是"在其历史中的哲学整体"⑤。在这个题目下,海德格尔提出的问题是:"黑格尔在其哲学视野中是如何描绘古希

---

① Heidegger, *Seminare*, GA15, S. 200;海德格尔:《讨论班》,第 239 页。

② Hegel, *Enzyklopädie I*, TW8, S. 68;海德格尔的引用参见 Heidegger, *Seminare*, GA15, S. 200。

③ Heidegger, *Seminare*, GA15, S. 200;海德格尔:《讨论班》,第 239 页。值得注意的是海德格尔在这里的讨论中还同时提到了在笛卡尔之前"理念还变成上帝的观念并且为 creatio(创造)的观念赢得了意义",这一点在讨论班当时的问题语境下没有得到展开。另参见 Heidegger, *Zur Sache der Denkens*, GA14, S. 77:"自笛卡尔以来,理念就意味着 perceptio。"

④ 参见 Heidegger, *Seminare*, GA15, S. 200。

⑤ 参见 Heidegger, *Wegmarken*, GA9, S. 427。

腊人的哲学的?"① 这个问题既没有把黑格尔对古希腊哲学的描绘说成是历史学的,也没有对黑格尔的哲学展开一种历史学的考察。这个问题保持在哲学的视野中,因此对这个问题更严格的表述毋宁说是反过来的:黑格尔在其对古希腊人的哲学的描述中透露了他的何种哲学视野?答案在前一小节中已经得出:黑格尔是从主体性-辩证法出发来思考哲学史的,而且海德格尔也是由此出发进入前一个问题的。

让我们继续跟随海德格尔的追问:"从历史的思辨-辩证的基本特征而来,古希腊人的哲学如何得到规定?"② 海德格尔简要地考察了黑格尔对四个古希腊词语的解说,由此提示对问题的回答。这四个词语分别来自四位古希腊哲人:巴门尼德的 Ἕν、赫拉克利特的 Λόγος、柏拉图的 Ἰδέα、亚里士多德的 Ἐνέργεια。海德格尔依次考察黑格尔对这四个词语的解说之后得到的结果是:"黑格尔是在被他把握为抽象普遍者的存在的视野中来理解 Ἕν、Λόγος、Ἰδέα、Ἐνέργεια 的。"③ 这里我们不去重复海德格尔的考察,只需回忆一下前面提到过的一点就足够了,即黑格尔是以比巴门尼德那里的"存在"更加具体的"变易"来理解赫拉克利特的"客观的辩证法"的。

存在之被把握为抽象普遍者,这说到底是在黑格尔的思辨-主体性的视野中进行的。从这一视野来看,古希腊哲学的那些基本词语所道说出的存在"尚未得到规定,尚未通过并且进入绝对主体性的辩证运动而被中介"④。哲学的开端从其完成来看还只是一个"尚未"。在朝向无蔽而与黑格尔展开对话时,古希腊哲学也对海德格尔显示为一个"尚未"。

3. 开端与尚未

在海德格尔看来,尽管方向不同,但黑格尔与荷尔德林、尼采一样,都以某种方式走上了赫拉克利特开辟的道路:"黑格尔与荷尔德林这一对挚友以他们的方式站在赫拉克利特所开辟的伟大而富有成果的道路上,但区别在于,黑格尔回望而了结,荷尔德林前瞻而开启。尼采与赫拉克利特

---

① Heidegger, *Wegmarken*, GA9, S. 427;海德格尔:《路标》,第506页。
② Heidegger, *Wegmarken*, GA9, S. 433;海德格尔:《路标》,第512页。
③ Heidegger, *Wegmarken*, GA9, S. 438;海德格尔:《路标》,第518页。
④ Heidegger, *Wegmarken*, GA9, S. 438;海德格尔:《路标》,第518页。

的关系则又是另一回事。"① 在这三位赫拉克利特主义者中间，海德格尔显然与荷尔德林更加亲近，二者之间乃是思与诗的对话。尼采则与黑格尔一道被海德格尔置于形而上学之完成与终结的位置上。② 下一章我们会抵达这个位置，现在还是先将目光集中在赫拉克利特的晦暗之火照亮的黑格尔身上。

黑格尔在《哲学史讲演录》中对于赫拉克利特之晦暗有过特别的说明，这种晦暗既不像西塞罗以为的那样是故意为之，也不像包括亚里士多德在内的另外一些人以为的那样是语言表达方面的缺陷，相反，"这种哲学的晦暗主要是在于其中有一种深奥的、思辨的思想；这种思想对于知性总是困难的、晦暗的"③。在 1943 年夏季学期的赫拉克利特讲座中，海德格尔对此评论道，虽然黑格尔对赫拉克利特之晦暗性的理解不是西塞罗式的肤浅评论，但并不比后者更真，因为即使黑格尔也没有古希腊式地理解赫拉克利特的晦暗。④

以赫拉克利特残篇 16 中的"保持遮蔽"和"永不消失"为例，按照海德格尔所说的古希腊式的理解，"遮蔽"和"消失"不是单纯的不存在，而是进入到涌现着的遮蔽中（见上篇第 5 章）。对晦暗的古希腊式理解与此相同，赫拉克利特之为晦暗者不是对于通常的理解来说难以进入甚至不可进入，而是因为他在其思想中保持那自行遮蔽的东西。"他是晦暗者，因为他追问着思入澄明。"⑤ 当黑格尔把赫拉克利特的晦暗归结为"对于知性"的

---

①　海德格尔：《形而上学导论》，王庆节译，商务印书馆，2015，第 144 页。关于尼采与赫拉克利特的关系，海德格尔接着说道："显然尼采成了巴门尼德与赫拉克利特之间众所周知但并不真实的那种对立的牺牲者。这也就是为什么尼采的形而上学根本没有触及决定性的问题的本质性原因之一，尽管另一方面尼采以一种仅有荷尔德林能超过的方法重新把握了全部古希腊此在的伟大的开端时代。"（海德格尔：《形而上学导论》，第 144 - 145 页）荷尔德林、黑格尔、尼采三人与赫拉克利特之关联也在 1934—1935 年冬季学期关于荷尔德林诗歌的讲座中被提及，参见 Heidegger, *Hölderlins Hymnen „ Germanien " und „ Der Rhein "*, GA39, Frankfurt am Main：Vittorio Klostermann, 1999, S. 133 - 134；海德格尔：《荷尔德林的颂歌〈日耳曼尼亚〉与〈莱茵河〉》，张振华译，商务印书馆，2018，第 159 页。后来在赫拉克利特讨论班中，海德格尔也以赫拉克利特主义者之名并举这三位："除了黑格尔与荷尔德林，第三个赫拉克利特主义者是尼采。"（Heidegger, *Seminare*, GA15, S. 187；海德格尔：《讨论班》，第 225 页）

②　"在某种意义上说，黑格尔通过形而上学的完成达到了形而上学的终结，尼采则通过形而上学的终结完成了形而上学。"（张志伟：《尼采、虚无主义与形而上学——基于海德格尔〈尼采〉的解读》，《中国高校社会科学》2016 年第 6 期）

③　参见 Hegel, *Vorlesungen über die Geschichte der Philosophie I*, TW18, S. 322 - 323；黑格尔：《哲学史讲演录》第一卷，第 298 页。

④　参见 Heidegger, *Heraklit*, GA55, Frankfurt am Main：Vittorio Klostermann, 1994, S. 31、40。

⑤　Heidegger, *Vorträge und Aufsätze*, GA7, S. 288；海德格尔：《演讲与论文集》，第 321 页。

晦暗时，他实际上默默接受了西塞罗式的肤浅。反过来，对于已经返回到自身的辩证-思辨的主体性哲学来说，赫拉克利特就失去了其晦暗性，在赫拉克利特那里最初看上去矛盾的东西，也可以"凭借概念而被贯通"了。①

　　海德格尔在讲座行进到赫拉克利特残篇 16 中的"永不消失者"时再次提起黑格尔："仍然存在的问题是，赫拉克利特称为永不消失者的东西是否就是黑格尔思为本质性的自行展开者的东西。"② 本质性的自行展开者即在其辩证运动中实现其自身的绝对者，对于绝对者的实现过程来说，赫拉克利特所思的永不消失者还只是开端，属于自行展开者尚未展开自身的阶段。于是在黑格尔这边，就会给出一种"历史辩证的"回答：是，但还不是。

　　但这种"历史的""辩证的"回答同时也就是"现代的""主体性的"回答。海德格尔接着挑明了这一点：

　　　　姑且假设二者是同一个东西，那么，赫拉克利特的箴言说出的仍然有所不同；也就是说，人不可能在永不消失者面前遮蔽自己，而在黑格尔的和现代的思想那里却是反过来的，自行显露者是这样的东西，它不可能在人的把握能力面前自行隐匿。③

自行显露者或自行展开者之所以不可能在进行把握的人面前自行隐匿，不仅是因为人的把握能力是一种能够打开一切对象的强力意志，而且是因为在现代思想那里一切被人把握的东西也都被意志规定，都意愿进入人的把握之中。黑格尔 1818 年在柏林大学"开讲辞"的结尾处重复了他两年前在海德堡大学开讲时的话："宇宙的隐而不露的本质在自身没有任何能够抵抗勇敢认识者的力量，它必定会在他面前敞开，把它的财富和它的奥妙摆在它面前，供他享用。"④ 在《黑格尔的经验概念》中，海德格尔从

---

　　① 参见 Hegel, *Vorlesungen über die Geschichte der Philosophie I*，TW18, S. 323；黑格尔：《哲学史讲演录》第一卷，第 298 页。

　　② Heidegger, *Heraklit*, GA55, S. 50.

　　③ Heidegger, *Heraklit*, GA55, S. 51.

　　④ 参见 Hegel, *Vorlesungen über die Geschichte der Philosophie I*，TW18, S. 14；Hegel, *Vorlesungsmanuskripte II*，GW18. 2，Hamburg：Meiner, 1995. S. 6、18。在《根据律》中海德格尔亦曾提到黑格尔"开讲辞"中的这段话，并且提醒听众不要把这段话理解为"思想家个人对于绝对者所表现出的一种骄横狂妄"，"恰恰相反：这段话乃是一种准备，去应合那种要求的准备，这种要求是绝对概念意义上的存在向思想发出的，是西方形而上学之完成的那个历史性时代以决定性的方式先行烙印的。当处于绝对概念之形态中的'存在者之存在'使得它自身能被形而上学-存在论的思想绝对地认识之际，那种最极端的回行就在存在的这种发送中自行遮蔽了"（Heidegger, *Der Satz vom Grund*，GA10, S. 127）。

《精神现象学》导论第一段中的一个从句窥见黑格尔所道出的绝对的意愿：
"绝对本来就在并且愿意在我们近旁。"① 绝对者非但从不自行隐匿，而且
向来已经自行展开，这样自行展开的绝对者本身就是绝对主体。因此，前
面"是，但还不是"的回答就不仅是针对作为实体的绝对者而发，同时也
是针对作为主体的绝对者而言。人不能在永不消失者面前隐藏自己，当赫
拉克利特在哲学史开端处如一个孩童般说出这句话的时候，站在哲学史完
成处的黑格尔表现出一个老者的智慧：是的，但这不是因为人不能隐藏自
己，而是因为人尚未获得自己。

　　因此，在黑格尔看来，人之不可能在永不消失者面前隐藏自己，毋宁
说是人必定会在永不消失者那里实现自己。那尚未实现自己的阶段只是主
体性尚未完成的开端。

　　海德格尔在赫拉克利特那里也看到一种尚未。"只不过，这是未被思
的东西的'尚未'，不是未使得我们满足的'尚未'，而是我们未能适应、
满足的'尚未'。"② 开端性的古希腊思想在黑格尔看来是尚未满足真理的
确定性之要求的，而海德格尔则唱着反调表示不是开端尚未满足我们，而
是我们尚未满足开端。此间对话中的两位思想家说的是同一个东西吗？

4. 开端之离弃

　　赫拉克利特这位晦暗者成为海德格尔与黑格尔之间对话的桥梁。桥梁
的作用不是仅仅简单地在表面上连接两岸，而是本身作为一个位置聚集对
话的双方。在赫拉克利特的聚集中，黑格尔的历史辩证法和海德格尔的存
在历史之思各自显露出来，思想史的开端也由此而敞开一种差异：究竟是
开端尚未满足我们，还是我们尚未满足开端？

　　前面已经看到，海德格尔在赫拉克利特残篇 16 中读出的是作为无蔽
的"永不消失者"（上篇第 5 章）。古希腊的"无蔽"正是后来被翻译为
"真理"的词语。然而在黑格尔的哲学史中古希腊思想却未能真正到达
"真理"之陆地，海德格尔因此问道："无蔽，真理，不就位于哲学道路开

---

　　① Hegel, *Phänomenologie des Geistes*, TW3, S. 69；黑格尔：《精神现象学》，第 48 页。
参见 Heidegger, *Holzwege*, GA5, S. 130 - 131；海德格尔：《林中路》，第 144 - 145 页。
　　② Heidegger, *Wegmarken*, GA9, S. 444；海德格尔：《路标》，第 525 页。

始处的巴门尼德那里吗？为什么黑格尔没有把它表达出来？"① 在本章围绕赫拉克利特展开的对话中同样可以问：在赫拉克利特的残篇中不是已经有无蔽了吗？为什么黑格尔不满足呢？

答案似乎很简单，正如我们在海德格尔与黑格尔的"争辩"中已经看到的，黑格尔那里的真理之本质是绝对精神的自身确定性，而古希腊人的无蔽还没有建立主体性，没有达到精神自身的确定性。但如果我们"满足"于这个简单的答案，那就太简单了。

黑格尔不满足于赫拉克利特的无蔽，不是因为无蔽处在一个令他不满足的阶段——若真如此，黑格尔也会以其辩证-思辨的方式"满足"于这种"不-满足"，而是因为黑格尔不可能满足于这样的无蔽；而黑格尔不可能满足于这样的无蔽，是在于黑格尔未能把这样的无蔽纳入他的辩证法-哲学史中。"对历史的思辨-辩证的规定恰恰使黑格尔受阻，未能把 $\alpha\lambda\eta\theta\epsilon\iota\alpha$ 及其运作当作思想的事情来专门考察，而这正是在那种把'纯粹的真理之王国'规定为哲学之'目标'的哲学中发生的事情。"② 黑格尔之无能把 $\alpha\lambda\eta\theta\epsilon\iota\alpha$ 纳入视野并不意味着 $\alpha\lambda\eta\theta\epsilon\iota\alpha$ 没有进入他的哲学领地，而是黑格尔必须为了绝对确定性的真理而离弃无蔽领域。这是形而上学自其开端处便领受了的命运，黑格尔只是在完成的位置上彻头彻尾地实现了这一离弃。

---

① Heidegger, *Wegmarken*, GA9, S. 439；海德格尔：《路标》，第 519 页。
② Heidegger, *Wegmarken*, GA9, S. 441；海德格尔：《路标》，第 521 页。

第 10 章　形而上学的完成与克服

　　围绕形而上学的开端所展开的对话已经显露出海德格尔思想与黑格尔思想的根本差异。本章将从形而上学之完成的方面来继续展开二者之间的对话。黑格尔的哲学是形而上学之完成，海德格尔与黑格尔都会从各自对哲学史的理解和把握出发来认同这一命题。就黑格尔思想本身构成了形而上学之完成而言，与黑格尔围绕形而上学之完成展开的对话以双重方式涉及了对话的参与者。

　　1956—1957 年冬季学期，海德格尔主持了一个讨论班，名为"与黑格尔关于思想的事情的对话"。1957 年 2 月 24 日，海德格尔为这个讨论班做了一场报告作为结束，这个报告便是后来收入《同一与差异》中的文章《形而上学的存在-神-逻辑学机制》。在这个报告中，海德格尔在与黑格尔对话的语境中，从三个问题明确地提出他所尝试的思想与黑格尔的思想之间的区别。海德格尔问道：

　　一、在黑格尔那里和在我们这里，思想的事情是何种事情？

　　二、在黑格尔那里和在我们这里，与思想史的对话标准是何种标准？

　　三、在黑格尔那里和在我们这里，这种对话的特征是何种特征？①

　　这三个问题层层递进，实际上问的是同一件事情：在黑格尔那里和在海德格尔那里，思想、历史、对话这三者的同一性是何种同一性？这个问及同一性的问题所要问出的恰恰是某种差异、某种区分。对此，前面的讨论已经在不同的环节上有所触及，现在需要更加明确地进行规定。

――――――

　　①　Heidegger, *Identität und Differenz*，GA11, S. 56；海德格尔：《同一与差异》，第 58 - 59 页。

提出上述三个问题之后，海德格尔接着就依次做了回答。

对于第一个问题，海德格尔首先给出的答案是存在。伟大的思想家思考同一个东西，因此对于思想的事情之问题给出同一个回答。但伟大的思想家对同一者进行的思考并非相同的思考，而是在思想中进入一种分歧。因此在黑格尔那里和在海德格尔那里，以存在之名得到思考和道说的东西是有区别的。海德格尔在不同的地方提示过他尝试追问的存在与黑格尔的存在概念之间的区别。这里又一次被提出的是，黑格尔的存在说的是作为绝对思想的存在者的被思想状态，而在海德格尔那里，存在是在与存在者的差异中来思考的。海德格尔以更明确的方式表述道："在黑格尔那里，思想的事情是作为绝对概念的所思。在我们这里，暂时可以说，思想的事情是作为差异的差异。"① 在海德格尔那里，思想的事情何以只是"暂时可以说"的？海德格尔特别在此处加了一个边注："即在形而上学之本质的对话范围内'存在历史性地'来思考。"换言之，正如海德格尔在别处也曾提示的那样，他在这里的言说仍然受制于形而上学语言。

对于第二个问题，海德格尔给出的答案是，"进入先前的思想家之所思的力量和范围之中"②。在上一章关于赫拉克利特思想的讨论中我们已经窥得其中的区别。在黑格尔那里，进入先前思想的力量意味着把先前思想之所思以思辨的方式纳入自己的历史辩证法。在海德格尔那里，进入先前思想的力量则意味着把自己抛回到先前思想之未思的领域，由此来重演先前思想的可能性或不可能性。黑格尔与海德格尔在形而上学之开端那里看到的两种"尚未"便是这里的区别的一个例证。

对于第三个问题，海德格尔直接给出了两个不同的回答。在黑格尔那里，与思想史对话的特征是扬弃。而在海德格尔那里，与思想史对话的特征是返回步伐，亦即回行。

人们会对第三个问题给出一致的回答，并且往往是在辩证法的意义上理解海德格尔与思想史的对话，把海德格尔的回行视为一种"应合的辩证法"，这种"辩证法"尽管与黑格尔的思辨的"扬弃的辩证法"不同，但仍然是一种辩证法。

但实际上，抛开"应合"与"辩证法"在何种意义上可以合成一个表

---

① Heidegger，*Identität und Differenz*，GA11，S. 56；海德格尔：《同一与差异》，第 59 页。

② Heidegger，*Identität und Differenz*，GA11，S. 56－57；海德格尔：《同一与差异》，第 59 页。

达不说，海德格尔所给出的不同的回答——扬弃与回行——仍然是从一个共同的问题域出发来说的。这个领域就是真理之领域。[1]

下面在海德格尔对这三个问题的回答的指引下来展开本章的讨论。从第一个问题的答案出发，形而上学的存在-神-逻辑学机制得到显示。对第二个问题的回答提示着形而上学的完成。第三个问题的答案则预示着形而上学之克服。整个讨论的步骤跟随海德格尔思想回行的返回步伐。

1. 形而上学作为存在-神-逻辑学

海德格尔选择了从黑格尔《逻辑学》的"存在学说"讨论开端的那个著名篇章"必须用什么作为科学的开端?"来迈出返回步伐。海德格尔指出，黑格尔对这个标题中的问题的回答表明"开端具有思辨的本性"：否定地说，开端既不是直接的，也不是间接的；以思辨命题的方式肯定地说，开端就是结果。[2]

开端就是结果。这个命题以思辨的方式说出的是存在的普遍性。开端作为无规定的直接性，是从思想已经完成了的自身运动的丰富性而来的返回。开端的抽象的存在要在思想的自身运动中不断地丰富起来，进入自身存在的丰富性。"开端就是结果"这个命题中的"是"在思想的自身运动中并且作为这个自身运动而运动，也就是说，思想的自身存在贯通整个运动过程。因此，这个命题说出的是普遍的存在，运动过程中从开端到结果无处不在的存在。这就是说，黑格尔的逻辑学就是存在论，或者说存在-逻辑学。

但黑格尔的逻辑学不仅是存在-学，而且也是神-学。海德格尔同时提到"必须用什么作为科学的开端?"这一章节临近结尾处黑格尔在括号中插入的一句话："神或许有作为开端的最不容争辩的权利。"[3] 海德格尔提醒，黑格尔这里是在问科学的开端，如果科学以神为开端，那么科学就是

---

① 参见 Heidegger, *Identität und Differenz*, GA11, S. 58；海德格尔：《同一与差异》，第 61 页。

② 参见 Heidegger, *Identität und Differenz*, GA11, S. 61；海德格尔：《同一与差异》，第 65 页。

③ Heidegger, *Identität und Differenz*, GA11, S. 62；海德格尔：《同一与差异》，第 66 页；Hegel, *Wissenschaft der Logik Ⅰ*, TW5, S. 79。

神学了。于是就会出现一个问题：何以科学就是神学？这里的神学指的是"关于神的表象性思想的陈述"，而科学则"自费希特以来就是表示形而上学的名称"①。

海德格尔回顾了他在教授就职演讲"形而上学是什么？"中对形而上学的规定，即形而上学是关于存在者之为存在者和存在者整体的问题，并且表示这实际上已经暗示了形而上学的存在-神-逻辑学本质，尽管这一本质在教授就职演讲 20 年之后才在《形而上学是什么？》第五版（1949）所增加的导言中被明确提出。② 对存在者之为存在者和存在者整体发问的科学被规定为存在论是名正言顺的，但是何以这种存在论同时也是神学呢？海德格尔设想人们会提出一种常见的回答：因为神进入了哲学。③ 但这并不是一个令人满意的回答，海德格尔接着追问道：何以神进入了哲学呢？不仅在基督教神学兴起之后进入了近代哲学，而且进入了哲学本身。这只能是因为哲学本身要求神进入哲学，换言之，因为形而上学作为存在-神-逻辑学要求神的进入并且规定着神的进入方式。

然而，如果返回步伐意味着从形而上学回行到形而上学之本质，追问就不会止于上述关于形而上学机制的问题及其回答，而是要继续追问：形而上学的存在-神-逻辑学机制从何而来？也就是说，继续追问作为存在-神-逻辑学的形而上学的本质来源。关于形而上学的本质来源的问题，具体而言，关于神如何进入形而上学、与神相应的神学如何进入形而上学、与神学相应的存在-神学特征如何进入形而上学的问题，不是随随便便提出的问题，而是"要在一种与哲学史整体的对话中提出"的问题。④ 这就涉及海德格尔试图把自己的思想与黑格尔的思想区别开来的第二个问题：与思想史对话的标准。所以海德格尔说："我们同时也要根据对黑格尔的特殊考察来发问。"⑤

---

① Heidegger, *Identität und Differenz*，GA11，S. 62；海德格尔：《同一与差异》，第 66 页。

② Heidegger, *Identität und Differenz*，GA11，S. 63 - 64；海德格尔：《同一与差异》，第 67 - 68 页。当然，这只是海德格尔在《形而上学的存在-神-逻辑学机制》这篇报告中的讲法，实际上，形而上学的存在-神-逻辑学本质至迟在 1930—1931 年的黑格尔讲座和"精神现象学讲座"中就被提出了，在后来三四十年代的谢林讲座和尼采讲座中也曾出现。

③ Heidegger, *Identität und Differenz*，GA11，S. 64；海德格尔：《同一与差异》，第 68 页。

④ 参见 Heidegger, *Identität und Differenz*，GA11，S. 64；海德格尔：《同一与差异》，第 69 页。

⑤ Heidegger, *Identität und Differenz*，GA11，S. 64；海德格尔：《同一与差异》，第 69 页。

2. 形而上学的完成

呈现海德格尔思想与黑格尔思想之区别的第二个问题关乎他们与思想史对话的标准。从表面上看，二者的标准是同一的，即深入到早先思想家之所思的力量和范围中去。而正如对第一个问题的回答在表面的一致性之下藏着深深的分歧，第二个问题的答案也在表面的相同下包含着一种内在的不同。

在与思想史的对话中，黑格尔所进入的是早先思想家之所思的力量，其方式是在早先思想家之所思中确认其力量，确认早先思想为绝对思想辩证运动过程中的一个阶段。于是思想史上每一阶段的思想都通过其自身力量的发展而扬弃自身进入下一阶段，并且由此表明自己为绝对思想的自身扬弃。

海德格尔同样在与思想史的对话中进入早先思想的力量，但这种力量不是来自早先思想家之所思，而是来自早先思想家之未思。用海德格尔的话来说，他"不是在已经被思的东西中，而是在一种尚未被思的东西中寻求这种力量；而已经被思的东西要从尚未被思的东西中获得其本质空间"①。我们在海德格尔与柏拉图的对话中，在他与赫拉克利特的对话中，都曾见证过他对于尚未被思的东西的关注。在海德格尔与黑格尔关于否定性的争辩中，他已经表达了这样的要求。现在，在他与黑格尔的历史性对话中，这样的关切一如既往，并且更加明确。

在海德格尔和黑格尔分别与赫拉克利特的对话中，我们已经看到二者如何进入赫拉克利特的思想之力量，并且按照各自的对话标准把赫拉克利特规定为开端性思想家。为了获得思想史的整体从而使得与思想史整体的对话成为可能，我们还需思考形而上学历史的完成。这一思考本身也是对海德格尔与黑格尔的历史性对话的跟随。

按照黑格尔与思想史进行对话的标准，黑格尔的哲学之所以是形而上学的完成，是因为他不仅进入了思想史上每一阶段的思想力量，并且以自己的绝对思想作为思想史的最后阶段亦即最高阶段。如前所述，思想的事

---

①　Heidegger, *Identität und Differenz*, GA11, S. 57；海德格尔：《同一与差异》，第60 页。

情乃是存在，形而上学思考存在者之为存在者和存在者整体。黑格尔的哲
学作为形而上学的完成，不仅进入了思想的事情即存在在其历史中的每一
阶段的力量，并且因此抵达了思想史的最高阶段。这一完成同样要反过来
说，黑格尔的哲学作为形而上学的完成不仅进入了思想史的最高阶段，并
且因此囊括了思想史的每一阶段。换言之，黑格尔的形而上学同时思考了
存在者之为存在者和存在者整体。"黑格尔在存在最空虚的空虚中，即最
高的普遍性中思考存在。他同时也在存在的完成了的完全的丰富性中思考
存在。"① 对存在之最普遍性的思考构成存在论，对存在之最高的整体性
的思考构成神学，因此黑格尔哲学作为形而上学的完成本身就是存在论-
神学。

　　但是，海德格尔提醒我们，黑格尔并没有把自己的形而上学命名为存
在-神学，而是命名为"逻辑学"。何以如此？或许是因为在黑格尔那里思
想的事情实际上是作为逻辑学之对象的"观念"（Gedanke）？但黑格尔的
逻辑学也确确实实是以存在为开端并且是"在存在从其空虚向其展开了的
充实的运动中"规定思想的事情的。②

　　于是，问题又在于，存在何以成为"观念"？海德格尔以反问的方式
答道："要不是存在先行被烙印为根据，而思想——因其与存在共属一
体——以探基和奠基的方式聚集于作为根据的存在，此外又会如何呢？"③
关于存在之先行被烙印为根据，海德格尔在边注中提示读者参见《根
据律》。

　　在"根据律"讲座中，海德格尔从根据律即"没有什么**是**没有**根据**
的"（Nichts *ist* ohne *Grund*）这一命题中听取"是"与"根据"的"和谐
共鸣"，根据律因而不只是针对存在者而言的，而是在说存在者之存在：
"根据律说：诸如根据这样的东西归属于存在。存在是根据式的、根据性
的。"④ 海德格尔特别指出，"存在是根据性的"并不是说"存在是有根据
的"，而是说"存在在自身中本现为建基的东西"⑤。

---

① Heidegger, *Identität und Differenz*, GA11, S. 65；海德格尔：《同一与差异》，第
69 页。

② Heidegger, *Identität und Differenz*, GA11, S. 65；海德格尔：《同一与差异》，第
69 页。

③ Heidegger, *Identität und Differenz*, GA11, S. 65；海德格尔：《同一与差异》，第
69 页。

④ Heidegger, *Der Satz vom Grund*, GA10, S. 73.

⑤ Heidegger, *Der Satz vom Grund*, GA10, S. 73.

结合"根据律"讲座的提示，回到关于存在之表现为观念的问题，我们就比较容易理解海德格尔接下来的解释：

> 这就是说：存在者之存在自行解蔽为自身探基着和自身奠基着的根据。根据，Ratio，按其本质来源——在聚集着的让呈现意义上的 Λόγος——乃是 'Εν Πάντα [一即一切]。因此，对于黑格尔来说，"科学"，亦即形而上学，之所以是"逻辑学"，不是因为科学以思想为主题，而是因为，思想的事情仍然是存在，而存在自从它在 Λόγος 的烙印中、在建基着的根据的烙印中解蔽的古早时代以来就占用着作为奠基的思想。①

海德格尔由此指出，就形而上学之为存在-神学而言，其后缀"- logie"与诸科学如心理学、生物学等学科的"学"不同。后者之为"学"乃是由某种合乎逻辑的先行划定的存在领域内的知识的奠基关系的整体，诸科学的对象因此有其根据。前者即存在-神学是"学"，则是就其探基存在者之为存在者并且为存在者整体奠基而言的。存在论和神学"对作为存在者之根据的存在进行奠基"②，在作为根据的本质来源的 Λόγος 的意义上，也就是存在-逻辑学和神-逻辑学。

可见，黑格尔的"逻辑学"在本质性的意义上连接了存在论和神学，"普遍地从作为根据（逻各斯）的存在方面来探基和奠基存在者之为存在者整体"，作为形而上学的逻辑学乃是存在-神-逻辑学。反过来说，形而上学作为存在-神学乃是存在-神-逻辑学。如此，神如何进入哲学的问题就得到了初步的说明。③ 是形而上学的存在-神-逻辑学本质要求神进入哲学，而非在历史上的某个阶段才发生了神学和某种无神的哲学的结合。前面曾提到过的黑格尔《逻辑学》开端处关于神最具有的开端之权利的说法仍然可以在这里作证。

然而，这里的说明仍然是在存在-逻辑学和神-逻辑学之统一的意义上

---

① Heidegger, *Identität und Differenz*，GA11, S. 65；海德格尔：《同一与差异》，第 69 - 70 页。

② 参见 Heidegger, *Identität und Differenz*，GA11, S. 66。这里对于根据做出的存在论区分实际上可以回溯到 1929 年的讲座"论根据的本质"。关于海德格尔的"根据"之思从其前期到后期的发展变化，可以参见张柯的两篇论文。张柯：《超越与自由——论前期海德格尔思想中的"根据律"问题》，《西南民族大学学报》（人文社会科学版）2011 年第 9 期；张柯：《真理与跳跃——论后期海德格尔思想中的"根据律"问题》，《江苏行政学院学报》2013 年第 5 期。

③ Heidegger, *Identität und Differenz*，GA11, S. 67；海德格尔：《同一与差异》，第 71 页。

得到的说明。神何以进入哲学的问题固然通过存在-逻辑学和神-逻辑学的统一得到说明，但是，"尚未被思的是存在-逻辑学和神-逻辑学从何种统一性而来共属一体，尚未被思的是这种统一性的来源，尚未被思的是被这种统一性统一起来的有区分者的区分"①。海德格尔由此再次来到思想的边界，我们如临所思与未思之间的深渊。

按照海德格尔与思想史进行对话的标准，黑格尔的哲学也是形而上学的完成，而这是因为，在与思想史的对话中，特别是在与黑格尔的对话中，海德格尔进入了对于形而上学来说尚未被思的东西的力量中。这种进入形而上学的未思领域的尝试，同时也就是一种克服形而上学的努力。

3. 形而上学的克服

海德格尔区别黑格尔的思想与他自己的思想的第三个问题是：在二者那里，与思想史对话的特征是何种特征？海德格尔对此问题的回答是直截了当的：

> 对黑格尔来说，与先前的哲学史的对话具有扬弃之特征，也即具有在绝对奠基意义上的中介着的概念把握的特征。
>
> 对我们来说，与思想史的对话的特征不再是扬弃，而是返回步伐。②

不像对于前两个问题的回答，海德格尔在回答第三个问题时没有再给出他与黑格尔的同一之处，而是直接强调二者的不同。这个不同给出的实际上就是在前两个问题的答案中表面的一致性之下的深刻分歧。这里需要暂时克制"进一步"刻画"扬弃"与"回行"之区别的冲动，保持在此前已经呈现出的差异的道路上。

在与思想史的对话中，海德格尔的返回步伐所朝向的是先前历史上的思想家所未思的领域。这一未被思的领域就是形而上学的存在-神-逻辑学机制的本质来源，并且按照海德格尔，形而上学在这个被它遗忘的领域中

---

① Heidegger, *Identität und Differenz*, GA11, S. 67 - 68；海德格尔：《同一与差异》，第72页。

② Heidegger, *Identität und Differenz*, GA11, S. 58；海德格尔：《同一与差异》，第61页。

成其所是。① 这个领域就是存在与存在者的差异，海德格尔所提出的三个问题，对于他自己来说，其答案都指向这个差异。

首先，思想的事情是从作为差异的差异来得到思考的存在，或者更直接地说，思想的事情就是作为差异的差异。其次，与思想史对话的标准是进入到先前思想的力量范围中去，而这种力量就在先前思想未曾思的东西那里，即在差异那里。对思想的事情的把握要从与思想史整体的对话而来，因此对话的特征作为返回步伐就是向着尚未被思的差异领域的回行。

始终需要注意的是，这里仍然是"暂时而不可避免地"用形而上学的语言在说话。海德格尔不仅在报告中多次提及这一点②，而且在报告的最后仍然表示，与语言方面的困难相比，返回步伐的实行可能遇到的种种顾虑都是轻微的。③

形而上学的语言在陈述句中道出自己。黑格尔和海德格尔都曾表示陈述句不适合表达真理。但正如黑格尔是在先前思想之所思的范围内获取其力量，而海德格尔则尝试进入未被思的东西。面对陈述句的语言，黑格尔的做法是相应地把陈述句的表象提升到辩证-思辨的真理之领域，而海德格尔的做法则是倾听并且应合其中未被道说的东西。

源初的差异领域就是海德格尔的返回步伐所朝向的无-蔽领域，自行遮蔽的澄明。黑格尔的扬弃"引向被绝对地设定的真理的提高着-聚集着的区域，而这种真理乃是在自知的知识完全被展开了的确定性的意义上的真理"，海德格尔的返回步伐则"指向那个迄今为止被跳过了的领域，由此领域而来，真理之本质才首先成为可思想的"④。

返回步伐走到了形而上学所从出的那个领域，而这个领域是形而上学未曾思考的。形而上学未曾思考这个源初的领域并不是出于疏忽，而是出于其命运。这势必意味着返回步伐走到了形而上学之"外"。但这并不意味着返回步伐要离形而上学而去，相反，返回步伐所回到的恰恰是形而上学的本质来源之所在。在《形而上学是什么?》的后记（1943）中，海德

---

① 参见 Heidegger, *Identität und Differenz*, GA11, S. 60；海德格尔：《同一与差异》，第63页。

② 参见 Heidegger, *Identität und Differenz*, GA11, S. 56、59、68、77；海德格尔：《同一与差异》，第59、62、73、84页。

③ Heidegger, *Identität und Differenz*, GA11, S. 78；海德格尔：《同一与差异》，第86页。

④ 参见 Heidegger, *Identität und Differenz*, GA11, S. 58；海德格尔：《同一与差异》，第61页。

格尔已经由此指出了形而上学的克服："'形而上学是什么？'这个问题的追问越出了形而上学之外。它起于一种思想，这种思想已然深入到对形而上学之克服中去了。"在《形而上学是什么？》第五版的导言（1949）中，海德格尔则用为形而上学耕地犁土的比喻来说明思及无蔽之领域的思想对于形而上学的意义。"这种思想并不拔掉哲学的根。它为了这个根挖地犁土。"① 这个比喻自然是承接笛卡尔科学之树的比喻而来的，形而上学正是科学之树的树根。作为树根的形而上学仍然是"第一哲学"，但对于思及科学之树扎根其中的大地的思想来说，形而上学不再是第一位的。思想超过了形而上学，而这也就是说，思想克服了形而上学。"在思及存在之真理的思想中，形而上学被克服了。"②

4. 形而上学的回行

至此，本章基于海德格尔针对他与黑格尔的区别而提出的三个问题和相应的回答，在形而上学之为存在-神-逻辑学的意义上讨论了黑格尔对形而上学的完成和海德格尔对形而上学的克服，前者对待形而上学历史的态度是扬弃，后者的态度则是回行。

思想之回行的返回步伐不是简单地回到以前思想家的思想那里，而是返回到思想的事情那里。③ 这就是说，思想的事情就不是在以前的思想家那里已经得到思考的东西，而是尚未思的东西，尚未得到追问的东西。海德格尔称之为"作为差异的差异"④，亦即"存在与存在者之间的差异"⑤。这个差异也曾被标识为"存在论差异"或"存在论区分"，但正如海德格尔在这里强调的，这些名称都是"暂时而不可避免地"命名，都是不可名而强名之。

形而上学每每由此来思考存在者的存在，但却没有思考这一差异。这

---

① Heidegger, *Wegmarken*，GA9，S. 367；海德格尔：《路标》，第 436 页。

② Heidegger, *Wegmarken*，GA9，S. 367；海德格尔：《路标》，第 436 页。

③ 参见 Heidegger, *Identität und Differenz*，GA11，S. 59、61；海德格尔：《同一与差异》，第 62、64 页。

④ Heidegger, *Identität und Differenz*，GA11，S. 56；海德格尔：《同一与差异》，第 59 页。

⑤ Heidegger, *Identität und Differenz*，GA11，S. 59；海德格尔：《同一与差异》，第 62 页。

是形而上学的历史命运，即在存在与存在者的差异中追问存在者的存在，但却遗忘了作为差异的差异。返回步伐退回到未曾被思的思想的事情，就意味着直面那未曾思考差异的形而上学之历史整体，而非仅仅回到形而上学的某一个历史阶段。"思想退回到它的事情面前，即退回到存在面前，从而把被思的东西带入一种面对之中；在此面对中，我们洞察这种历史之整体，而且是着眼于那种东西，这种东西构成这整个思想的源泉——因为此源泉一般地为这整个思想备下了逗留之所。"①

　　"面对"意味着已经在一个区域中，差异就是这样一个区域，海德格尔断言："存在与存在者之差异乃是一个区域，在此区域范围内，形而上学即西方思想，能够在其本质之整体中成其所是。因此，返回步伐从形而上学而来，进入到形而上学之本质中。"② 海德格尔与黑格尔的历史性对话就是对这一返回步伐的一次实行。然而，克服形而上学并非抛弃形而上学。如果我们的思想无论如何已经是形而上学的了，如果我们的语言也不可避免地是形而上学的语言，如果我们的生存本身就是形而上学，那么对于一种尝试去思形而上学之未思的思想来说，克服形而上学这件事情的首要任务仍然是以回行的方式去追问这样一个问题：形而上学是什么？③

---

①　Heidegger，*Identität und Differenz*，GA11，S. 59；海德格尔：《同一与差异》，第 62 页。

②　Heidegger，*Identität und Differenz*，GA11，S. 60；海德格尔：《同一与差异》，第 63 页。

③　参见 Heidegger，*Wegmarken*，GA9，S. 381。

结　　语

　　海德格尔的教授就职演讲以"形而上学是什么?"为题，对"无"展开追问。作为德国弗赖堡大学哲学教授的就职演讲，其中提到了两位哲学家。一位是柏拉图。在演讲结束之际，海德格尔借助柏拉图《斐德罗》中的句子来表明人的生存已经置身于形而上学之中，"只要人生存，哲学活动就以某种方式发生了"①。柏拉图的名字在括号中作为注释出现。另一位是被两次提及的黑格尔。首先是在演讲第一部分的第一句话："哲学——从健全的人类理智的观点来看——就是黑格尔所说的'颠倒了的世界'。"② 其次是在演讲第三部分的后半段，直接引用了黑格尔《逻辑学》开端的命题"纯粹的存在与纯粹的无是同一回事"，并且说"黑格尔的这个句子是对的"③。也就是说，"形而上学是什么?"这个演讲在开始时提到黑格尔，而在结束时引述了柏拉图。

　　与之形成鲜明对比的是，帮助海德格尔获得教授职位的"半部"《存在与时间》则开始于柏拉图，结束于黑格尔。《存在与时间》导论之前的那段引言是由柏拉图《智者》中的句子引出，而在最后一节即起着总结和过渡作用的第83节之前，则是与黑格尔打交道的第82节："以黑格尔对时间与精神之关系的看法反衬时间性、此在与世界时间在生存论-存在论上的联系。"

　　说前后两个文本中柏拉图和黑格尔出场顺序的颠倒与海德格尔在《存在与时间》之后的思想转向相呼应，或许有些牵强；但仅就海德格尔的黑格尔阐释来说，前后两个文本中对黑格尔的专题化程度和海德格尔实际上与黑格尔相纠缠的程度却形成了某种对照。

---

　　① Heidegger, *Wegmarken*, GA9, S. 122；海德格尔：《路标》，第 142 页。

　　② Heidegger, *Wegmarken*, GA9, S. 103；海德格尔：《路标》，第 120 页。

　　③ Heidegger, *Wegmarken*, GA9, S. 120；海德格尔：《路标》，第 140 页。前面已经提到过，海德格尔在不同的地方多次引用和评论过黑格尔的这句话。

　　《存在与时间》中专辟一节来论述黑格尔的时间与精神之关系，但实际上只是为了反衬此在的时间性与世界时间的关系，因而没有真正严肃地对待黑格尔。而《形而上学是什么?》虽然只是前后两次看似不经意地引证黑格尔，实则已经引发了与黑格尔围绕形而上学的一场暗战。

　　通过我们前面对海德格尔思想转向时期与黑格尔展开的"本质性的争辩"，和由此而来的晚期海德格尔与黑格尔之间的"历史性的对话"，这场围绕形而上学的暗战又逐渐明晰，从暗斗变成真正的明争。

　　形而上学的暗战开始于海德格尔对形而上学问题的双重特征的刻画：

　　　　一方面，每一个形而上学问题总是包括形而上学之难题领域的整体。它向来是这个整体本身。另一方面，每一个形而上学问题都只能被这样追问：追问者——作为这样一个追问者——在问题中共在，亦即已经被置入问题中了。①

　　形而上学的明争则由海德格尔通过一系列钻木取火式的争辩最终在形而上学的"存在-神-逻辑学机制"中以对话的方式所提出的三个问题而点燃。我们在第 10 章展示了这三个问题及其答案，并且从这三个问题出发讨论了形而上学的本质、完成以及克服。

　　现在，我们可以把海德格尔与黑格尔的争辩和对话重新聚集于无蔽之思的道路上，列出在下篇对"黑格尔阐释"的专题分析（第 6 - 10 章）中或显或隐地出现过的一些句子。在上篇（第 1 - 5 章）向无蔽回行的道路上，这些句子曾发挥过指引作用，它们在这里以整体的结论性姿态再次登场谢幕。

　　作为结语，这些命题如它们两两一组的形式一样，本身也具有形而上学的双重意义。结语是提供结论的话语。这些话语首先说的是海德格尔的黑格尔阐释整体。同时，通过这些命题的整体性，海德格尔自身也被置入阐释的整体性之中。而最终，我们作为研究者也被共同置入其中，抵达了这些命题得以道出自身的那个位置。

第一组命题

黑格尔：精神落入时间。

海德格尔：此在从时间中落出。

---

　　① Heidegger, *Wegmarken*, GA9, S. 103；海德格尔：《路标》，第 120 页。

第二组命题

黑格尔：*存在是时间的本质。*

海德格尔：*存在的本质是时间。*

第三组命题

黑格尔：*真理之本质是自由。*

海德格尔：*真理之本质是自由。*

第四组命题

黑格尔：*开端尚未满足、适应我们。*

海德格尔：*我们尚未满足、适应开端。*

第五组命题

黑格尔：*思想扬弃了早先思想之所思。*

海德格尔：*思想回行于早先思想之未思。*

这五组命题在本书下篇的五章中得到了考察。这五组命题作为海德格尔对黑格尔的现象学阐释的结论性话语，就处在海德格尔向着无蔽回行的思想道路上。对于黑格尔阐释"前主题化"阶段的第一组命题来说，此在从其中脱落的时间作为存在理解得以可能的境域，同时也是从作为此在之展开性的真理来得到思考的。在对此在的"此"作为展开性进行说明时，海德格尔已经指出此在的自行显示先于存在者的被照亮或被遮蔽：

> 作为在世界之中存在，它在其自身就已经是敞亮的——不是通过某个其他的存在者，而是它自身就是澄明。唯有对于某个在生存论上如此这般已经是敞亮的存在者，现成的存在者才在光亮中变得可通达，在黑暗中被遮蔽。①

当此在的展开性在时间性中找到其源始的统一性之后，此在自身之澄明的来源也清楚了："绽出的时间性源初地澄明着此。"②

对于黑格尔阐释的"争辩"阶段的第二组和第三组命题来说，无蔽之思的回行首先表达为"存在与时间"的本质关联。这意味着，在"前主题化"阶段被规定为此在之展开性的真理转向了对真理之本质的追问。在跟

---

① Heidegger, *Sein und Zeit*, S. 133；海德格尔：《存在与时间》，第 168-169 页。

② Heidegger, *Sein und Zeit*, S. 351；海德格尔：《存在与时间》，第 425 页。

随海德格尔的"精神现象学讲座"解读了黑格尔在"自身意识"章中提出的新的存在概念之后，我们在海德格尔讲座中止的地方继续展开探索，通过对"自身意识"章的进一步解释，指明了从"精神现象学讲座"到《否定性》手稿的争辩方向。"真理之本质是自由"这一命题就是立在存在之有限性与无限性的十字路口的路标。

在指出了黑格尔没有严肃对待否定性并且通过争辩对否定性的本源做出决-断之后，海德格尔获得了与黑格尔展开历史性"对话"的立场。第四组命题中双方以开端之名所言说的同一事物还只在与"我们"的关联中呈现出区别，这一区别在第五组命题中更加明确地表达为所思和未思的区别，而通达所思与未思的道路特征则分别是扬弃与回行。

对于海德格尔来说，尚未被思者不再是《存在与时间》孜孜以求的"曾经以思的至高努力从现象那里争得的东西"①，而是作为澄明的无蔽。在赫拉克利特讨论班的最后，海德格尔讲道：

> 对我们来说，关键在于去经验作为澄明的无蔽。这就是在整个思想史的所思中的未被思者。在黑格尔那里存在着的需求是所思者的满足。与之相反，对我们来说，起作用的则是在所思者中的未被思者的困窘。②

---

① Heidegger, *Sein und Zeit*, S. 2；海德格尔：《存在与时间》，第 5 页。
② Heidegger, *Seminare*, GA15, S. 262；海德格尔：《讨论班》，第 314 页。

参考文献

中文类

（一）海德格尔的著作

1. 存在与时间 ［M］. 陈嘉映，王庆节，译 . 北京：商务印书馆，2015.

2. 是与时 ［M］. 溥林，译 .（尚未出版）

3. 早期著作 ［M］. 张柯，马小虎，译 . 北京：商务印书馆，2015.

4. 康德与形而上学疑难 ［M］. 王庆节，译 . 上海：上海译文出版社，2011.

5. 荷尔德林诗的阐释 ［M］. 孙周兴，译 . 北京：商务印书馆，2014.

6. 林中路 ［M］. 孙周兴，译 . 上海：上海译文出版社，2014.

7. 尼采：上下卷 ［M］. 孙周兴，译 . 北京：商务印书馆，2002.

8. 演讲与论文集 ［M］. 孙周兴，译 . 北京：商务印书馆，2018.

9. 路标 ［M］. 孙周兴，译 . 北京：商务印书馆，2014.

10. 根据律 ［M］. 张柯，译 . 北京：商务印书馆，2016.

11. 同一与差异 ［M］. 孙周兴，陈小文，余明锋，译 . 北京：商务印书馆，2014.

12. 在通向语言的途中 ［M］. 孙周兴，译 . 北京：商务印书馆，2015.

13. 从思想的经验而来 ［M］. 孙周兴，杨光，余明锋，译 . 北京：商务印书馆，2018.

14. 思的经验 ［M］. 陈春文，译 . 北京：人民出版社，2008.

15. 面向思的事情 ［M］. 陈小文，孙周兴，译 . 北京：商务印书馆，2014.

16. 讨论班 ［M］. 王志宏，石磊，译 . 北京：商务印书馆，2018.

17. 讲话与生平证词 ［M］. 孙周兴，张柯，王宏健，译 . 北京：商务印书馆，2018.

18. 柏拉图的《智者》[M]. 熊林，译. 北京：商务印书馆，2015.

19. 现象学之基本问题 [M]. 丁耘，译. 上海：上海译文出版社，2008.

20. 黑格尔的精神现象学 [M]. 古兰特，编. 赵卫国，译. 南京：南京大学出版社，2018.

21. 荷尔德林的颂歌《日耳曼尼亚》与《莱茵河》[M]. 张振华，译. 北京：商务印书馆，2018.

22. 形而上学导论 [M]. 王庆节，译. 北京：商务印书馆，2015.

23. 哲学论稿（从本有而来）[M]. 孙周兴，译. 北京：商务印书馆，2014.

24. 黑格尔 [M]. 赵卫国，译. 南京：南京大学出版社，2018.

25. 德国观念论与当前哲学的困境 [M]. 庄振华，李华，译. 西安：西北大学出版社，2016.

26. 从莱布尼茨出发的逻辑学的形而上学始基 [M]. 赵卫国，译. 西安：西北大学出版社，2015.

27. 论哲学的规定 [M]. 孙周兴，高松，译. 北京：商务印书馆，2015.

28. 乡间路上的谈话 [M]. 孙周兴，译. 北京：商务印书馆，2018.

（二）黑格尔的著作

1. 黑格尔早期神学著作 [M]. 贺麟，译. 北京：商务印书馆，2016.

2. 耶拿时期著作：1801—1807 [M]. 朱更生，译. 北京：人民出版社，2017.

3. 费希特与谢林哲学体系的差别 [M]. 宋祖良，程志民，译. 杨一之，校. 北京：商务印书馆，1994.

4. 耶拿体系 1804—1805：逻辑学和形而上学 [M]. 杨祖陶，译. 北京：人民出版社，2012.

5. 精神现象学 [M]. 先刚，译. 北京：人民出版社，2013.

6. 逻辑学Ⅰ [M]. 先刚，译. 北京：人民出版社，2019.

7. 逻辑学Ⅱ [M]. 先刚，译. 北京：人民出版社，2021.

8. 哲学全书·第一部分·逻辑学 [M]. 梁志学，译. 北京：人民出版社，2002.

9. 哲学科学百科全书Ⅱ：自然哲学 [M]. 刘哲，译. 北京：人民出版社，2021.

10. 哲学科学百科全书Ⅲ：精神哲学［M］. 杨祖陶，译. 北京：人民出版社，2015.

11. 哲学科学全书纲要［M］. 薛华，译. 北京：北京大学出版社，2010.

12. 法哲学原理［M］. 邓安庆，译. 北京：人民出版社，2017.

13. 哲学史讲演录：第一卷［M］. 贺麟，王太庆，译. 北京：商务印书馆，1959.

14. 哲学史讲演录：第四卷［M］. 贺麟，王太庆，译. 北京：商务印书馆，1978.

（三）其他著作

1. 比梅尔. 海德格尔［M］. 刘鑫，刘英，译. 北京：商务印书馆，1996.

2. 德里达. 解构与思想的未来［M］. 夏可君，译. 长春：吉林人民出版社，2006.

3. 库尔珀. 纯粹现代性批判：黑格尔、海德格尔及其以后［M］. 臧佩洪，译. 北京：商务印书馆，2004.

4. 伽达默尔. 伽达默尔论黑格尔［M］. 张志伟，译. 北京：光明日报出版社，1992.

5. 伽达默尔. 哲学解释学［M］. 夏镇平，宋建平，译. 上海：上海译文出版社，2016.

6. 胡自信. 黑格尔与海德格尔［M］. 北京：中华书局，2002.

7. 柯小刚. 海德格尔与黑格尔时间思想比较研究［M］. 上海：同济大学出版社，2004.

8. 科耶夫. 黑格尔导读［M］. 姜志辉，译. 南京：译林出版社，2005.

9. 马琳. 海德格尔论东西方对话［M］. 北京：中国人民大学出版社，2010.

10. 倪梁康. 胡塞尔与海德格尔：弗莱堡的相遇与背离［M］. 北京：商务印书馆，2016.

11. 彭富春. 论海德格尔［M］. 北京：人民出版社，2012.

12. 萨弗兰斯基. 来自德国的大师：海德格尔和他的时代［M］. 靳希平，译. 北京：商务印书馆，2007.

13. 马克思. 海德格尔与传统 [M]. 朱松峰，张瑞臣，译. 上海：上海人民出版社，2012.

14. 杰克逊. 发现乡土景观 [M]. 俞孔坚，陈义勇，莫琳，等译. 北京：商务印书馆，2016.

15. 张柯. 道路之思：海德格尔的"存在论差异"思想 [M]. 南京：江苏人民出版社，2012.

16. 张汝伦. 《存在与时间》释义 [M]. 上海：上海人民出版社，2012.

17. 张祥龙. 海德格尔传 [M]. 石家庄：河北人民出版社，1998.

18. 海德格尔. 海德格尔与妻书 [M]. 常咺，祁沁雯，译. 南京：南京大学出版社，2016.

19. 斯托克. 海德格尔与布洛赫曼通信集 [M]. 李乾坤，李逸超，译. 南京：南京大学出版社，2017.

20. 王庆节，张任之. 海德格尔：翻译、解释与理解 [M]. 北京：生活·读书·新知三联书店，2017.

21. 麦奎利. 存在主义神学：海德格尔与布尔特曼之比较 [M]. 成穷，译. 香港：道风书社，2007.

（四）论文

1. 达尔斯特伦. 海德格尔的时间性概念：对近来一种批评的反思 [J]. 王宏健，译. 世界哲学，2016（01）.

2. 邓晓芒. 关于黑格尔《精神现象学》的几个问题 [J]. 中国高校社会科学，2013（05）.

3. 邓晓芒. 海德格尔在《黑格尔的经验概念》中对辩证法的扭曲 [J]. 哲学研究，2007（12）.

4. 邓晓芒. 黑格尔精神现象学中的自我意识溯源 [J]. 哲学研究，2011（08）.

5. 方向红. 试论海德格尔元存在论概念的出现及其意义 [J]. 同济大学学报（社会科学版），2018（01）.

6. 伽达默尔. 黑格尔与海德格尔 [J]. 邓晓芒，译. 哲学译丛，1991（5）.

7. 关子尹. 黑格尔与海德格尔：两种不同形态的同一性思维 [J]. 同济大学学报（社会科学版），2014（01）.

8. 居俊. 黑格尔的绝对存在概念及其与时间之关系：海德格尔读

《精神现象学》[J]. 社会科学辑刊，2014（04）.

9. 柯小刚. 作为解构的哲学史研究：海德格尔对黑格尔哲学的解读[J]. 南京社会科学，2005（04）.

10. 马琳. 海德格尔与黑格尔关于非性概念的交涉 [J]. 学术月刊，2017（10）.

11. 倪梁康. 海德格尔思想中的黑格尔-狄尔泰动机 [J]. 学术月刊，2014（01）.

12. 聂敏里. 什么是赫拉克利特的逻各斯 [J]. 哲学家·2006. 北京：人民出版社，2006.

13. 孙冠臣. 论海德格尔 "Auseinandersetzung" 的多重含义 [J]. 现代哲学，2014（05）.

14. 王路. 真、真理与真相 [J]. 湖北大学学报（哲学社会科学版），2018（05）.

15. 先刚. 黑格尔《精神现象学》中的 "真相" 与 "真理" 概念 [J]. 云南大学学报（社会科学版），2016（06）.

16. 叶秀山. "哲学" 须得把握住 "自己"：从海德格尔解读黑格尔《精神现象学》想到的 [J]. 哲学研究，1996（06）.

17. 叶秀山. 历史性的思想与思想性的历史：谈谈现代哲学与哲学史的关系 [J]. 哲学研究，1986（11）.

18. 余玥. 无时间性的真无限：黑格尔哲学初期的一个关键问题 [J]. 云南大学学报（社会科学版），2017（06）.

19. 詹文杰. 倾听 λόγος：赫拉克利特著作残篇 DK—B1 的诠释 [J]. 世界哲学，2010（02）.

20. 张柯. 论海德格尔 "德国古典哲学阐释" 的开端 [J]. 江苏社会科学，2017（03）.

21. 张柯. 超越与自由：论前期海德格尔思想中的 "根据律" 问题 [J]. 西南民族大学学报（人文社会科学版），2011（09）.

22. 张柯. 真理与跳跃：论后期海德格尔思想中的 "根据律" 问题 [J]. 江苏行政学院学报，2013（05）.

23. 张一兵. 教化：今日的被解释状态：海德格尔《存在论：实际性的解释学》解读 [J]. 吉林大学社会科学学报，2012（02）.

24. 张振华. 爱与争：海德格尔的赫拉克利特解释 [J]. 中国现象学与哲学评论：第三十一辑. 上海：上海译文出版社，2016.

25. 张志伟．"知其白，守其黑"：海德格尔关于真与非真的思想—解 [J] //湖北大学哲学研究所，《德国哲学论丛》编委会．德国哲学论丛. 2000. 北京：中国人民大学出版社，2001.

26. 张志伟．尼采、虚无主义与形而上学：基于海德格尔《尼采》的解读 [J]. 中国高校社会科学，2016 （06）.

27. 张志伟．哲学与哲学史：回忆叶秀山先生 [J]. 哲学动态，2017 （01）.

28. 张志扬．海德格尔探访赫拉克利特的"无蔽"：海德格尔"回归步伐"的解释限度 [J]. 同济大学学报（社会科学版），2007 （01）.

29. 周维明．法和政治的存在论：海德格尔对黑格尔《法哲学原理》的现象学阐释 [J]. 中山大学法律评论，2013 （02）.

30. 朱刚．海德格尔对黑格尔"精神与时间"之关系的解构 [J]. 安徽大学学报（哲学社会科学版），2009 （05）.

外文类

（一）海德格尔的著作

1. Sein und Zeit [M]. Tübingen：Max Niemeyer Verlag，2006.

2. Frühe Schriften [M]. GA1. Frankfurt am Main：Vittorio Klostermann，1978.

3. Kant und das Problem der Metaphysik [M]. GA3. Frankfurt am Main：Vittorio Klostermann，1991.

4. Erläuterungen zu Hölderlins Dichtung [M]. GA4. Frankfurt am Main：Vittorio Klostermann，1981.

5. Holzwege [M]. GA5. Frankfurt am Main：Vittorio Klostermann，1977.

6. Nietzsche：Erster Band [M]. GA6. 1. Frankfurt am Main：Vittorio Klostermann，1996.

7. Nietzsche：Zweiter Band [M]. GA6. 2. Frankfurt am Main：Vittorio Klostermann，1997.

8. Vorträge und Aufsätze [M]. GA7. Frankfurt am Main：Vittorio Klostermann，2000.

9. Was Heißt Denken? [M]. GA8. Frankfurt am Main：Vittorio Klostermann，2002.

10. Wegmarken [M]. GA9. Frankfurt am Main：Vittorio Kloster-

mann，1976.

11. Der Satz vom Grund ［M］. GA10. Frankfurt am Main：Vittorio Klostermann，1997.

12. Identität und Differenz ［M］. GA11. Frankfurt am Main：Vittorio Klostermann，2006.

13. Unterwegs zur Sprache ［M］. GA12. Frankfurt am Main：Vittorio Klostermann，1985.

14. Aus der Fahrung des Denkens 1910 - 1976 ［M］. GA13. Frankfurt am Main：Vittorio Klostermann，1983.

15. Zur Sache des Denkens ［M］. GA14. Frankfurt am Main：Vittorio Klostermann，2007.

16. Seminare ［M］. GA15. Frankfurt am Main：Vittorio Klostermann，1986.

17. Reden und Andere Zeugnisse eines Lebensweges ［M］. GA16. Frankfurt am Main：Vittorio Klostermann，2000.

18. Platon：Sophistes ［M］. GA19. Frankfurt am Main：Vittorio Klostermann，1992.

19. Die Grundbegriffe der antiken Philosophie ［M］. GA22. Frankfurt am Main：Vittorio Klostermann，1993.

20. Die Grundprobleme der Phänomenologie ［M］. GA24. Frankfurt am Main：Vittorio Klostermann，1975.

21. Der Deutsche Idealismus （Fichte，Schelling，Hegel） und die Philosophische Problemlage der Gegenwart ［M］. GA28. Frankfurt am Main：Vittorio Klostermann，1997.

22. Die Grundbegriffe der Metaphysik ［M］. GA29/30. Frankfurt am Main：Vittorio Klostermann，1983.

23. Vom Wesen der Menschlichen Freiheit ［M］. GA31. Frankfurt am Main：Vittorio Klostermann，1982.

24. Hegels Phänomenologie des Geistes ［M］. GA32. Frankfurt am Main：Vittorio Klostermann，1997.

25. Hegel's Phenomenology of Spirit ［M］. translated by Parvis Emad and KennethMaly. Bloomington and Indianapolis：Indiana University Press，1988.

26. Sein und Wahrheit ［M］. GA36/37. Frankfurt am Main：Vittorio

Klostermann，2001.

27. Hölderlins Hymnen „Germanien" und „Der Rhein" [M]. GA39. Frankfurt am Main: Vittorio Klostermann，1999.

28. Einführung in die Metaphysik [M]. GA40. Frankfurt am Main: Vittorio Klostermann，1983.

29. Nietzsche: Der Wille zur Macht als Kunst [M]. GA43. Frankfurt am Main: Vittorio Klostermann，1985.

30. Heraklit [M]. GA55. Frankfurt am Main: Vittorio Klostermann，1994.

31. Grundproblemen der Phänomenologie [M]. GA58. Frankfurt am Main: Vittorio Klostermann，1993.

32. Beiträge zur Philosophie (vom Ereignis) [M]. GA65. Frankfurt am Main: Vittorio Klostermann，1989.

33. Besinnung [M]. GA66. Frankfurt am Main: Vittorio Klostermann，1997.

34. Hegel [M]. GA68. Frankfurt am Main: Vittorio Klostermann，1993.

35. Hegel [M]. translated by Joseph Arel and Niels Feuerhahn. Bloomington and Indianapolis: Indiana University Press，2015.

36. Feldweg-Gespräche [M]. GA77. Frankfurt am Main: Vittorio Klostermann，2007.

37. Vorträge Teil I: 1915 - 1932 [M]. GA80. 1. Frankfurt am Main: Vittorio Klostermann，2016.

38. Seminare Hegel-Schelling [M]. GA86. Frankfurt am Main: Vittorio Klostermann，2011.

39. Martin Heidegger, Elisabeth Blochmann, Briefwechsel 1918 - 1969 [M] . Hg. Joachim W. Storck. Marbach am Neckar: Deutsche Schillergesellschaft，1989.

（二）黑格尔的著作

1. Jenaer Schriften [M]. TW2. Frankfurt am Main: Suhrkamp，1986.

2. Phänomenologie des Geistes [M]. TW3. Frankfurt am Main: Suhrkamp，1986.

3. Wissenschaft der Logik Ⅰ [M]. TW5. Frankfurt am Main: Suhrkamp, 1986.

4. Wissenschaft der Logik Ⅱ [M]. TW6. Frankfurt am Main: Suhrkamp, 1986.

5. Enzyklopädie der philosophischen Wissenschaften Ⅰ [M]. TW8. Frankfurt am Main: Suhrkamp, 1986.

6. Enzyklopädie der philosophischen Wissenschaften Ⅱ [M]. TW9. Frankfurt am Main: Suhrkamp, 1986.

7. Enzyklopädie der philosophischen Wissenschaften Ⅲ [M]. TW10. Frankfurt am Main: Suhrkamp, 1986.

8. Vorlesungen über die Philosophie der Geschichte [M]. TW12. Frankfurt am Main: Suhrkamp, 1986.

9. Vorlesungen über die Geschichte der Philosophie Ⅰ [M]. TW18. Frankfurt am Main: Suhrkamp, 1986.

10. Vorlesungen über die Geschichte der Philosophie Ⅲ [M]. TW20. Frankfurt am Main: Suhrkamp, 1986.

11. Philosophie der Weltgeschichte: erster Band: Die Vernunft in der Geschichte [M]. Leipzig: Felix Meiner, 1944.

12. Phänomenologie des Geistes [M]. GW9. Hamburg: Meiner, 1980.

13. Vorlesungsmanuskripte Ⅱ [M]. GW18. 2. Hamburg: Meiner, 1995.

（三）其他著作

1. Apel, Karl-Otto. Auseinandersetzungen in Erprobung des transzendental pragmatischen Ansatzes [M]. Frankfurt am Main: Suhrkamp, 1998.

2. Aristoteles. Über die Seele, De anima [M]. übersetzt von Klaus Corcilius. Hamburg: Felix Meiner, 2017.

3. Bartes, Roland. S/Z [M]. translated by Richard Miller. Oxford: Blackwell, 1990.

4. de Boer, Karin. Thinking in the Light of Time: Heidegger's Encounter with Hegel [M]. Albany: State University of New York Press, 2000.

5. Fulda, Hans Friedrich. G. W. F. Hegel [M]. München: Verlag C. H. Beck, 2003.

6. Gadamer, Hans-Georg. Hegel, Husserl, Heidegger [M]. Tübingen: J. C. B. Mohr (Paul Siebeck), 1987.

7. Gadamer, Hans-Georg. Hermeneutik Ⅰ: Wahrheit und Methode [M]. GA1. Tübingen: Mohr Siebeck, 2010.

8. Grießer, Wilfried. Geist zu seiner Zeit: Mit Hegel die Zeit denken [M]. Würzburg: Königshausen & Neumann, 2005.

9. Hoffmann, Gisbert. Heideggers Phänomenologie: Bewußtsein-Reflexion-Selbst (Ich) und Zeit im Frühwerk [M]. Würzburg: Königshausen & Neumann, 2005.

10. Kettering, Emil. NÄHE: Das Denken Martin Heideggers [M]. Pfullingen: Verlag Günther Neske, 1987.

11. Øverenget, Einar. Seeing the Self [M]. Dordrecht: Kluwer Academic Publishers, 1998.

12. Pöggeler, Otto. Der Denkweg Martin Heideggers [M]. Stuttgart: Neske, 1994.

13. Pöggeler, Otto. Hegels Idee einer Phänomenologie des Geistes [M]. Freiburg/München: Verlag Karl Alber, 1993.

14. Sell, Annette. Martin Heideggers Gang durch Hegels „ Phänomenologie des Geistes " [M]. Bonn: Bouvier Verlag, 1998.

15. Sheehan, Thomas. Making Sense of Heidegger [M]. New York: Rowman & Littlefield International, 2014.

16. v. Herrmann, Friderich-Wilhelm. Wahrheit-Freiheit-Geschichte [M]. Frankfurt am Main: Vittorio Klostermann, 2002.

17. Helmuth Vetter. Hermeneutische Phänomenologie und Dialektische Theologie: Heidegger und Bultmann [M] //Metaphysik der Praktischen Welt. Hg. Andreas Großmann und Christoph Jamme. Amsterdam-Atlanta: Rodopi, 2000.

18. DorotheaFrede. Wahrheit: Vom aufdeckenden Erschließen zur Offenheit der Lichtung [M] //Dieter Thomä. Hg. Heidegger Handbuch: Leben-Werk-Wirkung. Stuttgart: Verlag J. B. Metzler, 2013.

（四）论文

1. Bouton, Christophe. Die helle Nacht des Nichts: Zeit und Negativität bei Hegel und Heidegger [J] . Hegel-Studien. Hamburg: Meiner, 2011, 45.

2. Dahlstrom. Thinking of Nothing: Heidegger's Criticism of Hegel's Conception of Negativity [J] . A Companion to Hegel. edited by Stephen Houlgate and Michael Baur. West Sussex: Wiley-Blackwell, 2011: 519 - 536.

3. Emad, Parvis. The Place of Hegel in Heidegger's Being and Time [J] . Research in Phenomenology, 1983, 13 (01).

4. Lehmann, Karl. Feldweg und Glockenturm: Martin Heideggers Denken aus der Erfahrung seiner Heimat [J] . Feldweg und Glockenturm. Meßkirch: Gmeiner-Verlag, 2007.

5. Surber. Heidegger's Critique of Hegel's Concept of Time [J]. Philosophie and Phenomenological Research, 1979, 39 (03).

图书在版编目（CIP）数据

海德格尔对黑格尔的现象学阐释研究/马飞著.
北京：中国人民大学出版社，2025.3. -- ISBN 978-7
-300-33702-9

Ⅰ. B516.35；B516.54；B089

中国国家版本馆 CIP 数据核字第 20251SL033 号

国家社科基金后期资助项目

海德格尔对黑格尔的现象学阐释研究

马飞 著

Heidegger dui Hegel de Xianxiangxue Chanshi Yanjiu

出版发行	中国人民大学出版社			
社　　址	北京中关村大街 31 号		**邮政编码**	100080
电　　话	010 - 62511242（总编室）		010 - 62511770（质管部）	
	010 - 82501766（邮购部）		010 - 62514148（门市部）	
	010 - 62515195（发行公司）		010 - 62515275（盗版举报）	
网　　址	http://www.crup.com.cn			
经　　销	新华书店			
印　　刷	唐山玺诚印务有限公司			
开　　本	720 mm×1000 mm　1/16		**版　　次**	2025 年 3 月第 1 版
印　　张	14.25 插页 2		**印　　次**	2025 年 3 月第 1 次印刷
字　　数	237 000		**定　　价**	88.00 元